Scène: Neue französische Theaterstücke

Scène 1

Fünf französische Theaterstücke
Herausgegeben von Renate Schäfer

Verlag der Autoren

Scène erscheint im Auftrag des Bureau du Théâtre – Institut Français, Berlin, und mit freundlicher Unterstützung der AFAA (Association Française d'Action Artistique – Ministère des Affaires Etrangères) sowie der Kulturabteilung der Ambassade de France en Allemagne.

instituts français
BUREAU DU THÉÂTRE

Association Française d'Action Artistique AFAA
Ministère des Affaires Étrangères

Bureau du Théâtre, Kurfürstendamm 211, 10 711 Berlin;
Kontakt: Vincent Adelus. Tel. 0 30/8 85 90 20, Fax 0 30/8 82 12 89

Die Deutsche Bibliothek – CIP-Einheitsaufnahme

Scène : neue französische Theaterstücke / hrsg. von Renate Schäfer. -
Frankfurt am Main : Verl. der Autoren
(Theaterbibliothek)
1. Fünf französische Theaterstücke. - 1999
ISBN 3-88661-211-2

Satz: SVG – Satz- und Verlags-Gesellschaft mbH, Darmstadt
Druck: betz-druck GmbH, Darmstadt
Umschlaggestaltung: Bayerl + Ost GmbH, Frankfurt am Main
Printed in Germany

Inhalt

Scène

Die vorliegende Anthologie *Scène* entsteht in Zusammenarbeit mit dem Bureau du Théâtre in Berlin und stellt jeweils eine Auswahl aktueller französicher Theatertexte vor.
Seit seiner Gründung im Juni 1995 entwickelt das Bureau du Théâtre Projekte zur Vertiefung der deutsch-französischen Zusammenarbeit im Bereich des Theaters. Es versucht unter anderem französische und französischsprachige Dramatiker auch in Deutschland bekannt zu machen, indem es zusammen mit deutschen Theatern neue französische Stücke in Lesungen, Gastspielen und Eigenproduktionen vorstellt.
Scène präsentiert einem interessierten Publikum die Theatertexte als deutsche Premieren im Buch, – und erhöht damit gleichzeitig die »Lebensdauer« eines Stückes. Die Texte werden, unabhängig vom flüchtigen Produktionsmittel Theater, zu greifbaren Beispielen französischer Kultur.
Der erste Band von *Scène* versammelt Stücke von fünf Dramatikern, deren Arbeiten in den letzten Jahren das französiche Theater geprägt haben. In den nächsten Bänden sollen sowohl die aktuellsten Texte veröffentlicht werden als auch das eine oder andere ältere Stück von wichtigen, aber in Deutschland bisher nicht bekannten Autoren. Die ausgewählten Stücke stehen exemplarisch für das Gesamtwerk jedes Autors.
Die erste Seite jeden Stückes ist auch in der französischen Originalfassung abgedruckt: sie mag eine Vorstellung geben von dem Stil des Autors und zugleich die Rolle des Übersetzers verdeutlichen.

Renate Schäfer

Das Alphabet des Lebens
von Jean-Pierre Han

Vor einigen Jahren, 1993, widmete sich ein Sonderheft der hervorragenden Zeitschrift *Théâtre/Public* dem Thema ›Inszenierungen zeitgenössischer Theaterstücke in der Ile-de-France (Paris und Umgebung, Anm. d. Ü.)‹. Auf der Titelseite war das Ergebnis einer Umfrage bei den Theatergruppen und Theatern der Region dargestellt, eine Art skizziertes Planetensystem der beliebtesten Dramatiker. Das Ergebnis war erstaunlich: Samuel Beckett bildete den Mittelpunkt, den harten Kern, um den herum in einem ersten Ring ein Trio kreiste, das sich aus Jean-Claude Grumberg, Philippe Minyana und Bernard-Marie Koltès zusammensetzte. Die anderen Kreise waren bis zur Zersplitterung mit Namensgestirnen bevölkert, von denen man einige dort nicht erwartet hätte …

Die zentrale Stellung des Namens Samuel Beckett ist bezeichnend. Mit ihm befanden wir uns noch in gewisser Weise in der Literatur (Dramatik oder nicht), auch wenn sich diese bereits ihrem Ende, wenn nicht sogar ihrer Auflösung näherte. Welche Richtung schlägt die zeitgenössische französische Dramatik nach Beckett ein – denn es ist doch davon auszugehen, daß ein solches Sternensystem heute weder den gleichen Kern noch die gleichen Kreise hätte?

Innerhalb von fünf Jahren scheint sich die Bewegung beschleunigt zu haben. Grund dafür ist teilweise die Vervielfachung privater und öffentlicher Förderungen, die etablierten wie debütierenden Theaterautoren gewährt werden. Theatertexte schießen ein wenig unkoordiniert wie Pilze aus dem Boden. Wir wollen dennoch versuchen, einige Merkmale auszumachen.

Ist das eine besondere französische Eigenschaft? Die großen und bekannten Autoren sind die toten Autoren. Die zeitgenössische französische Dramatik lebt in Trauer und Erinnerung; Trauer um und Erinnerung an Bernard-Marie Koltès, der, ein Stern unter Sternen, heute vor zehn Jahren, 1989, verschwand, und der auch heute noch, mehr denn je, der am häufigsten gespielte zeitgenössische Autor auf französischen Bühnen ist. Zum Zeitpunkt seines Verschwindens war Bernard-Marie Koltès Anfang vierzig. Jean-Luc Lagarce war fast genauso alt, als er 1995 starb. Und Didier-Georges Gabily, der 1996 von uns ging, war gerade 42 geworden. Selbst wenn diese beiden Autoren noch nicht den Ruf und die schriftstellerische Reife von Koltès hatten, selbst wenn die Spur, die sie in der französischen Theaterlandschaft hinterlassen haben, weniger deutlich sein mag, so ist nach ihnen doch eine große Leere entstanden. Koltès, Lagarce und Gabily hinterlassen drei in ihrem Schreiben extrem ausgearbeitete Lebenswerke – im Fall von Koltès auf fast klassische Weise. Sie können uns einige Hinweise über die Tendenzen der aktuellen französischen Dramatik liefern.

Sie werfen in jedem Fall und sofort die Frage nach dem Verhältnis des Theaters zur Literatur auf. Schreibt man direkt für die Bühne oder schafft man noch ein literarisches Werk? Diejenigen, die diese Frage hauptsächlich betrifft, gehen unterschiedlich damit um. Michel Vinaver, einer der Großen (der große Bruder) des französischen Theaters, sagte 1995 in *Les Cahiers de Prospéro*, einer Zeitschrift von Autoren für Autoren, die es heute nicht mehr gibt:

> »Der erste Theaterort ist das weiße Blatt Papier, auf dem der Autor von oben nach unten Dialoge aneinanderreiht, von Hand oder mit der Maschine geschrieben.
> Der erste Theaterort ist das Blatt, beschrieben, getippt, anschließend gedruckt und gebunden.
> Der erste Bühnenort ist die so entstandene Folge von Seiten ...«

Das Buch als Metapher für die Bühne – oder umgekehrt; klarer kann man es nicht ausdrücken. Und der gleiche Michel Vinaver stellt an anderer Stelle fest: »Im Laufe der letzten dreißig Jahre hat sich das Theater vom Territorium der Literatur gelöst. Aber die unerwartete Folge war, daß es sich damit vom gesamten Kontinent der Kultur getrennt hat.« *(Du Théâtre*, Nr. 12, 1996). Plötzlich finden sich die Theatertexte verwaist oder zumindest in einem Zustand absoluter Isolie-

rung wieder. Was natürlich viele Autoren sehr deutlich zu spüren bekommen. Und die Frage, die die Zeitschrift *Du Théâtre* in Form einer Feststellung formuliert, ist demnach berechtigt: »Die französische Dramatik: eine literarische Randerscheinung?«
Der Bruch mit dem herkömmlichen Theater und denen, die damit arbeiten, hat mehrere Konsequenzen. Zunächst für die Form. Man könnte fast meinen, das Handwerk stürbe aus: den traditionellen klassischen dramatischen Aufbau gibt es nicht mehr. Wenn »das dramatische Schreiben ein Handwerk ist, das eine Lehrzeit voraussetzt«, wie es Marie Christine Autant-Mathieu in ihrem Buch *Ecrire pour le théâtre* nahelegt, dann hat sich ein guter Teil der Autoren um diese Lehrzeit gedrückt. Die dramatische Form mag sich in Ermangelung von »Handwerk« und »Know-how« in Luft auflösen, sie tut es aber auch und vor allem, weil sich die Autoren bewußt dazu entschließen, wie wir etwas später sehen werden. Sie ziehen die persönliche, einsame Auseinandersetzung mit dem Wort, mit der Sprache vor. Und Wort und Sprache zwingen ihre eigenen dramatischen Formen auf: Pierre Guyotat z.B. interpretiert in seinen letzten Produktionen seine Texte allein auf der Bühne, als weiteres Beispiel sei Valère Novarina genannt. Die Form steckt in der Materie Wort. Diese erbitterte Arbeit an der Sprache ist eines der grundlegendsten Merkmale der französischen Dramatik. Philippe Minyana hat das hervorragend formuliert: »Die zeitgenössischen Autoren arbeiten mehr an der Sprache und an ihrer Musikalität. Sie wenden sich vom alten Handlungstheater der großen Gefühle ab oder vom Theater, das eine Botschaft vermittelt«, und nähern sich so seiner Meinung nach »den Lyrikern«. Gerade auf die Poesie erheben unsere Autoren einen besonderen Anspruch. Auch hier handelt es sich um eine typisch französische Tradition. Von Jean Audureau über Olivier Py bis hin zu einem der Neulinge, Emmanuel Darley (*Badier Grégoire*). Wie aber soll man die Musikalität der Worte, wie die musikalische Struktur von einer Sprache in die andere übertragen, im vorliegenden Fall vom

Französischen ins Deutsche? Das ist ein wirkliches Problem, das sicherlich noch lange nicht gelöst ist ...

Die französischen Dramatiker suchen sich ihren Platz zwischen Literatur und Bühne. Ihr Platz im Theater ist nicht gesichert. Daher rührt auch die etwas befremdlich anmutende Frage von Philippe Minyana: »Ist der Platz eines Autors im Theater?«, die er dann auch gleich selbst beantwortet: »Das nötige Pendeln zwischen dem Schreiben und der Bühne kann man nur umsetzen, indem man im Theater ist, wenn auch nur vorübergehend.« Er bringt die Sache auf den Punkt, wenn er sagt: »Die Theaterpraxis nährt das Schreiben«, und faßt schließlich zusammen: »Ich schreibe kein Theater, ich mache Theater.« Philippe Minyana macht tatsächlich Theater. Nachdem er lange mit dem Regisseur Robert Cantarella zusammengearbeitet hat, inszeniert er jetzt seine eigenen Texte.
Das gleiche gilt für Jean-Luc Lagarce, Catherine Anne, Xavier Durringer und Joël Jouanneau, selbst wenn sie nicht das Glück hatten, sich mit einem bestimmten Regisseur auseinanderzusetzen wie Minyana mit Cantarella oder Koltès mit Chéreau, Bernard Chartreux mit Jean-Pierre Vincent oder Jean-Christophe Bailly mit Georges Lavaudant. Selbst wenn die Praxis sich auf ihr Schreiben auswirkt, laufen diese Autoren dennoch Gefahr, extrem einsam zu bleiben, das »Schicksal der meisten dramatischen Dichter«, wie es der Autor Daniel Lemahieu bitter formuliert. Es sei denn, sie setzen sich mit anderen Texten auseinander, die manchmal sehr weit entfernt sind von ihrer eigenen Arbeit: so Jean-Luc Lagarce, der auch Klassiker inszenierte, oder Joël Jouanneau, der sich für andere zeitgenössische Autoren wie Yves Ravey und Jacques Séréna interessiert. Es sei denn, sie lassen sich auf ganz eigentümliche Experimente ein, wie Noëlle Renaude mit dem Schauspieler Christophe Brault: Renaude schrieb eine eindrucksvolle Reihe von Texten, die unter dem Titel *Ma Solange, comment t'écrire mon désastre, Axel Roux...* veröffentlicht und inszeniert wurden. Dennoch ist

diese Form der praktischen Arbeit, so wichtig sie sein mag, nur eine Phase in der Entwicklung des Autors.
In diesem Stadium sollten Lesungen, szenische Lesungen und andere Präsentationsformen mit Werkstattcharakter wirkliche Versuchslabors für die Autoren sein, was aber leider nicht immer der Fall ist. Häufig werden sie als eigentliches Endprodukt betrachtet.

Die traditionellen dramatischen Formen sind also gesprengt. Bernard-Marie Koltès könnte noch als letzter großer Dramatiker unserer Zeit gelten, was ihn allerdings nicht davon abgehalten hat, eine Implosion der Form durch die Sprache auszulösen.
Wenn die dramatischen Regeln vernachlässigt wurden, so doch nicht auf Kosten des Inhalts, wie dies Marie-Christine Autant-Mathieu andeutet: »Ein Großteil derer, die heute für das Theater schreiben, setzt sich so sehr mit der Sprache auseinander, daß manchmal der Sinn entgleitet, oder beschäftigt sich, mit mehr oder weniger großer Rücksicht auf dramatische Formen und Regeln, mit Lyrik und Prosa.« Wenn tatsächlich eine Auseinandersetzung mit den Formen der Lyrik, des Romans und anderer literarischer Gattungen stattfindet – in dem Maße, daß Jean-Pierre Sarrazac die Funktion des Rhapsoden herausstellen konnte, der in der Lage sei, die verschiedenen Gesänge zu verbinden und abzustimmen – so gilt dennoch, daß die Dramatiker uns zunächst eine Art Theater in Splittern vorführen, um das Bild der Welt treffender nachzuzeichnen. Es geht darum, das Rauschen, den Lärm der Welt zu erfassen und davon zu berichten. Zu einer zersprengten Welt, auf der Suche nach dem Sinn, passen nur zersprengte Formen. Zerlöcherte oder lückenhafte Berichte, sich überschneidende oder hintereinander angeordnete Monologe, Fragmente, Collagen von Texten und Dokumenten, aus all dem sind die heutigen Stücke gemacht. *Chroniques, des jours entiers des nuits entières* von Xavier Durringer ist dafür bezeichnend: es handelt sich nicht um ein konstruiertes Stück wie *Une petite entaille* oder *Une envie de tuer sur le*

bout de la langue, sondern um Textpassagen, Monologe, kurze Dialoge, kleine Geschichten, die im übrigen nicht immer für das Theater geschrieben wurden.
Nur in seiner Totalität erhält das Werk vielleicht einen theatralen Sinn. »Ich liebe Textcollagen. Vielleicht ist das meine Art zuzugeben, daß es heute nicht mehr möglich ist zu schreiben«, sagt Philippe Minyana. Es ist nicht mehr möglich zu schreiben, weil es nicht mehr möglich ist, die Welt und ihre Schrecken in Worte zu fassen. Im Grunde ist die zeitgenössische Dramatik mit dieser Frage konfrontiert: wie das Unbeschreibliche sagen? In jedem Fall befindet sich der Inhalt in der Form.
Im sogenannten absurden Theater der 50er und 60er Jahre führten die Figuren (die es damals noch gab!) Dialoge, in denen sie sich falsch oder gar nicht verstanden. Im heutigen, zeitgenössischen Theater ist das vorbei: man versucht nicht einmal mehr, miteinander zu sprechen. Die sechs Personen in *Chambres* von Philippe Minyana befinden sich in ihren sechs Zellen und sagen ihre kleine Lebensgeschichten auf, jeder für sich (im Prinzip könnten sie es auch gleichzeitig tun). »Das Theater setzt sich vor allem aus Stimmen zusammen«, sagt Robert Pinget. In *J'étais dans ma maison et j'attendais que la pluie vienne* von Jean-Luc Lagarce gibt es in diesem Sinn fünf Frauenstimmen (antworten sie sich wirklich?), die die Rückkehr eines Abwesenden feiern, der aus dem Krieg heimgekehrt ist, um zu Hause zu sterben... Und es handelt sich um eine Stimme, die sich durch *Le petit bois* von Eugène Durif zieht, und die nur spricht, um die »Angst vor der Stille« zu beschwören und die Leere auszufüllen. Stimmen sind es auch, die *Gibiers du temps* von Didier-Georges Gabily durchstreifen, wie es sogar der Titel des zweiten Teils dieses Werkes angibt. Und wer ist es, der in *Comment cela est arrivé* von Joris Lacoste spricht, der sich mit diesem ersten Stück erst kürzlich in der Theaterszene vorgestellt hat?
Vom dramatischen Dialog zum manchmal unbestimmten Stimmengewirr, diese Entwicklung kann man selbst innerhalb des dramatischen Werkes von Michel Vinaver nachvoll-

ziehen. Für die Aufführungen am Théâtre National de la Colline veröffentlicht er in einem Band zwei Stücke, die im Abstand von mehr als 40 Jahren geschrieben wurden: *Les huissiers* von 1957 und *King*, das 1998 enstand. Das erste Stück ist wie eine antike Tragödie aufgebaut, in diesem Fall *Oedipus auf Kolonos* von Sophokles. Im Gegensatz dazu keine Dialoge mehr in *King*, sondern eine »Aneinanderreihung von unzusammenhängenden Episoden«, wie es der Autor selbst ausdrückt, Episoden, in denen »jeder Teil autonom ist«. Es gibt auch keine Personen mehr, sondern den Widerhall dreier Reden ein und desselben Individuums, aufgenommen in drei verschiedenen Momenten seines Lebens, das Ganze unterbrochen von einer Art Chor, der auch nur ein »Geflecht von Stimmen« ist. Auf diese Weise erzählt Vinaver das Epos des Erfinders der Rasierklinge Gillette und deckt die Funktionsweise des kapitalistischen Systems auf. Zeit und Ort geraten durcheinander, wie auch in *Agnès* von Catherine Anne (wenn auch innerhalb eines insgesamt eher klassischen Stückaufbaus im Fall von *Agnès*).

In *Les huissiers*, in *King* und auch in seinen anderen Stücken beschreibt Michel Vinaver die Welt, in der er lebt, auf eine Art, die ihm eigen ist. Immer klopfen die Zeitläufte an die Tür der kleinen Alltagsgeschichten. Genau wie er beziehen sich auch andere zeitgenössische Autoren gern auf die Archetypen aus der Mythologie. Didier-Georges Gabily z. B. hat dies in *Gibiers du temps* getan, Eugène Durif erst kürzlich mit *Meutres hors champ*, Olivier Py in *Le visage d'Orphée*, und auch der junge Laurent Gaudé tendiert in seinem umstrittenen *Onysos le furieux* in diese Richtung; er wurde von Hubert Gignoux entdeckt, der einst ›Pate‹ von Bernard-Marie Koltès war.

Diesen großen Umweg nimmt Michel Deutsch in seinen *Imprécations* nicht, um die heutige Politik auszudrücken. Seine lauten und zornigen *»Verwünschungen«* sind immer auch sehr musikalisch (denn die Worte allein sind ab einem bestimmten Punkt unzureichend).

Die Realität ist nämlich da, stark und einnehmend, und man

muß ihrer Macht schon etwas entgegnen. Auch die zeitgenössischen französischen Dramatiker wollen Rechenschaft ablegen, indem sie die Realität darstellen oder denken, was nicht unbedingt das gleiche ist. In *Image et mémoire* erläutert der italienische Philosoph Giorgio Agamben: »Jeder kreative Akt ist auch ein gedanklicher Akt, und ein gedanklicher Akt ist ein kreativer Akt, denn das Denken definiert sich vor allem durch seine Fähigkeit, die Realität zu de-konstruieren.« Indem sie den Umweg über die griechische Tragödie machen, de-konstruieren viele Autoren die Realität und kommen gleichzeitig wieder auf eine Arbeit an Fabel und Geschichte zurück, die in der Zersplitterung der Formen eine Zeitlang abhanden gekommen waren. Auf der anderen Seite zeichnet sich eine weitere Bewegung deutlich ab, die ebenfalls auf Fabel und Geschichte zurückgreift und gleichzeitig versucht, eine gewisse soziale Realität unseres Landes widerzuspiegeln, insbesondere die der *banlieues* und anderer »benachteiligter«, »problematischer« Gegenden. *La misère du monde* des Soziologen Pierre Bourdieu, das sich aus einer Reihe von Interviews zusammensetzt, war in den letzten Jahren einer der großen Bühnenerfolge. Andere Autoren haben sich mit mehr oder weniger glücklicher Hand in diese Marktlücke gestürzt. Man sprach von »Versuchen, in die Realität einzubrechen«, ohne dies weiter auszuführen. Xavier Durringer ist sicher der typischste Vertreter dieser Strömung. Seine Entwicklung ist gleichwohl symptomatisch. Ausgehend von einem – wenn auch schon ein wenig verfremdeten – Abziehbild der Realität in seinen ersten Stücken (er hat viel auf der Basis von Interviews gearbeitet), ist er über die Anordnung (oder Un-ordnung) von Fragmenten wie in *Chroniques, des jours entiers des nuits entières* gegangen, um mit *Surfers* abschließend ein »politisches« Stück schaffen zu wollen. Es ist nicht uninteressant hinzuzufügen, daß Durringer auch Filmregisseur ist. In der Strömung, von der hier die Rede ist, sind Bilder (aus Comics, Fernsehen, Video und Kino) so etwas wie ein Markenzeichen... Junge Autoren wie Ahmed Madani, Pascal Tedes

und Christophe Martin gehören seit kurzem zu dieser Schreibbewegung.
Wieder anderswo navigieren einige freie Elektronen zwischen der einen oder anderen Strömung hin und her oder befinden sich absolut außerhalb jeglicher Kategorie. »Die Aufgabe eines Autors ist es, genau dort zu schreiben, wo man ihn nicht erwartet« sagt Jean-Claude Grumberg. Die Brutalität des Krieges und des Lebens bleiben gleichwohl (wie bei Adel Hakim oder Mohammed Rouabhi) tief in uns verankert. »Die Welt hat uns an der Gurgel gepackt… der Schmerz ist das Alphabet des Lebens!« sagt Joël Jouanneau in *Allegria opus 147*. Dieses Alphabet ist es, das jeder der zeitgenössischen französischen Dramatiker auf seine Weise verarbeitet.

Xavier Durringer

Ganze Tage – ganze Nächte

Aus dem Französischen von Ina Schott

Personen

FRED

LUCIE

GASPARD

PIERRE

SYLVIE

MOUSSE

AKIM

Originaltitel: Chroniques, des jours entiers, des nuits entières

Y a des nuits entières où je ne dors pas ...
Des nuits entières où je ne dors pas, des nuits entières ...
J'y arrive pas, je me retourne dans tous les sens, je remets de l'ordre dans mes idées. Point.
Y a des nuits entières où je ne dors pas ... je dois pas être le seul ... mais j'y arrive pas ...

Y a des jours entiers où je pense à toi.
Tu viens là comme un uppercut au plexus, me trouer, me transpercer, comme une rage de dent dedans la tête.
Tu sommeilles, tu somnoles, toi tranquille t'étirant, au fond de moi, t'écartant en moi.

*

Es gibt ganze Nächte, wo ich nicht schlafe ...
Ganze Nächte, wo ich nicht schlafe, ganze Nächte ...
Ich schaffe es nicht, ich wälze mich herum, ich bringe wieder Ordnung in meine Gedanken. Punkt.
Es gibt ganze Nächte, wo ich nicht schlafe ... ich bin bestimmt nicht der einzige ... aber ich schaffe es nicht ...

Es gibt ganze Tage, wo ich an dich denke.
Da kommst du wie ein Schlag in den Magen, durchlöcherst mich, durchbohrst mich,
wie ein rasender Zahnschmerz innen im Kopf.
Du ruhst dich aus, du döst vor dich hin, du streckst dich ruhig aus, tief in mir, du löst dich in mir auf.

*

FRED Qu'est-ce qui t'as pris avec ce mec?

LUCIE De quoi?

FRED Qu'est-ce qui t'as pris? Tu t'es laissée faire?

LUCIE J'ai essayé de calmer ses esprits.

FRED Tu t'es laissée faire?

LUCIE Tu m'amuses.

FRED Ah ouais, moi ça me fait pas rire du tout ... si je me retenais pas ...

LUCIE Retiens-toi, je t'en prie, retiens-toi monsieur grande gueule, monsieur ...

FRED Oui je me retiens, ça c'est sûr que je me retiens, vaut mieux pour toi ...

LUCIE Joue à ça, amuse-toi tiens de lever la main sur moi!

FRED Ah ouais, qu'est-ce qu'il arriverait?

LUCIE Je partirais ...

FRED Ah très bien, c'est toujours bon à savoir ... le jour où j'en aurai assez de voir ta gueule, je te mets une tarte et tu dégages, c'est bien, tu me diras c'est pratique, ça évite les explications en tout cas ...

*

FRED Was sollte das gerade mit dem Typen?
LUCIE Was?
FRED Was sollte das? Hast du dich rumkriegen lassen?
LUCIE Ich habe versucht ihn zu beruhigen.
FRED Hast du dich rumkriegen lassen?
LUCIE Sehr witzig.
FRED Ach ja, ich finde das überhaupt nicht zum Lachen ... wenn ich mich nicht beherrschen würde ...
LUCIE Beherrsche dich, bitte beherrsche dich, du Schwätzer, du ...
FRED Ja ich beherrsche mich, natürlich beherrsche ich mich, das ist auch besser für dich ...
LUCIE Mach weiter, komm, amüsier dich, schlag mich!
FRED Ach ja, was wäre dann?
LUCIE Dann gehe ich ...
FRED Ach sehr gut, das ist immer gut zu wissen ... wenn ich dann mal genug von dir habe, haue ich dir eine rein und du verschwindest, das ist gut, gut daß du mir das sagst, da braucht man auf jeden Fall keine langen Erklärungen ...

*

GASPARD Où c'est l'endroit où on passe le plus ici?

PIERRE Pardon?

GASPARD S'il vous plaît, quelle est la rue, le croisement, le café où on se retrouve?

PIERRE Je sais pas ...

GASPARD Le passage obligatoire!

PIERRE Je comprends pas ce que vous voulez ...

GASPARD Y'a bien une rue principale, un axe, quelque chose ici! MERDE!

PIERRE C'est ici, le centre, c'est là ...

GASPARD Où?

PIERRE Là ...

GASPARD Là?

PIERRE Oui là, entre mes deux gros orteils, là où j'écrase ma clope, c'est là le centre.

GASPARD Vous vous foutez de ma gueule?

PIERRE Non, pas du tout ...demandez à n'importe qui ici où est le centre, il vous dira, c'est là-bas entre les deux gros orteils du mec, là-bas, où sa clope est écrasée.

GASPARD Vous vous foutez de ma gueule? Non, parce que c'est pas drôle du tout, vous voyez, je suis pas d'ici, alors, voilà, je suis emmerdé, parce que j'ai un rendez-vous avec quelqu'un ce soir ...

FRED Avec qui?

GASPARD Enfin, c'est une femme et elle m'a dit, tu sors de la gare, tu vas sur le parvis, tu peux pas te tromper, tu vas là où c'est animé, je t'attendrai ... alors bon voilà, je cherche, quoi ...

FRED Eh ben cherche, qu'est-ce que tu veux que je te dise ... mais cherche ailleurs ... tiens là-bas, va chercher!

GASPARD Ça vous dérange pas si je reste là?

FRED Si, ça me dérange, j'ai pas envie de te voir attendre une belette, un bouquet de fleurs à la main, ça me déprime.

GASPARD Ah ...

PIERRE Oui »ah«! alors va t'en, tu comprends ce qu'on te dit?

GASPARD Wo trifft man sich denn hier so?
PIERRE Was?
GASPARD Entschuldigung, wo ist die Straße, die Ecke, oder das Café, wo man sich hier so trifft?
PIERRE Ich weiß nicht ...
GASPARD Da wo alle sind!
PIERRE Ich verstehe nicht was Sie wollen ...
GASPARD Es wird doch wohl eine Hauptstraße geben, eine Hauptverbindungsstraße, irgendsowas hier! SCHEISSE!
PIERRE Das ist hier, das Zentrum, da ...
GASPARD Wo?
PIERRE Da ...
GASPARD Da?
PIERRE Ja da, zwischen meinen beiden großen Zehen, da wo ich meine Kippe austrete, da ist es, das Zentrum.
GASPARD Machen Sie sich über mich lustig?
PIERRE Nein, überhaupt nicht ... fragen Sie irgendjemanden hier, wo das Zentrum ist, und er wird Ihnen sagen, das ist da, zwischen den beiden großen Zehen von dem Typen da drüben, da, wo seine zertretene Kippe liegt.
GASPARD Machen Sie sich über mich lustig? Nein, weil das ist nämlich überhaupt nicht witzig, wissen Sie, ich bin nicht von hier, deshalb, also, ich bin angeschissen, weil ich habe eine Verabredung mit jemandem heute abend ...
FRED Mit wem?
GASPARD Na ja, mit einer Frau, und sie hat mir gesagt, du gehst aus dem Bahnhof raus, du gehst auf den Platz vor der Kirche, du kannst es nicht verfehlen, du gehst da hin wo was los ist, ich werde auf dich warten ... na ja, und jetzt suche ich eben ...
FRED Na dann such mal schön, was soll ich dir sagen ... aber such woanders ... guck mal da drüben, siehst du da drüben, such da!
GASPARD Stört es Sie, wenn ich hier bleibe?
FRED Ja das stört mich, ich habe keine Lust dir zuzugucken, wie du auf eine Frau wartest, mit einem Blumenstrauß in der Hand, das deprimiert mich.

GASPARD Aha ...

PIERRE »Aha«! also hau ab, verstehst du, was man dir sagt?

GASPARD Ja ... guck mal einer an, hier ist ja plötzlich richtig was los ... vielleicht hat sie mich nicht angelogen, vielleicht bin ich hier genau richtig!

FRED Du findest dich wohl witzig, ja, du findest dich witzig?

GASPARD Ehrlich gesagt ... nein! nicht wirklich! Stört Sie das wirklich, wenn ich hierbleibe?

FRED Dieser Typ ist ein Idiot ... Ja wirklich, ich habe eine Menge Sachen zu tun!

GASPARD Ich verstehe, aber versprechen Sie mir eins, wenn Sie sie vorbeigehen sehen, sie ist nicht sehr groß, blond, mit Haaren so gerade ...

FRED Dann fick ich sie!

GASPARD Was?

FRED Dann fick ich sie, du glaubst doch nicht, wenn ich in diesem Loch einmal ein hübsches Mädchen sehe, daß ich die einfach so gehen lasse!

GASPARD Ich glaube, Sie machen Witze, na gut ... Sagen Sie ihr einfach, daß ich vorbeigekommen bin und ein Stückchen weiter auf sie warte ...

PIERRE Ja, genau das werde ich ihr sagen ...

GASPARD Nein weil ich habe ihr Blumen gekauft, sie liebt Rosen ... also dann ... gut, ich werde Sie nicht länger stören, wo Sie so viele »Sachen zu tun haben« ... schade, weil ich rede gern einfach so mit Leuten, wirklich gern!

*

Ich bin der Liebe begegnet, ich bin zufällig auf sie gestoßen. Er war da, ruhig, ahnungslos. Ich habe ihn angeguckt, und ich habe gedacht, das ist der letzte Augenblick, das ist seine letzte Stunde als einsamer Mann, heute abend werden wir zu zweit sein. Ich habe ihm zugeguckt bei seiner letzten Stunde, er rauchte eine Zigarette nach der anderen, er war weit weg, er hat mich nicht gesehen, nicht einmal erahnt; er war da und rauchte eine Zigarette nach der anderen. Er sah überhaupt nicht so aus, wie ich es mir vorher vorgestellt habe, er sah überhaupt nicht aus wie ein Märchenprinz, oder dieser andere Blödsinn, wie die Typen im Film, nein, er sah eigentlich mehr aus wie ... Nichts. Niemand. Ich habe ihn angeguckt und habe es gewußt, und das brachte mich zum Lachen, daß ich's vor ihm wußte. Ich habe gedacht, er muß aufhören zu rauchen, das schadet ihm, zuviel zu rauchen, ich habe genau gespürt, noch bevor ich mit ihm gesprochen habe, daß ich eklig zu ihm sein könnte, mich mit ihm streiten, mich schlagen. Ich habe ihn zufällig gefunden, es hätte jemand anders sein können, er war da, ganz allein, verloren in seinen Gedanken, mit seinen gelben Fingern. Er wußte nicht, daß er gerade seine letzte Stunde als einsamer Mann lebte, und ich meine letzte Stunde als freie Frau.

*

PIERRE Entschuldigung, darf ich Sie was fragen?

GASPARD Ja ...

PIERRE Sehe ich fit aus?

GASPARD Hm ... Ich weiß nicht ...

PIERRE Sehe ich fit aus?

GASPARD Das kann ich Ihnen nicht sagen, ich kenne Sie nicht, also, ich kann das nicht mit früher vergleichen, ob es Ihnen gut geht oder nicht, ob Ihre Ausstrahlung sonst größer ist oder einfach ... wie soll ich sagen ... ob Sie sonst kränker aussehen ...

PIERRE Aber jetzt, hat man den Eindruck, ich bin fit? Nur den Eindruck.

GASPARD Ja, Sie sehen fit aus ...

PIERRE Sicher?

GASPARD Ja ... ja.

PIERRE Für mich ist das unheimlich wichtig, ich muß das wissen.

GASPARD Sie sehen fit aus.

PIERRE Dankeschön.

GASPARD Schon gut.
PIERRE Nein, für dich ist das nichts, aber für mich ist das unheimlich wichtig.

*

Sie muß es vergessen haben, das gibt's nicht.
Man vergißt doch nicht einfach so, finde ich! Man kann doch die Sachen nicht vergessen, vor allem Verabredungen, wenn nicht irgendwas Besonderes war. Und da war nichts, absolut nichts zwischen uns, also gibt es keinen Grund, gerade heute abend hätte ich gerne was angefangen, na ja, sowas Romantisches, wie man so sagt, da muß man nichts Schlechtes denken, ich hätte ihr doch nicht wehgetan, am ersten Abend, gut, beim zweiten Mal, das ist was anderes. Ich sage nicht, daß ich nicht was mit ihr vorhabe, aber weiter habe ich noch nicht gedacht.
Aber jetzt, wirklich, ich verstehe nicht was los ist, sie muß es vergessen haben, das gibt's nicht.

*

GASPARD Woher kommt das, daß es bei mir mit den Frauen nicht klappt?
PIERRE Du weißt nicht wie man das macht ...
GASPARD Und wie muß man das machen?
PIERRE Instinktiv...
GASPARD Instinktiv, und was muß man machen?
PIERRE Nicht denken, kommen lassen.
GASPARD Kommen lassen, du bist ja lustig, wenn ich es kommen lasse, dann geht's gar nicht, jedes zweite Mal kriege ich eine Abfuhr und eine Ohrfeige.
PIERRE Fünfzig Prozent, das ist doch schon mal gar nicht so schlecht, wenn du fünfzig Prozent von den Frauen haben kannst.
GASPARD Fünfzig, schön wärs!
PIERRE Na ja, wenn jedes zweite Mal klappt.

GASPARD Von wegen, die anderen Fünfzig scheuern mir keine, die lachen sich kaputt.

PIERRE Na das ist doch gut, wenn du eine Frau zum Lachen bringst, ist das doch schon die halbe Miete ... na gut, das macht natürlich nicht mehr als Fünfundzwanzig.

GASPARD Aber meistens ist das Problem mit diesen Fünfundzwanzig, daß sie häßlich sind, aber trotzdem, ich versuche es, aber ich fühle mich überhaupt nicht wohl dabei, als hätte ich Fieber, ich habe keine Ruhe mehr, ich stelle mir den Hintern vor, den sie unterm Kleid haben, und es ist vorbei, ich fange überall an zu zittern, und alles, was ich sagen wollte, ist plötzlich, zack, weg, wie weggezaubert, ich fange an rumzustottern, kriege feuchte Hände, und dann gute Nacht, ich weiß nicht, ob du schon mal versucht hast eine Frau mit feuchten Händen zu streicheln, das geht nicht!

*

Ich bin der Typ von Frau, an dem gar nichts ist.
Nach mir dreht man sich nicht um.
Man sagt mir oft, daß ich aussehe wie jemand anders.
Ich habe einen ganz gewöhnlichen Vornamen, und alle vergessen ihn immer, SYLVIE, sagen Sie mal Sylvie, nur so, Syl-vie, Syl-vie, nochmal, das muß man sich doch merken können! Sylvie, das ist verdammt nochmal nicht schwer zu merken, scheiße, außerdem gebe ich mir Mühe, immer wieder, ich enthaare mich mit Wachs, die Achseln, die Augenbrauen, die Haare auf den Brüsten, bitteschön, das muß man erst mal machen, einmal machen. Ich kaufe Cremes und alles, Lippenstifte, damit der Mund größer wirkt, Wonderbras, damit der Busen rauskommt, Spritzen, damit der Hintern wieder straff wird, aber nichts passiert, Sylvie, das merkt man sich nicht, ich gehe auf strengste Diät, aber alles setzt bei mir an, ein Apfel, ein Traubenkern, und ich nehme zu, mich macht sogar Sport dick, ich nehme zu, ich schwör's euch, ich nehme zu, ich halte das nicht mehr aus. SYLVIE SCHEISSE!

MOUSSE Scheiße, ich kann nicht mehr, ich kann nicht mehr, scheiße, kannst du nicht mal zwei Minuten stehenbleiben, das hat nicht mal Rollen, das Ding.

AKIM Bist du fertig mit rummotzen?

MOUSSE Was ich, ich motz rum, ich motz rum!

AKIM Ja du motzt rum, du hörst nicht auf zu nölen.

MOUSSE Nimm das sofort zurück.

AKIM Was?

MOUSSE Was du da gesagt hast, nimm das zurück oder ich lasse dich hier mit deinem Klavier sitzen ... ich motz rum, scheiße, sechs Stockwerke ohne Aufzug, nicht mal einen Wagen, um dieses Teil wegzuschaffen, ich weiß nicht wie du das immer machst. Scheiße, ein Klavier ... Es gibt jede Menge Sachen, die leichter zu klauen sind, überhaupt alles, ALLES ist leichter als das, für einen Tausender. Ich glaube ich träume, für einen Tausender stehe ich gar nicht erst auf. Ich mache das für dich! Nur um dir einen Gefallen zu tun.

AKIM Dann hör auf rumzumotzen.

MOUSSE Du kotzt mich an, falls du das wissen willst, du kotzt mich an.

AKIM Wir warten auf den Kontaktmann und hauen ab.

MOUSSE Was für einen Kontaktmann?

AKIM Den Kontaktmann eben.

MOUSSE Was für einen Kontaktmann?

AKIM Den Kontaktmann, den Typen, der uns dafür die Kohle gibt. Und dann Schluß.

MOUSSE Und wann kreuzt er auf, dein Kontaktmann?

AKIM Ich weiß nicht genau, also, so direkt hat er das nicht gesagt, er hat gesagt, er würde heute abend vorbeikommen.

MOUSSE Ah ja, und du hast nicht zufällig seine Nummer oder so, damit man ihn anrufen kann?

AKIM Nein, ich habe nichts!

MOUSSE Und wie sieht er aus?

AKIM Ich weiß nicht.

MOUSSE Ja träume ich oder was, du weißt nicht mal wie dein Kontaktmann aussieht? Und wie machen wir das?

AKIM Was denn?
MOUSSE Wie ERKENNEN wir ihn?
AKIM Wir warten, da gibts nichts anderes, wir warten.

*

Scheiße, was für einen Hintern die da hat, guck dir das an. Da kann ich nichts machen, Rot, da könnte ich sofort, es gibt so Tage, da hätte ich Lust die erstbeste Frau zu ficken. Scheiße, Rot, da könnte ich sofort, das wissen die genau! Was glaubst du, warum die sich das auf die Lippen tun? Mich kotzt das an, die machen das nicht, damit sie schön sind, die machen das, damit man sie will, nur deswegen, damit er dir steht für nichts und wieder nichts, ich sage dir was, das ist zum Kotzen, ich würde mich am liebsten in einen Stier verwandeln und alle roten Tücher und den ganzen Ärger auf die Hörner nehmen.

*

In meinem Leben gibt es nichts, nie passiert irgendwas, nichts, was mir schon am Morgen gute Laune macht, ich treffe nur Idioten, so ein idiotisches Leben, nur geile Typen, die dir auf den Arsch gucken wie wilde Tiere.
Ich habe es satt, es gibt nichts Interessantes in meinem Leben.
Ich würde gerne IN-TE-RES-SANTE Sachen erleben, aufregende Sachen, das soll mich verbrennen, aber es verbrennt mich nicht, es gibt nichts was heiß macht, das prickelt, das den Geist kitzelt.
Ich sehe das doch im Fernsehen, in den Büchern, den Filmen und alles, wenn da dauernd was passiert, wenn sie Sachen zum Heulen erleben, ich, ich heule nicht, nie, es gibt nichts, was mich zum Heulen bringt, das kenne ich schon, ich kenne niemanden, keine Probleme, was das angeht, geht's mir gut, es gibt niemand, den ich liebe und der mich liebt, deshalb bin ich ruhig, ruhig, zu ruhig vielleicht, aber ruhig!

Ich würde gerne was anderes machen als das was ich mache, verstehst du, was anderes.
Jemand anders sein, am liebsten sogar genau das Gegenteil, groß, braunhaarig, mit so einem Busen und so einem Arsch ... und Augen, und einem Mund, ja, einen richtigen Mund, mit richtigen Augen, und Haare, ja genau, das würde ich toll finden, dick und so, das wäre lustig, und dann irgendwo anders leben, eine andere Sprache sprechen, eine andere Religion haben, andere Kleider, andere Eltern, eine andere Familie, mit einer kleinen Wohnung und einem Wagen, also alles, ja!
Ich würde mich gerne ändern.

*

Da ist ein Mann, der sieht ein Mädchen vorbeigehen. Er sitzt draußen in einem Café, er bezahlt, steht auf und geht dem Mädchen nach. Sie steigt in einen Bus, er steigt auch ein ...
Sie fährt zum Bahnhof und kauft eine Fahrkarte. Er kauft seine Fahrkarte und steigt mit ihr ein.
Er verbringt die ganze Fahrt neben ihr in einem Abteil für acht Personen, aber sie sind nur zu zweit.
Sie sitzt direkt unter einem Foto von einem Berg mit Schnee.
Am Ende der Reise steigt er mit ihr aus, ohne ein Wort mit ihr gesprochen zu haben. Er wartet auf den richtigen Moment.
Er denkt nach.
Aber auf dem Bahnsteig wartet ein Mann auf das Mädchen.
Sie küssen sich, und er schaut ihnen zu. Der Mann und das Mädchen steigen in ein Auto. Er bittet ein Taxi, ihnen zu folgen, wie in den amerikanischen Filmen, und ihn am selben Ort abzusetzen. Es ist ein kleines Einfamilienhaus. Er wartet auf die Nacht, davor, auf der anderen Straßenseite. Er raucht eine Zigarette, und es wird Nacht.
Er beobachtet die Lichter innen. Er stellt sich vor was sie sagen. Ein Licht geht aus, dann wieder an, dann wieder aus.
Es ist dunkel. Es ist kalt. Er reibt sich die Hände.
Er denkt, es gibt keinen Zufall, irgend etwas wird passieren,

ein Ereignis, wenn man etwas wirklich will, passiert es, früher oder später. Er denkt an sie, wie sie schläft. Er denkt so stark an diese Frau, daß sie es spüren wird.
Aber es passiert nichts, sie spürt nichts, sie schläft.
Er steht auf und geht.

*

Das Gute an der Nacht ist, daß du beim Einschlafen im Dunkeln an die Frau denken kannst, die du liebst, auch wenn es nicht die ist, die neben dir schläft.

*

Also ich mag die Iren, weil sie den fighting spirit haben, und ich, ich übe, ich trainiere für den fighting spirit, mit den Frauen, mit denen streite ich mich bis zum Ende. Auch wenn es nichts mehr zu hoffen gibt, ich streite mich!
Das ist schrecklich, das Gefühl, bei den Streitereien jedesmal den kürzeren zu ziehen, im Grunde zu wissen, daß man zwar versuchen kann, Druck zu machen, mitzuhalten, und am Ende doch die schreckliche Wahrheit akzeptieren muß, ich bin immer allein der Verlierer, daran denke ich beim Duschen und am Sonntagmorgen nach dem Fußballspiel.
Zum Fußball bin ich spät gekommen, weil als Junge hatte ich Kontaktschwierigkeiten, aus Schüchternheit oder so, und ich war nicht gut genug mit dem Ball, um in einer Mannschaft akzeptiert zu werden, nicht mal als Verteidiger. Deshalb bin ich sehr spät dazu gekommen, vielleicht sogar ein bißchen zu spät, ich habe eigentlich angefangen Fußball zu spielen, als die anderen damit aufgehört haben und auf Überraschungsparties gegangen sind, auf Tanzfeten, das gleiche Problem am Anfang wie beim Fußball, Kontaktschwierigkeiten, was das angeht, war ich eher schwach, wissen Sie, anmachen und alles, das war was für die anderen, na ja, heute versuche ich die verlorene Zeit nachzuholen, heute versuche ich flüchtige Beziehungen zu Frauen zu haben, oder auch nicht flüchtig,

während die anderen Männer meines Alters schon alle verheiratet sind, mit einem Kind oder zwei.
Mir egal, ich habe den fighting spirit!

*

PIERRE Warum bist du nicht bei ihr?

FRED Weil ... keine Lust, weißt du, es ist besser, wenn ich hierbleibe ... sie heult.

PIERRE Sie heult?

FRED Ja sie heult, und du kannst dir nicht vorstellen, was mir das ausmacht, wirklich. Eine Frau weint, und ich habe das Gefühl das Leben bleibt stehen, weißt du, plötzlich, stop! Nichts geht mehr.

PIERRE Mir geht das auf die Nerven!

FRED Ja ja, aber mich erschüttert das.

PIERRE Glaubst du, sie heult da noch weiter?

FRED Ja.

PIERRE Willst du nicht zurückgehen mit ihr reden?

FRED Nein das bringt nichts, sie muß von selber aufhören, und danach sehen wir weiter, dann reden wir ...

PIERRE Und warum heult sie?

FRED Keine Ahnung, geh und frag sie selber, wenn sie es weiß!

PIERRE Das ist dein Problem, nicht meins, ich werde nicht zu ihr gehen und sie fragen.

FRED Dir sagt sie vielleicht mehr als mir. Manchmal sage ich Sachen, die meine ich nicht so, nur um was zu sagen zu haben, aber ich sag dir, sie versteht nie irgendwas so wie sie soll.

PIERRE Was hast du zu ihr gesagt?

FRED Nichts, nichts, ich erinnere mich nicht mal mehr daran, aber seitdem hat sie Schluckauf und ich verstehe nichts von dem was sie mir erzählt, wenn sie so heult ... Das gibts nicht, und je weniger ich verstehe was sie mir sagen will, desto mehr regt sie sich auf und heult ...

*

Ich schaffe es nicht zu reden, ich schaffe es nicht.
Eine einfache Sache, und ich schaffe das nicht ... das ist ... das ist nur ein kleines Ding, das nicht geht, das nicht einrastet, ich möchte Ihnen sagen, o ich wünschte mir so, daß sich das da drin öffnet, aber das öffnet sich nicht, da kommt nichts raus, nie, nichts Gutes, hier, was Sie da lesen könnten, raten und gleichzeitig spüren, sogar bevor ich da irgendwas spüre, und mir das dann sagen, aber da gibt es ein Ding, irgendwas Kleines, Schmutziges, das man nicht sieht, das verstopft, oder ich weiß nicht, ein kleines Korn, das alles durcheinanderbringt, das blockiert, ich weiß nicht, ich denke daran, und ich verstehe nicht, wirklich, dieser Bluff, scheiße, warum wirke ich nur so!
Unglaublich, denkt man, wenn man mich sieht, der geht's gut, denkt man, die knistert überall, man hat Lust in sie reinzubeißen, sie ist, wie sagt man, saftig, genau, geschmeidig, gut gebaut, o scheiße ist die schön, sagt man sich, verführerisch, diese Frau ist rundrum verführerisch, von Kopf bis Fuß, heieiei sagt man sich, stimmt doch?
Ist aber nicht wahr. Das hier ist nur die Karosserie, ein Gerippe, ein komisches Gestell, was weiß ich, ich weiß auch nicht.
Manchmal, wenn die Nacht länger ist als sonst, und ich dasitze, wie ein Idiot Brote mit Butter in mich reinstopfe, mit Nutella oder Erdnußbutter, überall alles leermache, die Kühlschränke, die Eierschachteln, um mir einen Pfannkuchen zu machen, Schokoladentafeln anfresse, meine Tage vor den Kühlschränken verbringe, irgendwas in die Marmelade tunke, sage ich mir, daß ich dick und fett werden muß, so, noch viel dicker, so guckt mich niemand mehr an, niemand, je dicker ich werde, desto weniger sieht man mich, komisch was?
Ich könnte mich still hinlegen, meine dicken Beine ausstrekken, mich auf die Seite legen, ich würde es so machen wie eine müde Frau, genau so, ich würde Tabletten und schachtelweise kleine bunte Pillen essen, blaue, ich würde die Augen schließen, und ich würde vergessen wie ich heiße, und wie

ich war, alles mit geschlossenen Augen, und ich würde sterben, ja, ich würde sterben.

*

Ein Mal würde schon reichen, ein kleines Mal, so nebenbei, wie mit einer Plastikpistole.
Als ich klein war, habe ich mir vorgestellt, der Finger da an der Schläfe, der wartet darauf abzudrücken, und das machte klack, das Geräusch vom Abzug im Kopf,
KLACK, KLACK, KLACK!!!

*

Ich bin ihr an einem Sonnentag begegnet, da kann man nichts sagen, an dem Tag war es schön.
Ich bin zu Fuß direkt in die nächste Grünanlage gegangen, ein kleines Sonnenbad nehmen, auf einem Stück Rasen.
Ich habe in der Sonne gelegen wie ein k.o. geschlagener Boxer, der beim Auszählen abschlafft.
Ich bin ihr begegnet, ich kann es gar nicht sagen, du hast dein Stückchen Handtuch so schnell so nah zu mir gelegt, daß ich lachen mußte, kein Blick, nicht von der Seite, oder direkt, du hast dich auf den Bauch gelegt und dein Buch angefangen zu lesen, dabei hast du alle drei Seiten in eine Apfeltasche gebissen.
Ich mußte lachen, als ich dich da sah, das hat mir gutgetan dich da zu sehen, das, ich kann gar nicht sagen, wie das für mich war, wie ein kleines Tier, das man mit einem Fernglas beobachtet, das sich langsam ohne Angst bewegt, das nicht weiß, daß man ihm zuschaut, das seine Apfeltasche ißt, so habe ich dich beobachtet. Ich wäre gerne der Krümel an deinem Zahn gewesen, das Taschentuch an deinem Mundwinkel, die Zunge auf deinen Lippen, der Handrücken, der Schluck Wasser.
Wie eine Scheibe geröstetes Brot hast du dich umgedreht, du hast das Buch auf deine Brust gelegt, und du hast die Augen zugemacht. Ich kann es gar nicht sagen, ich wäre so gerne

leicht gewesen, Wind, irgendetwas, um sanft deine Haare anfassen zu können, und dir das Salz auf deiner Haut zu lecken, irgendsowas.
Ich kann gar nicht sagen, wie das für mich war, als ich zu mir nach Hause gegangen bin, als ich dich da zurückgelassen habe.
Ich habe mich allein gefühlt und wie ein Idiot, wie ich so gegangen bin, wie beim ersten Mal.

*

Er läuft herum, damit er nicht nach Hause geht.
Immer wieder läuft er Straßen, die er schon tausendmal gelaufen ist, er macht sich auf dem Gehweg breit.
Er wartet, daß ihm eine Frau über den Weg läuft, das könnte gut passieren, irgendeine Frau, fast egal welche Frau, heute abend ist er nicht schwierig, und er wird ihr was erzählen, er wird ihr Hallo sagen, und daß er Lust hat sie zu ficken, daß sie ihm alles raussaugen soll, was er da drin hat, daß sie das ruhig machen kann, egal wo, bei ihr, bei ihm, wo sie will, hier sofort, im Gang, oder in seinem Wagen, ihm ist das egal, Hauptsache er nimmt sie ohne groß rumzumachen, ohne an etwas anderes zu denken als abzuspritzen.
Er wird sich nicht aufhalten.

*

Früher.
Früher habe ich gelacht, über alles und nichts.
Früher habe ich gesungen, von morgens bis abends.
Früher habe ich getanzt, egal wo.
Früher konnte ich stundenlang mit irgendwem über irgendwas reden.
Ich war gierig danach, ich habe alles um mich vergessen.
Ich war gierig danach, ich bin auf die Liebe zugegangen wie ein gespannter Bogen, eine Kugel aus dem Maschinengewehr, eine verirrte Kugel, ich habe darauf gewartet, daß es trifft, irgendwo, irgendwen.

Und dann hat es dich getroffen.
Vor dir habe ich gelacht.
Vor dir habe ich gesungen.
Vor dir habe ich getanzt.
Vor dir habe ich stundenlang mit irgendwem über irgendwas geredet.

*

Früher war ich wie so ein fleischfressender Fisch, lange, scharfe Zähne, harte Schuppen, ich bin gegen den Strom geschwommen, verstehst du, immer unter Wasser, in den Luftblasen, in der Strömung, immer dagegen, und ich habe die Kühle gespürt, mit einem Flossenschlag habe ich dir alles ins Schwanken gebracht. Ich wußte, wie man in der Mitte schwimmt, mitten in der Mitte, ich wußte, wie man kurzen Prozeß macht, aufreißt und fickt, ich habe gerissen, verstehst du, ein Fleischfresser, ich habe die kleinen Fische geschnappt, ein Biß, eine Bewegung des Kiefers, zack!
Ganz weit unten war ich ruhig, ganz weit unten, in der Kühle, im Schatten, wo alles eben ist und ruhig, mit dem Bauch im Sand war mir alles egal, und ich blieb da stundenlang, eins mit dem Boden, ich spürte, wie sich alles um mich drehte, diese Kleinen, den Hintern hochgestreckt haben sie nur auf mich gewartet, nur auf mich.

*

FRED Ich spüre genau, du bist nicht da, ja, ich spüre genau, du hörst nicht zu!
LUCIE Doch, doch ...
FRED Sag nicht »doch doch«, du bist nicht da, du bist woanders, wo bist du?
LUCIE Ich bin da.
FRED Wo?
LUCIE Hier, hier bei dir, direkt vor dir!
FRED Das bringt nichts.

LUCIE Was bringt nichts?
FRED Daß ich mir den Arsch aufreiße, du hörst mir nicht zu!
LUCIE Doch...
FRED Nein...
LUCIE Scheiße!
FRED Was?
LUCIE Scheiße!
FRED Ach ja...
allein Genau, hau doch ab!... Das läuft sowieso immer aufs Gleiche raus.
Ich muß aufhören... Ich muß aufhören zu reden...

*

Reden führt auf jeden Fall zu gar nichts.
Ich habe vorhin genau gemerkt, daß ich sie besoffen gemacht habe, sie waren besoffen von Wörtern, ich habe das genau gemerkt, aber ich konnte nicht so einfach aufhören, so plötzlich, nein das konnte ich nicht, ich hatte ihnen eine Menge zu sagen, vor allem der Blonden da, der Großen mit den großen Brüsten, ihr Typ hat nichts dazu gesagt, der hat ganz schön was eingesteckt, eine echte Fresse zum Reinhauen der Typ, na ja.
Ich hoffe, daß sie, sie, daß sie verstanden hat, das ist die Hauptsache, scheiße, ich muß aufhören zu reden und zu denken, ich denke zuviel, es sind zuviele Sachen da drin, das kocht über, kaum zu glauben, wenn man mich so sieht, zum ersten Mal, sagt man sich, was sagt man sich, wenn man mich zum ersten Mal sieht? Nicht zum zweiten Mal, sondern zum ersten Mal, in der ersten Sekunde, so zack, wenn meine Augen leuchten und ich locker wirke, was denkt man sich? Man denkt sich... Ich würde verdammt gerne wissen, was man sich denkt...
Ich muß aufhören, scheiße, ich muß aufhören zu reden...

*

Ich scheiß auf alles, ich scheiß auf alles was passiert, auf die Welt und alles, ich scheiß drauf, auf den Fall der Mauer und die Russen, ich scheiß drauf, die kleinen Kambodschaner, ich scheiß drauf, auf Jugoslawien, Aserbaidschan, Armenien, die Arbeitslosigkeit, ich scheiß drauf, das Kurdenproblem, mir ist alles egal, die Chinesen, Tibet und die Annexion, die Ostdeutschen und die Westdeutschen, die Obdachlosen, dreißig Millionen in den Vereinigten Staaten, ich scheiß auf das Nord-Süd-Gefälle, auf das Ost-West-Problem, auf die Milch, die Butter, das Mehl in Äthiopien, Somalia, Militärprobleme, die Bomben, die Lager, die Fraktionen, die Hühner auf Kuba, die Fischer in Kanada, die englischen Schafe, die Wasserscheide, ich scheiß drauf, auf den Koks in Kolumbien, die boat-people in Vietnam, die roten Khmer, die Weißrussen, ich scheiß drauf, ich scheiß auf die Vietnamveteranen, auf Algerien, auf Korea, die Selbstmordrate in Schweden, die Pinguine, die sie im Eismeer fangen, die gestrandeten Wale, die verstümmelten Affen, die tollwütigen Hunde, ich scheiß drauf, die Staatsstreiche in Afrika, die Liga für Menschenrechte, die Blauhelme, die SFOR, den Libanon, die Einwanderer, ich scheiß drauf, die Lohnforderungen, die Flugzeugabstürze, den Börsenkrach, die Währungszusammenbrüche, ich scheiß drauf, auf den Bauernprotest, den überlaufenden Nil, die einstürzenden Denkmäler, die Inder, die Probleme der Lappen, die Favelas, die Verfolgungen, die politischen Flüchtlinge, das Türkenproblem, ich scheiß drauf, auf die Rehabilitation, die große Aussöhnerei, ich scheiß drauf, die arabisch-persischen und chinesisch-japanischen Probleme, den Libanon, die ganzen Kartelle, die Inflation, die Kippensammler in Ägypten, den wiederangespülten Dreck, die oberste Schicht des Himmels, Ozonschicht, das Verschwinden der Elefanten, die Inhaftierungen, die Verurteilungen, die Massenhinrichtungen, den Abrechnungsverkehr, Zentralamerika, das Verschwinden der Grünflächen, den Regenwald, und auf bestimmte Nonnen, ich scheiß drauf, auf die Verschmutzung der Strände, die Ghettos, die Apartheid, die Atomversuche, den Pazifik, das

Fischsterben im Mittelmeer, den Föderalismus, die Blaumacher, das Wiedererstarken des Faschismus, die Erneuerung des Kommunismus, den Niedergang des Westens, die westliche Vorherrschaft, das alte osmanische Reich, ich scheiß drauf, ich scheiß auf die Probleme der Stiere, die Corrida, auf Crack, die Notlandungen, die Erinnerungen der Alten, die neuen Hoffnungen, auf New Age, die Religionen, die Völker, die Freimaurer, die Pseudowissenschaftler und andere, ich scheiß drauf, auf die Bomben, die hochgehen, die Erdbeben, die Waldbrände auf Korsika, die Lawinen, die Orkane, die Taifune, die Ausschreitungen, die Palästinenser, den jüdischen Staat, auf Ruanda, auf Zimbabwe, auf Surinam, auf Venedig, das im Meer versinkt, die Todeskommandos, die Mörder, Serienkiller, die Morde im Supermarkt, die Kinderprostitution, den Mädchenhandel, ich scheiß drauf, auf den Stoff, die Spritzen, auf Aids, die gedopten Wettkämpfe, die massakrierten Känguruhs, auf die Ansteckung, das Gelbfieber, die Tsetsefliege, die abgestoßenen Transplantate, die Kotze, das Rausmachen von Kugeln, die Granatsplitter, die Direktamputationen, die Beziehungs-, Orgasmus-, Scheidungsprobleme, den elektrischen Stuhl, den Revolver an der Schläfe, auf die fünfzig Kilometer zu Fuß um Wasser zu holen, das Fernsehen, ich scheiß drauf.

*

AKIM Möchtest du Geschäfte machen, ein dickes Geschäft?
Dann hör mir zwei Sekunden zu.
Man muß ein ganz dickes Ding drehen.
Das was am meisten zählt, verstehst du, das ist das, hier, Geld.
Mit Geld stehst du sofort besser da, man hat Vertrauen. Jeder soll machen was er will, jeder hat sein Ding, mir geht es vor allem ums Geld, nachher kommt alles wie von selbst, die Sachen laufen und regeln sich selbst, und nachher muß

man nur noch sein Konto und sich selbst gut pflegen, das ist keine Hexerei. Man legt sein Geld an und nachher öffnet sich alles, dein Bankier wechselt die Krawatte, bevor er dich empfängt, die Welt öffnet sich, die Augen der Mädchen öffnen sich, alles öffnet sich, von selbst, ohne Anstrengung.

MOUSSE Ja, das sagt man ...

AKIM Hör zu, ich werde dir den Trick verraten, weil ich dich sehr gern habe. Hör zu, ein genialer Plan, ganz frisch geliefert heute morgen, du bist der erste und der letzte, dem ich davon erzähle ... Ich habe nicht einen Sou mehr, was ich brauche ist genau das was ich brauche, und um noch genauer zu sein, ich brauche Viertausend, aber damit zaubere ich dann so richtig, das kannst du mir glauben, du pumpst mir, und ich gebs dir zurück, mehr als das Doppelte, das ist sicher, ich kann dir auch ein Papier unterschreiben, wenn du kein Vertrauen hast, mehr als das Doppelte! Du mußt mir helfen, es ist nur der Einsatz, der mir fehlt, und nachher gehe ich dir nicht mehr auf die Nerven, ich werde reich sein, jedenfalls reich genug, um dich nicht mehr zu fragen, ich weiß, es geht auf die Nerven, angepumpt zu werden, aber versetz dich eine Sekunde in meine Lage, setz dich, heute morgen hat mich ein Typ angerufen, der auf der Rennbahn arbeitet, und der, der! kümmert sich um die Pferde, und er sagt mir, daß er mir einen Tip geben kann, daß ich ihm dann natürlich was schulde, und du kennst mich, du kennst mich, ich bin nicht undankbar, er sagt mir, setze alles auf die Sieben, Baby-Doll im vierten Rennen ... Du wirst dir goldene Eier verdienen!
Pumpst du mir was? Sag mal, träume ich oder was, ich rede und rede, du hörst mir nicht zu, sag mal, träume ich oder was, zu was soll das gut sein, daß ich mir den Arsch aufreiße und dir was erzähle, du hörst mir nicht zu!
Hau doch ab, bleib bei deinen kleinen kümmerlichen Geschäften, ich habe das gewußt, daß du nicht hoch hinaus willst, ich habe das gewußt, als ich kam habe ich das schon gerochen.

Ich habe sofort an deinen Schuhen gesehen, daß du ein netter Junge bist.
Viertausend brauche ich.

*

Ich weiß schon jetzt, wie das sein wird, sie wird kommen als ob nichts gewesen wäre, verstehst du, locker, ganz locker, als hätte sie ihn nicht angefaßt, verstehst du, die unberührte Heilige, wie eine Blume, ganz frisch und parfümiert, also dann, verstehst du, weiß ich nicht, was ich mache ...
Verstehst du, ich weiß genau was sie macht, wenn ich mich umdrehe.
Ich weiß das, ich weiß das, ich spüre sowas, nicht nur die haben die weibliche Intuition für sowas, die soll mich nicht für einen Idioten halten, ich bin nicht blind.
Sie wird absolut perfekt hier ankommen, rosa wie eine Primel, die Haare frisch gekämmt, die Lippen feucht, den Slip sauber, verstehst du, gut gespült überall, sie wird nach Dusche riechen, nach der kleinen zarten Mandelseife, und sie wird ganz zart mit mir reden, als ob ich nicht verstehe, als ob ich nichts verstehe, wie zu einem Kind wird sie mit mir reden, sie wird mir sagen wie geht's, habe ich dir gefehlt, mein Kleiner, mein Süßer, sie wird mir was von der Liebe erzählen, und ich rieche es, das riecht ...
...den Samen, den sie noch zwischen den Zähnen auf der Zungenspitze hat, den Samen, der ihr eine Haarsträhne verklebt hat.
Und ich, verstehst du, ich gucke irgendwo anders hin, ich tue so, als würde ich das glauben, und mit ihr wieder Runden auf ihrem Idiotenkarussel drehen.
Ich würde alles für sie machen, kleine Pferde aus Holz, ich falle rein, ich falle rein, mein ganzes Leben lang falle ich rein.
Verstehst du, wenn man reinfällt, man ist der Idiot, wenn man reinfällt.

*

FRED Wenn du nicht da bist, denke ich mir ganze Filme mit dir aus, ich sehe dich in seine Arme sinken, wie du ihn willst, wenn er dich küßt, ich höre dich lachen wie eine Blöde, kichern vor Glück, spucken vor Lust, ich sehe dich in den widerlichsten Stellungen, von hinten genommen, wie eine Hündin, dabei streckst du die Zunge raus, wie dir die Luft wegbleibt, wie du dir bei den Schimpfereien mit dem miesen Schwein in einem großen Spiegel zuguckst, und ich sehe dich weggehen, und das reißt mir das Herz kaputt, als hättest du es mir mit dem Hackmesser herausgeschnitten, wie das Innere von einem Schwein, das man kleinschneidet und seiner Katze zu fressen gibt ...
Ich kann nicht glauben, daß du sowas mit einem anderen als mir machen kannst ...

LUCIE Nichts davon ist passiert ...

FRED Was weiß ich denn schon, wenn du gehst!

LUCIE Das ist die Eifersucht, die dich auffrißt!

FRED Was weiß ich denn schon ... Also, was hast du mit ihm gemacht?

LUCIE Nichts, nichts, gar nichts, wir waren essen, wir haben uns unterhalten ...

FRED Über was?

LUCIE Über alles mögliche ...

FRED Ah ja ...

LUCIE Über dich.

FRED Über mich?

LUCIE Ja, über dich.

FRED Und was habt ihr gesagt?

LUCIE Er hat mich gefragt, was ich an so jemandem wie dir finde ...

FRED Nett.

LUCIE Und er hat nicht verstanden, warum ich bei so einem wie dir bleibe ...

FRED Und was hast du ihm gesagt?

LUCIE Nichts ... Ich habe nichts gesagt, ich habe zugehört was er mir zu sagen hatte, das ist alles. Ich habe nichts gesagt.

FRED Ah ja, du hast nichts gesagt?
LUCIE Nein.
FRED Das ist ja nett, so ein Arschloch zerreißt sich den ganzen Abend das Maul über mich und du, du sagst nichts!
LUCIE Was hätte ich denn deiner Meinung nach sagen sollen?
FRED Ja ich weiß nicht ...
LUCIE Ja siehst du, ich wußte auch nicht ...
FRED Warum? Findest du, er hat recht?
LUCIE Fang nicht schon wieder an!
FRED Nein, ich frage dich nur, du antwortest, das ist alles, findest du, er hat recht?
LUCIE Was willst du eigentlich, daß wir uns anschreien?
FRED Nein, die Wahrheit will ich wissen!
LUCIE Weil du glaubst, es gibt eine Wahrheit?
FRED Ja, ich will wissen ob ja oder nein, findest du, er hat recht?
LUCIE Also jetzt, wo ich dich so angucke, denke ich, er hatte vielleicht nicht ganz unrecht ...
FRED Ich bringe den Kerl um, das schwöre ich dir, wenn das weitergeht, ich bringe ihn um.
LUCIE Laß ihn in Ruhe, ja?
FRED Ach, du nimmst ihn in Schutz, dieses kleine Arschloch?
LUCIE Ich habe keine Lust mehr mit dir zu reden, dir irgendwas zu erklären, du verstehst nichts!
FRED Erklärs mir! Erklärs mir!
LUCIE Nein das bringt nichts ...
FRED Erklärs mir bitte ... bitte ...
LUCIE Nein.

*

Ich bin für dich ein Idiot?
Denkst du, ich bin ein Idiot?
Andere halten dich für einen Idioten. Viele. Sehr viele.
Weil du mit mir zusammen bist, bei mir.

Wir teilen manchmal das Zimmer.
Manchmal die Sonntagsausflüge, das schlechte Wetter, die Dosenravioli, ein paar Früchte, eine Zigarette, wir tun uns gut, wir lieben uns, nicht immer, nicht immer gut, eins von zwei Mal, eins von drei Mal.
Dann komme ich in dir, vor dir, manchmal kommst du nicht.
Wir versuchen gleichzeitig zu kommen, jeder auf seinem Weg, jeder auf seinem Weg zum anderen.
Und wer weiß, wie lange das dauert.

*

Kleines Lied.

Solange wirst du halten, wie eine Zahnbürste hält,
So lange gerade, bis man sich die Zähne zerschlägt.
Die Zeit vergeht, so voller Häme,
Jetzt putzt sich jeder seine faulen Zähne.
Ich könnte dir sagen, was alles wir verlieren
Ich könnte dir sagen, was alles wir nicht lieben
All das, was wir versauen, nach und nach
Die kleine weiße Pfeife, die nicht zerbrach.
In klaren Nächten werde ich dich lieben
Dann, weil ich alles auf die Seite tu
Wird es Vorrat für den Winter geben
Und für den Sommer frisches Wasser, du

*

Wir sind zusammen weggegangen, tanzen.
Aber da war nichts mehr.
Wir haben dieselben Bewegungen gemacht wie früher, ich bin mit meiner Hand durch ihre Haare gefahren, über ihren Nacken, wie früher, aber da war nichts mehr.
Wir haben uns weiter zur Musik gedreht, haben uns nichts zu sagen gehabt, nichts mehr gemacht, haben uns verkrampft einer am anderen festgehalten, haben uns beim Drehen zuge-

guckt, darauf gewartet, daß das alles aufhört, die Musik, das Gedrehe, die Komödie.
Es war so, als würden uns alle angucken, mit einem fiesen Lächeln im Gesicht und dummen Bemerkungen auf den Lippen. Bitte, meine Damen und Herren, machen Sie Schluß mit unserem Gedrehe, knallen Sie uns ab, knallen Sie uns ab, bitte, bitte machen Sie Schluß mit unserem Gedrehe.

*

Es ist das Leben, das tötet, es ist das Leben, das dich langsam niederwalzt und das aufhört, wenn es dir die Augen schließt.

Es ist das Leben, das dich anwidert, langsam, und dich müde macht durch die Hochs und Tiefs zu gehen, das ohne anzuhalten Aufzug spielt.

Es ist das Leben, das dich tötet, scheinbar ohne dich anzufassen, bis zu dem Moment, verstehst du, wo du keine Lust mehr hast durch Hochs und Tiefs zu gehen, den Liftboy zu spielen, und du dich entscheidest, dich hinzulegen und auf die Rechnung zu warten.

*

SYLVIE Fassen Sie bitte meine Haare nicht an, ich habe eine sehr empfindliche Kopfhaut...
Als ich klein war, habe ich nervöse Flecken gehabt, und ich habe die ganze Zeit gekratzt, und ich hatte ganz weiße Schuppen, meine Mutter, sie hat gesagt, das sieht aus wie Schnee auf meinen Schultern, wissen Sie, und das ist mir geblieben, die empfindliche Kopfhaut...

GASPARD Ich fasse nicht mehr an, versprochen...

SYLVIE Nein weil nachher juckt mich das, wissen Sie, und nachher, das ist sehr schwer für mich nicht zu kratzen, das ist wie mit den Fingernägeln, ich kann mich nicht beherrschen, das ist auch nervlich, ich kann mich nicht beherrschen, ich kaue bis es blutet, das passiert mir einfach, und nachher ist es geschwollen, aber was wollen Sie da machen, so ist das, das Naturell, das holt uns immer wieder ein wie man so sagt, und trotzdem gebe ich mir Mühe aufzuhören, wissen Sie, aber nach einer Weile holt mich das wieder ein, dieser Mist, das ist wie ein Defekt, ich weiß nicht mehr was ich tun soll, jetzt rauche ich, ich höre nicht mehr auf zu rauchen, aber ich bin nicht die einzige, das nicht, es gibt viele wie mich, und der Qualm, der ist nicht gut für die Haare und die Nägel, scheint so, jedenfalls sagen sie das in den Zeitungen, den Frauenzeitschriften, na ja, und daß das das Gleiche ist, die Haare und die Nägel, das gleiche Material oder so, wissen Sie, das ist wie ein Teufelskreis, alles in allem.

GASPARD Das ist nicht schlimm, mir macht das nichts aus, mir ist das egal, und deshalb werde ich Ihnen jetzt auch etwas anvertrauen, ich kriege manchmal Pickel am Hintern, wegen dem Fleisch, ich stopfe zuviel davon in mich rein, vor allem Wurst.

SYLVIE Mir geht's genauso, aber das ist wegen der Schokolade, davon kriege ich, komisch daß Sie das jetzt sagen, weil ich kriege davon Pickel zwischen den Brüsten, ich habe eine Freundin, sie sagt, das kommt, weil ich keinen Liebhaber habe ...

GASPARD Ah ja.

SYLVIE Ja, wenn man nicht fickt, entschuldigen Sie, dann passiert das.

GASPARD Wenn man nicht fickt ... das ist gut.

SYLVIE Finden Sie?

GASPARD Na ja, das macht uns irgendwie gleich, das bringt uns näher. Was man braucht, das ist ... Das ist der gute Wille, um aufzuhören muß man einen Ersatz finden.

SYLVIE Einen Ersatz?

GASPARD Ja, einen Ersatz! Irgendwas damit man aufhört, Wurst und Schokolade zu essen zum Beispiel ... Verstehen Sie?

SYLVIE Sehr gut ...

GASPARD Wir könnten uns vielleicht gegenseitig helfen, uns ab und zu sehen und aufeinander aufpassen, verstehen Sie, nur ab und zu am Anfang, damit wir uns langsam daran gewöhnen ...

SYLVIE Ja, meinen Sie ...

GASPARD Ja ...

SYLVIE Aber ohne Hintergedanken, ja?

GASPARD Ja ja nein natürlich, ohne Hintergedanken, Sie machen sicher Witze, das ist klar ... Ohne Hintergedanken ... Aber was wollen Sie damit sagen?

SYLVIE Ich meine, na ja, ohne gleich zu fummeln ...

GASPARD Ja ja nein natürlich ... ohne zu fummeln ... Natürlich nicht ... Ich gehe danach nach Hause, wenn wir essen gehen oder zum Beispiel ins Kino, ja, auch wenn der Film gut ist, gehe ich danach nach Hause wie ein Idiot. Es kann ja mal Ausnahmen geben, oder?

SYLVIE Natürlich.

GASPARD Weil ich habe nicht immer Geld bei mir, zum Beispiel, hier, jetzt, zum Beispiel, ich habe nicht eine Mark, auch wenn ich Sie einladen wollte, könnte ich es nicht, das ist schrecklich, so von seinem Geld abhängig zu sein ... Also das Taxi abends, wenn es keinen Bus mehr gibt, tja also das erwischt mich voll, ich muß da schlafen wo ich bin, im Wohnzimmer, auf dem zusammengerollten Teppich, unter einer Decke, verstehen Sie ...

SYLVIE Ich habe auch nichts ...

GASPARD Also Sie verstehen, SIE VERSTEHEN! Das ist furchtbar, furchtbar, scheiße aber auch! SCHEIIISSE! Wir haben nicht das Leben, das wir verdienen, das kann ich Ihnen sagen, Sie würden es verdienen, Geld zu haben, das ist nicht normal, ein Mädchen wie Sie ohne Geld, das kann ich Ihnen sagen! DAS KANN ICH IHNEN SAGEN! Ich kenne Nutten, schmutzige kleine Huren, die ohne Grund Geld haben, und Sie, SIE, Sie sind arm, das ist doch unsere Chance!

SYLVIE Finden Sie?

GASPARD Das ist ganz einfach, das sage ich Ihnen! Ein bißchen Kajal um die Augen und ein bißchen was, um die Lippen größer zu machen und Sie sind, wie könnte ich das beschreiben ... Hey ...

SYLVIE Was?

GASPARD Sie sind ... Hey ... Hey, haben Sie mich verstanden? Super, was weiß ich!
Geil, das ist aber auch nicht das Wort, das ich suche ...
Gut. Gut, gut ... Aber was machen Sie hier, so, nachts?

SYLVIE Ich warte.

GASPARD Auf was warten Sie?

SYLVIE Daß irgendwas passiert, ein Riesending, ein Erdbeben, daß die Leute steppen ... Verstehen Sie was ich meine?

GASPARD Nein ... Nicht wirklich ...

SYLVIE Das ist nicht schlimm, das war nur so ein Bild, das mit dem Steppen ... Als ich klein war, wollte ich Tänzerin oder Sängerin oder Tänzerin werden, irgendsowas, aber mein Körper hat sich nicht gut für das Tanzen entwickelt, ich hätte in die Länge gehen müssen, und genau das Gegenteil ist passiert, ich bin in die Breite gegangen ... Puh, ich wollte der ganzen Welt zeigen, was ich hier drin habe ...

GASPARD Ah ja ...

SYLVIE Ja, weil das ist nicht normal, so viel zu sagen zu haben und alles für sich zu behalten, wissen Sie, da kriege ich Hitzewallungen, wollen Sie, daß ich Ihnen ein Lied vorsinge?

GASPARD Jetzt sofort?

SYLVIE Ja ja ... *sie fängt an zu singen*

Nach einer Zeit

GASPARD Also das haut mich um, ich weiß nicht, was ich Ihnen da sagen soll, das ist das erste Mal, daß ein Mädchen für mich ganz allein singt ...

SYLVIE Dann sagen Sie nichts ...

GASPARD Wollen Sie nicht weitersingen?

SYLVIE Wollen Sie?

GASPARD Ja.
SYLVIE Ist das wahr? Weil mir geht's genauso, es ist das erste Mal, daß ich für jemanden singe.

*

Man muß nicht bezahlen, man hat nichts zu bezahlen, verstehst du das? Man hat nichts zu bezahlen. Man muß keine Rechenschaft ablegen, ich bin niemandem Rechenschaft schuldig, ich nicht ...
Das Geld, das fällt vom Himmel. Ich mache den ganzen Tag Kohle, ich puste den Leuten ein bißchen Musik ins Hirn, ich schaffe Möglichkeiten, ich schenke denen das Vergessen, die vergessen wollen. Sie vergessen, daß sie vergessen, verstehst du, wie raffiniert das ist, sie vergessen, daß sie vergessen ...
Es gibt drei Arten von Leuten, die, die dem Gesetz gehorchen, dem Gesetz des Stärkeren, die, die es machen, verwalten, schreiben, diktieren, die dich festnehmen, einsperren ... die urteilen, ohne das Wie und Warum zu verstehen, und die, die über dem Gesetz stehen, über den Geboten.
Und ich, ich bin drüber, Papa, so weit drüber, daß du glaubst, daß du glaubst, ich bin irgendwo ganz weit unten, schlimm, was?
Anpassung an das Programm, AN-PAS-SUNG.
Friß langsam, sonst kriegst du Bauchweh. Ich habe Bauchweh, aber ich habe mich an nichts angepaßt. Ich verdiene an einem Tag, was du, was sie dir in einem Monat zahlen, acht Stunden am Tag vor deiner Maschine. Ich verdiene das an einem Tag und stehe erst mittags auf, also was willst du, was soll ich tun, um neu anzufangen ... ja, ich verbrenne, ich verbrenne ...
Den Preis, den das kostet, muß ich nicht bezahlen, wir haben nichts zu zahlen, sie müssen zahlen, nicht ich, scheiße!
Die ganzen Kinder, die man umbringt, und die keine Ahnung haben, da wird dir gesagt – ja da, da ist es dunkel, da sollte man nachts nicht hingehen ... und ich, ich gehe da jede Nacht hin, tagsüber nehmen sie die ran, wenns hell ist, die Kinder,

wie in den Schlachthöfen, wie in den Schlachthöfen, Papa! Jeden Tag greifen sie die, die greifen sich die, verstehst du das? Die hauen dir was in den Rücken und gehen dir an die Gurgel. Man hat nichts zu bezahlen, sie müssen bezahlen, nicht ich.

*

MOUSSE Du weißt, warum ich da bin?
AKIM Nein.
MOUSSE ACH NEIN, DU WEISST ES NICHT!
AKIM Nein, sogar wenn ich scharf nachdenke ...
MOUSSE Du schuldest mir Geld, he, hörst du mir zu, du schuldest mir Geld!
AKIM Merkst du nicht, daß das jetzt nicht der richtige Augenblick ist ...
Sei nicht unhöflich, ich bin nicht ganz allein, komm, ein bißchen Respekt bitte, zieh ab!
MOUSSE Es ist komisch, was für einen Ton du anschlägst, sobald man dich mit deinen Freunden trifft.
AKIM Aber hallo, guck dich mal zwei Sekunden an, mein Lieber, weißt du wie du aussiehst, was, soll ich dir das sagen, du tust mir leid, sehr leid!
MOUSSE Gib mir mein Geld zurück ...
Am Anfang bist du ganz nett, ganz allerliebst, wenn du jemanden brauchst, und danach, nichts mehr, als ob du niemanden mehr kennen würdest ...
AKIM So geht's, die Kohle, das Geld, das geht, das kommt, das wechselt den Besitzer, die alte Leier, und du rennst hinterher.
MOUSSE Ich renne hinter dir her, um mir MEINE Kohle wiederzuholen, meine Knete, kapierst du das, mein Lieber, meine, die ich verdient habe, und die habe ich mir nicht aus dem Ärmel geschüttelt, die ich ehrlich verdient habe, nicht irgendwie, kostbare Stunden um Stunden, du, du pumpst dir was, und nachher erinnerst du dich an nichts mehr, und es dauert ewig, bis du was davon zurückgibst, das nervt,

hör zu, ich sag's dir, du kannst mich bald mal, eines Tages findest du deine hübsche kleine Fresse in Einzelteilen wieder, und dann hörst du auf, den Chef zu spielen ...

AKIM Habe ich doch richtig gehört, du drohst mir, jetzt hör mal zu, du hast Glück, daß ich mich nicht aufrege ... Und wer, WER, wird mir die Fresse zerschlagen? Du?

MOUSSE Ich bin nicht ganz allein ...

AKIM Du bist ganz allein, du kennst niemanden, soll ich dir was sagen, du tust mir leid, hau hier ab, bevor ich dir den Arsch versohle!

MOUSSE Du solltest das ernst nehmen, das sag ich dir, du hast Glück, daß ich zu nett bin, aber das wird sich ändern, das sag ich dir, das wird sich ändern.

*

Wenn du nicht studierst, machst du nichts aus deinem Leben, du wirst keine Arbeit haben, kein eigenes Haus, du wirst unruhig wie eine Ameise in einer heißen Pfanne ... Du wirst nie eine Frau kriegen. Dein Leben lang wirst du rumhängen und dabei eine Spur zurücklassen, eine glänzende Spur, wie eine Schnecke, von dem ganzen Geld, das du jedem schuldest. Eine Spur, verstehst du das, mein Sohn? Wie Benzin, das aus deinen Taschen läuft.

Und eines Tages wird dir jemand Feuer legen, verstehst du das, jemand wird dir Feuer legen, und das wird dich erwischen, und das wird dich auf der Stelle verbrennen, mein Sohn, du wirst ganz verbrennen. Paß auf, mein Sohn, es gibt keine Arbeit mehr, es gibt nichts mehr ...

Mir haben sie nach fünfundzwanzig Jahren in der Fabrik bei der Entlassung ein doppeltes Gehalt gegeben und eine Uhr, bei der Entlassung. Eine Uhr! Was soll ich damit zählen, auf was soll ich warten, eine Uhr! Damit deine Mutter und ich Stunde um Stunde, Tag um Tag auf Neuigkeiten von unserem Sohn warten. Verstehst du das oder verstehst du das nicht? Damit eines Tages das Telefon klingelt und man mir sagt, dein Sohn ist verbrannt.

Du mußt deinen Militärdienst machen, du mußt wieder zurück auf deinen Platz, ein Mann werden, zu deinem Wort stehen, dir die Haare schneiden, genauso sein wie die anderen, verstehst du das?
Du mußt uns von unserer Vergangenheit reinwaschen, uns reinwaschen anstatt zu verbrennen. Du mußt uns reinwaschen, und uns von unseren Makeln befreien, Tag für Tag, verstehst du, damit ich eines Tages stolz auf dich sein kann.
Und er hat angefangen zu weinen, konnte nicht mehr aufhören zu weinen, ich bin dabeigestanden wie ein Idiot und habe ihm beim Weinen zugeguckt. Ich habe ihm Kaffee gemacht, er hat ihn nicht getrunken, er hat alles stehenlassen.
Man weint um die Toten, um die, die man verloren hat, habe ich gedacht. Ich habe gedacht, man weint um die Toten, nicht um die Lebenden, Papa.

*

Alles, was ich dir sage, wird eines Tages gegen mich verwendet werden.
Jetzt spreche ich nicht mehr mit dir.

*

LACHT, LACHT, LACHT, WEITER, WEITER, LACHT, LACHT!
Noch fetter, noch lauter als sonst!
Lacht über mich und alles, solange noch Zeit ist.
Ich werde euch ein bißchen was erzählen, von allem, von der ganzen Last hier auf meinen Schultern, die mich schon immer drückt wie ein großer Drang zu scheißen, ich werde euch was sagen, ohne zu lügen, ohne Umschweife, ohne was zu verheimlichen, direkt in euer Gesicht.

*

Guckt mal, wie ich das kann, guckt mal wie ich tanzen kann,

reden, mich besser bewegen als alle anderen, guckt euch diese Brust und diesen Schwanz an, ist das nicht schön, Gnädigste, er lebt sein Leben dieser Schwanz, ist das nicht schön, Gnädigste, es lebt sein Leben dieses Schwänzchen da, es geht wohin es will, es hat seinen eigenen Kopf, seine kleinen Launen, seinen schmutzigen Charakter, ein eigenes Leben mit seinen maßlosen Träumen, es denkt und bewegt sich, es hat ein Ideal, die Sterne zu ficken, die Erde und das Blut beben zu lassen, zum Kochen zu bringen, zum Zittern, wie Tausende zittern, wie Soldaten beim Angriff, Bauernhände beim Umgraben, urbar machen der Erde, Pflanzen der Samen.
Das wird keine gute Ernte, der Erde fehlt Wasser, man hat sie zuwachsen, austrocknen, rissig werden lassen, das wird keine gute Ernte, das war kein guter Sommer.
Ich werde für dich trinken, mich für dich ertränken, bis mein Kopf weich wie eine Wassermelone wird, leer und besoffen, gegen die Straßenränder rollt, wie ein Fußball vor dem Schuß, bis ich Blut pinkle, den miesen Wein ausspucke, ziemlich schlapp auf eine Bettkante kotze, hinten in den Scheißhäusern, hinten, ganz da hinten, mich verlöschen sehe in der kleinen Lache.
Als ich klein war, bin ich spielen gegangen, habe ich Schiffe fahren lassen, ho, hoch die Segel! Hoch die Segel Matrosen! Heute abend Sturm und Pech für mich, das Schwänzchen wird heute abend nicht naß.

*

Seine Blicke sind wie brennende Zigaretten. Er liest da drin, da, in meinem Kopf. Er durchbohrt mich, er liest da drin, da, in meinem Kopf. Er kratzt mich hinter den Augen, er schleicht sich ein, er kriecht, er nagt, er bohrt.
Also dann braucht er sich nicht zu wundern, daß ich Kopfschmerzen habe, in den Stirnhöhlen, ich bin Weltmeister bei Stirnhöhlenentzündung, Bindehautentzündung, den kleinen Krusten im Augenwinkel wie die Kätzchen bei der Geburt, daß ich einen empfindlichen Magen habe, daß ich verquollen

bin, daß ich an den Nägeln kaue, daß ich mir Sorgen mache, wegen nichts heule, daß ich alles vergesse mit meinem leichtsinnigen Hirn, wie er immer sagt.
Aber das leichtsinnige Hirn, das ist voll von Einkaufslisten, voll vom Bügeln, voll von Schlüpfern und Unterhosen, voll von Putzmittel, Scheuerlappen und Ajax WC-Reiniger, und mit dem Gedröhne vom Staubsauger, ihm würde schwindlig werden.
Wir müßten uns die Aufgaben teilen, ich die Badewanne, er den Teppichboden!

*

Als ich ein kleines Mädchen war, habe ich stundenlang die Sonne angeschaut und geglaubt, meine Augen werden davon blau.

*

SYLVIE Weißt du, was ich mag? Wenn es regnet und die Scheibenwischer tschack – tschack – tschack machen, Schokoladenkekse essen, glaubst du mir das? Glaubst du mir das? Ich habe immer welche in meiner Tasche, wenn ich Kekse habe, ist das so, als würde ich mich beschützt fühlen und als ob mir gar nichts passieren könnte, als hätte ich einen kleinen Engel oder sowas über mir...

GASPARD Jetzt beschütze ich dich.

SYLVIE Dann brauche ich alles andere nicht mehr...

GASPARD Nein, nicht mehr nötig, ich ersetze alle Engel der Welt, wenn du ein Problem hast, rufst du mich an, ich komme, egal von wo, egal wann!

SYLVIE Das ist toll!

GASPARD Was ist das, was da auf deinem Arm tätowiert ist, da...

SYLVIE Das... Das ist nichts, das ist alt, das ist vorbei, das ist nicht wichtig, ein Jugendirrtum...

GASPARD Anfangsbuchstaben... J. C.... Das heißt Jesus Christus, J. C. Wolltest du Nonne werden oder was?

SYLVIE Nein... überhaupt nicht... das ist nicht Jesus... Das ist ein früherer Freund, José... José Corda... ein Portugiese... aber ich sag dir, das ist ein Jugendirrtum...

GASPARD Ich mag deine Erinnerungen nicht.

SYLVIE Es gibt auch nicht mehr Erinnerungen, ich weiß nur noch José...

GASPARD Ah ja...

SYLVIE Er war schön groß, und er hat den ganzen Tag Billard gespielt...

GASPARD Ich mag Billard nicht...

SYLVIE Sonntag morgens hat er mich abgeholt, und wir sind mit seinem Motorrad weggefahren... Hast du ein Motorrad?

GASPARD Nein, ich habe nicht mal den Führerschein...

SYLVIE Er, er hatte immer die Hände voller Schmieröl, unglaubliche Hände, groß und kräftig, richtige Schaufeln um auf den Hintern zu hauen, hat er immer gesagt... Aber ich weiß nicht, warum ich dir von ihm erzähle... Das ist alles vorbei...

GASPARD Man könnte meinen, dich macht das traurig.

SYLVIE Das macht einem immer irgendwas aus über jemanden zu sprechen, den man geliebt hat, oder?

GASPARD Ich weiß nicht...

SYLVIE Hast du nie jemanden mehr als alles geliebt?

GASPARD Ich weiß nicht...

SYLVIE Dann hast du nie geliebt wie ich, das schwör ich dir, ich will dir nicht weh tun, aber du würdest dich daran erinnern, wenn du geliebt hättest, solche Sachen kann man nicht vergessen...

GASPARD Vielleicht hast du recht.

SYLVIE Komm, mach nicht so ein Gesicht! Lach mal!

GASPARD Das ist nicht so einfach...

SYLVIE LACH MAL!

Nach einer Zeit

GASPARD Manchmal wünschte ich, ich wäre Fallschirmspringer, dann würde ich mich in der Luft treiben lassen, ganz still.

SYLVIE Das muß man verstehen, wenn man unglücklich ist, sagt man irgendwas.

*

Er war Elektriker. So sind wir uns begegnet.

Die Sicherungen waren durchgebrannt, meine schwarze Periode, ich habe eine Nummer aus den gelben Seiten angerufen, er ist mit seinem Kasten zu mir nach Hause gekommen, Notdienst, und er hat die Sache wieder in Ordnung gebracht, die Sicherungen in die Dinger, mir wieder Licht gemacht.

Ich habe ihn angeguckt und ihm gesagt, ich Kuh, ich mag Leute gern, die in meiner Wohnung das Licht wieder anmachen.

Alles ist wieder angegangen, das Radio, der Fernseher, mein Kühlschrank, alles!

Er ist wieder gegangen, andere Pannen beheben, und am Abend war er da, wieder bei mir zuhause, hat sich die Hände auf dem Klo gewaschen und sich an den Tisch gesetzt.

Wir sind ins Bett gegangen und haben miteinander geschlafen, während im Fernsehen kurz vor Sendeschluß die Wiederholungen liefen. Wir haben uns vor dem Geflimmer gewälzt, das hat richtig geklebt!

Das war unglaublich, also die Haut, das Ding, der Geruch und alles, perfekt!

Na gut ...

Wir haben beschlossen ein Kind zu haben, weil, wir hatten ein freies Zimmer, eine Rumpelkammer, und je öfter ich den Saustall da drin angeguckt habe, desto klarer ist das für mich gewesen, ein Kind! Schon eine ganze Zeit lang ist es um uns herumgeflattert, wollte runterkommen, wie ein Seiltänzer auf seinem Seil. Es war da, geisterte vor den Schaufenstern und der Babywäsche rum, es war da, am Strand vor den Eimerchen und Rechen, es war da, der kleine Idiot, und hat den ganzen Tag rumgeschaukelt.

Wir haben gewußt, wie man es von seiner kleinen Wolke runterholt, und wir haben fast jeden Tag probiert es da runterzuholen, trainiert wie für die Olympischen Spiele! Die Beine an der Decke, damit es fließt! Ich habe das ganze Haus geputzt, weiß gestrichen, Putzmittel, alles! Alles war fertig, die Rumpelkammer in den Keller entrümpelt, und nicht ein Fleck mehr auf den Türgriffen und den Wänden, nur Weiß, nur noch die Wiege hat gefehlt.
Aber wenn's nicht will, will's nicht. Das ist wie Öl und Wasser, das mischt sich nicht, da kann man noch so schütteln, da passiert nichts.
Wir sind bei einer ganzen Horde sogenannter Spezialisten gewesen, sie haben uns kommen und in Röhrchen pinkeln lassen, den Saft des Herrn untersucht, die Beckengröße der gnädigen Frau berechnet, wir waren in allem voll funktionsfähig, aber es hat nicht funktioniert, wegen irgendwas Psychologischem wollte das Kleine nicht runterkommen von seiner Stange.
Irgendwas mit den Nerven, anscheinend war ich blockiert, wir sind auf Makrobiotik umgestiegen, im ganzen Haus war nicht ein Stückchen Wurst oder irgendwas in Richtung Fett zu finden, und das, das ging ihm schwer auf die Nerven. Alles nur light, auf Vitamin- und Kohlenhydratbasis, nur noch Sachen auf -at oder -min, ja bloß leicht und ätherisch!
Es hat mir einen Stich ins Herz gegeben, einen Schlag bis ins Mark, als er gegangen ist, ohne eine Entschuldigung. Das ist der Sonntag, den ich nicht vergessen kann. Ausgerechnet am Sonntag, die anderen Tage sind mir egal, da reiß ich mich zusammen, aber am Sonntag, da kann ich nicht.
Er hat gesagt, ich will deinen Körper so gut kennen wie meinen eigenen, der Scheißkerl. Der Scheißkerl von Elektriker.

*

GASPARD Mach das aus!
PIERRE Was?
GASPARD Das Radio, mach das Radio aus!

PIERRE Warum?

GASPARD Weil mich das stört, verstehst du, hier, ich muß mich auf wichtige Dinge konzentrieren.

PIERRE Du schreibst an deine Frau?

GASPARD Das geht dich nichts an!

PIERRE Du schreibst an deine Frau!

GASPARD An eine Frau, ja und, eine Frau! So eine wie du sie nur aus dem Fernsehen kennst, das kannst du mir glauben, also ich muß mich konzentrieren, und mit deiner Idiotenmusik kann ich das nicht, kapiert?

PIERRE O.K.

Nach einer Zeit

GASPARD He... was würdest du einer Frau schreiben, ich bin das nicht mehr gewohnt, verstehst du, nach dem ersten Wort hänge ich fest, ich weiß nicht, ob ich sagen soll Sylvie mein Schatz oder mein Liebling oder meine Geliebte, ich bin ein bißchen aufgeschmissen mit dem Anfang, verstehst du, der Anfang, das ist ganz schön schwer, sich da reinzuarbeiten, was dann kommt, das hängt irgendwie davon ab, also deshalb bin ich aufgeschmissen.

PIERRE Ich würde schreiben... Warte, das hängt davon ab was früher war...

GASPARD Da gibt es nichts zu sagen.

PIERRE Dann kann ich dir nicht helfen.

GASPARD Ich bitte dich um nichts, ich habe dir nur davon erzählt damit du dich nicht langweilst, das ist alles. Komm, mach dein Radio wieder an, wenn du willst, wenn ich sehe, wie allein du bist, kann ich ja mal versuchen mich zu konzentrieren.

PIERRE Das ist nett.

*

Man sagt über mich, die da, die hat ein Problem, ein Problem! Haben Sie sich mal selber ein bißchen angeguckt, jeder

hat doch Probleme. Es gibt nicht nur mich, das ist zu einfach, das so zu sagen.
Wer kann sich das erlauben, mir das zu sagen, he, das erlaube ich nicht.
Ich habe immer an andere gedacht, mir Sorgen gemacht, mir den Arsch aufgerissen, wie es so schön heißt, immer für die anderen.
Jetzt denke ich an mich, ich unternehme was, ich achte auf mich, ich pflege mich.
Es heißt, man braucht guten Willen um da rauszukommen, aber guter Wille, daß ich nicht lache, das reicht nicht immer, guter Wille.
Die kotzen mich an, die kotzen mich an, die glücklichen Leute, die Verliebten, die sich die Hand halten, die sich leise was ins Ohr flüstern. Die glauben vielleicht, daß sie tierisch interessante Sachen sagen, die glauben vielleicht, daß ich nicht weiß, was sie sich zuflüstern, diese ganzen verliebten Idioten. Das habe ich hinter mir, ich auch, kaum zu glauben. Die Leute kotzen mich an, die sich befummeln, die rumkeuchen, die sich gehen lassen, ich hasse das Getuschel, die Streichelei, die Paare, die sich auf Parkbänken umarmen, was für ein Elend, was für eine Armut! Sich auf Parkbänken küssen, nicht mal einen Fünfziger für das Hotel haben, was für ein Jammer! Ist das nicht deprimierend so etwas zu sehen, frage ich Sie?
Die, die sind ja erst am Anfang der Probleme, beim Vorspiel sozusagen! Die wissen nicht, was auf sie wartet, die ganzen Idioten, die sind erst ganz am Anfang, in den Startlöchern, weil nachher, das wird so richtig in die Hose gehen, ich sag's Ihnen lieber vorher, das geht in die Hose, das wird furchtbar! FURCHTBAR!
Die sehen mich und sagen, die da, sie hat ein Problem, obwohl die mich nicht einmal kennen. Die denken sich das zusammen, daß ich ein Problem habe, auf der Stirn steht mir das aber nicht geschrieben, soviel ich weiß.
Die kennen mich noch nicht mal von früher und erlauben sich zu reden, zu reden ohne was zu wissen ...

Ohne zu wissen, daß ich früher, sogar heute noch, aber vor allem früher, daß ich da tierisch witzig war. Ja, da sind Sie platt, wenn man mich sieht, geht's sofort los, bla bla bla, bla bla bla bla ...
Aber sie wissen nicht, daß ich tierisch witzig war, diese Idioten, das fällt ihnen nicht mal im Traum ein.
Ich bin irgendwo hingekommen und zack, alle haben angefangen zu lachen.
Ich mach's Ihnen mal vor, ich werde Ihnen meine besten Witze erzählen, ich muß überlegen, der beste war ...
Wissen Sie, was das ist?

Sie macht mit der Hand einen Schnabel und läßt ihn in der Luft vorbeigehen, während sie dabei ihre Finger öffnet und schließt.

Na fragen Sie es doch, da kommt es wieder ...
HA HA HA.
Das ist nicht schlimm, ich habe es Ihnen ja vorher gesagt ...

*

FRED Seit gestern Abend finde ich Lucie nicht mehr, du weißt nicht zufällig, wo sie ist?
PIERRE Keine Ahnung.
FRED Sag mal, das war ja ein Abend, aber ich erinnere mich an gar nichts mehr.
PIERRE Soll ich dir erzählen?
FRED Klar ...
PIERRE Du bist auf den Tisch gesprungen, du hast gesungen ...
FRED Ich weiß nichts ...
PIERRE Doch wirklich, du hast dich ausgezogen und hast allen deinen Schwanz gezeigt.
FRED Meinen Schwanz?
PIERRE Ja.
FRED Willst du mich verarschen?
PIERRE Nein.

FRED Sowas mache ich normalerweise nie, wenn ich besoffen bin, das ist nicht wahr.
PIERRE Kann ja sein, aber du hast es gemacht!
FRED Das ist nicht wahr!
PIERRE Doch!
FRED Das ist doch nicht wahr!
PIERRE Wenn ich's dir sage.
FRED Und wer war alles da, damit ich das weiß, komm schon, sag's mir, wer war alles da?
PIERRE Alle.
FRED Alle?
PIERRE Alle! Lucie hat versucht dich zu bremsen, aber du hast sie angeschrien, laß mich in Ruhe, laß mich in Ruhe besoffen sein, und dann ist sie heulend aufs Klo ...
FRED Nein.
PIERRE Wenn ich es dir sage, ich habe sie gefunden, sie saß auf dem Rand vom Klo und hat geheult.
FRED Das ist merkwürdig.
PIERRE Was.
FRED Ich sage das ist merkwürdig.
PIERRE Da sagst du was!
FRED Ist schon gut, danke das reicht!

*

Es gibt Momente, wo man entschieden keine Zeit hat, Witze zu machen, nicht daß man nicht will, aber man hat keine Zeit. Um witzig zu sein muß man sich nur über andere lustig machen. Also das ist leicht, entschuldigen Sie, daß ich lache, das ist leicht!
Wenn man allein ist, ALLEIN, ist es leicht, witzig zu sein, aber wenn man jemanden am Hals hat, eine Frau, die alles was Sie sagen kaputt macht, die Sie in- und auswendig kennt, die nicht lacht, wenn Sie Ihren neuesten Witz erzählen,
DAS IST HART! DAS IST SEHR HART!
Mit Leuten Spaß zu haben, die man nicht kennt, ist keine Kunst.

Leute, die meine Frau zum Lachen bringen, die KOTZEN MICH AN!

*

FRED Ich will dir sagen, hör mir zu, bitte ...

LUCIE Was?

FRED Ich will dir sagen, wir könnten einen Kaffee trinken gehen, in einem Café, oder was anderes, mir ist das egal ...

LUCIE Was.

FRED Wir könnten einen Kaffee trinken gehen oder was anderes, mir ist das egal ...

LUCIE Ah ja ...

FRED Ja, ich kenne eine kleine Bar, nicht weit, wo es ruhige Musik und so gibt, Grünpflanzen, echte, keine falschen, ja, und dann am Eingang, da gibt es ein kleines Becken mit Goldfischen ...

LUCIE Mit Goldfischen?

FRED Ja, und man kann eine Mark oder sogar auch Zehner reinwerfen und sich dann was wünschen ...

LUCIE Sich was wünschen?

FRED Ja ja ...

LUCIE Ah ja ...

FRED Deine Hände zittern.

LUCIE Ah ja.

FRED Ja ... warum zittern deine Hände?

LUCIE Ich weiß nicht.

FRED Ist dir kalt?

LUCIE Nein.

FRED Hast du gegessen?

LUCIE Ja.

FRED Gut, ich meine was Salziges und was Süßes zum Nachtisch, wegen dem Zucker, ich kenne mich da aus, meine Tante, die hatte das ...

LUCIE Ah ja.

FRED Ja.

LUCIE Gut, vielleicht ist es das.

FRED Aber das ist nicht schlimm.
LUCIE Gut.
FRED Du mußt dir keine Sorgen machen.
LUCIE Schon gut.
FRED Möchtest du, daß ich dir ein Stück Zucker in Wasser auflöse, oder soll ich dir Schokolade kaufen gehen?
LUCIE Schon gut.
FRED Du brauchst es nur zu sagen.
LUCIE Ich sag dir doch, schon gut.
FRED Bist du sicher?
LUCIE Ja.
FRED Gut. Wenn du was brauchst, fragst du, frag einfach ...
LUCIE Einverstanden.
FRED In dem kleinen Café verkaufen sie tierisch gute Eisbecher mit kleinen Sonnenschirmen in der Sahne.
LUCIE Ich möchte ein bißchen allein sein.
FRED Ah einverstanden, ich verstehe, ich verstehe, entschuldige, ich gehe, aber ich bin nicht weit, wenn du was brauchst, rufst du, guck, ich setze mich da drüben hin und rühre mich nicht von der Stelle, ich gucke dich an, und wenn du was brauchst, gibst du ein Zeichen, einverstanden, ich lasse dich, da rüber, O.K., ich lasse dich ...

*

Ich brauche dich, ich kann mir die Fingernägel an der rechten Hand nicht schneiden.
Ich kann eine Menge Sachen nicht, wenn du nicht da bist ...
Ich will Ihnen keinen gastronomischen Vortrag halten, aber alleine zu essen ist nicht so besonders, das erinnert mich an die Geschichte von dem Typen, der sich auf seinem Bett einen runterholt, und als er fertig ist aufsteht, zum Kühlschrank geht, eine Flasche Mineralwasser nimmt, sie aufmacht und dabei ruft, Schatz, heute Abend gibts CHAMPAGNER!

*

Man muß sich einschließen, um sicher zu sein.
Man darf die anderen nicht mehr sehen.
Wir dürfen nur zu zweit sein, solange wie es dauert, um sicher zu sein, der eine, der andere, um eine Art Vertrauen zu schaffen, um sicher zu sein, daß man gleich ist, daß man sich gleich liebt, genauso, der eine, der andere, weißt du, und wir machen es wie mit dem englischen Rasen, weißt du wie das geht, mit kleinen Scheren schneiden wir alles was größer ist ab, alles was stören könnte, uns stören, ja.

*

Wenn man die ganzen unnützen Stunden wegläßt, die ganzen Stunden, die man damit verbracht hat sich zu waschen, zu essen, zu trinken, einzukaufen, das Essen zuzubereiten, den Tisch zu decken, Fernsehen zu gucken, zu arbeiten, zur Arbeit zu gehen, zurückzukommen, unterwegs zu sein, zwischen zwei Orten, zwei Zügen, zwei Wohnungen, zu schlafen.
Was bleibt mir?
Jetzt wasche ich mich immer weniger, ich esse immer weniger, ich setze mich nicht mehr an den Tisch, ich esse direkt aus der Dose, die ich irgendwo auf dem Weg kaufe, wenn ich nach Hause gehe.
Ich plane nichts mehr, ich arbeite nicht mehr, ich habe keinen Fernseher mehr, ich laufe herum, und je dünner ich werde, desto weniger nähre ich diesen Körper, der mehr und mehr auf mir lastet.
Irgendwo finde ich mich.

*

Eines Tages werde ich damit aufhören, ein für alle Mal damit aufhören wie man so sagt, wegen der vielen Male, wo ich sie um mich herum habe fallen sehen wie die Fliegen.
Also an diesem Tag, ein für alle Mal, werde ich mich anziehen, werde ich mich schön machen, ich werde zum Frisör gehen, mich rasieren lassen, ich werde das Geld auf den Kopf

hauen, mein ganzes Erspartes auf einem Haufen, soviel ich zählen konnte, ich habe meine Zeit damit verbracht zu zählen, ich werde das Geld auf den Kopf hauen, eine Krawatte und einen Anzug ...

... ein neues Paar Schuhe ... zweifarbig, auf den Kopf hauen werde ich das Geld, ich werde zu den Nutten gehen.

Ich werde eine Frau auf der Straße anhalten, und ich werde ihr sagen, daß ich Lust auf sie habe, meine Zunge zwischen ihre Pobacken zu stecken und sie da zu küssen.

Und wenn sie nicht will ... wenn sie nicht will? Dann erst recht, ich werde weitergehen, und ich werde jedem die Zunge rausstrecken, Grimassen machen, den Affen spielen, ich werde eins von diesen miesen Liedern singen, die in den Köpfen der Leute klebenbleiben wie Kaugummi, alles klebrig, ich werde tanzen, ich werde pfeifen, ich werde rülpsen, ich werde meine Faust dem Himmel entgegenschleudern, die können mich alle mal, ich werde fluchen, ich werde beleidigen, ich werde mich erniedrigen, ich werde meinen Arsch zeigen, meinen Schwanz, jedem der ihn sehen will.

Ich werde Sprünge machen, ich werde im Restaurant die Tischdecke mit allem drauf wegziehen, ich werde den Koch rufen, und ich werde ihm sagen, daß sein Fraß wirklich ekelhaft ist, kaum zu glauben! Was haben Sie da reingetan? Ich werde die Teller zurückwerfen wie Gummibälle, ich werde die Ärsche der Kellnerinnen anfassen, und ich werde ihre Brüste angucken, die ganz nah sind, ich werde den kleinen Mädchen Angst machen, ich werde den Bullen, denen auf dem Amt, den Banken, dem Elektrizitätswerk, den Gaswerken, der Post, dem Vermieter, meinem Chef, sagen, daß sie mich ankotzen und ihnen zeigen wie sehr.

Ich werde mir ihren Namen auf den Arm tätowieren lassen, denn ich habe dieses Mädchen geliebt.

Bis zur Sperrstunde werde ich die Gläser austrinken, ich werde mich auf das Trottoir setzen, und ich werde zusehen, wie alle vorbeimarschieren, Achtung!, ich werde auf dem Marktplatz onanieren wie ein Jongleur, der eine Nummer macht, ich werde auf den Billardtischen steppen, ich werde schnell fahren, dann ganz langsam, um alle zu verarschen, ich werde alle Verabredungen platzen lassen, und ich werde die Züge nehmen wie man Perlen auffädelt, einen nach dem anderen, ich lasse mir den Kopf kahlscheren, ich werde mir den Hemdkragen abschneiden, und ich werde auf das warten, was von da oben runterfällt, aber vorher werde ich gehen und sie noch einmal sehen, nur sie sehen, denn ich liebe es, dieses Mädchen da.

*

In diesem Sommer da war es sehr hart, sehr heiß, das Kilo Pfirsiche für 10 Pfennige, irgendwie sowas, man hat sich die Füße verbrannt, wenn man auf dem Sand lief, man hat in der Eselspisse gebadet, man hat nachts nicht geschlafen, die Straßen sind geschmolzen, man hat sich Wasser über den Kopf geschüttet, hat das Haus nicht mehr verlassen, man hat bis zum frühen Abend gewartet, um an den Strand zu gehen, heiße Luft, die dir die Nasenlöcher verbrannt hat, die Siesta hat nicht mehr aufgehört, man hat aneinander geklebt und hat ein bißchen Liebe gemacht, die Augen an der Decke, um immer wieder die Fliegen zu zählen, ein Schweinesommer, dieser Sommer da, ein Schweinesommer.
In diesem Sommer, da war es sehr hart, sehr heiß, das Kilo Pfirsiche für 10 Pfennige, irgendwie so.

*

Wir haben einen Zug genommen, um an die Front zu fahren, an die Ostfront. Schon nach den ersten Kilometern habe ich gedacht, da könntest du dich hinter diesem Strauch verstekken, in diesem Wäldchen, da werden sie dich nicht finden, du wirst dich ganz klein machen, und sie werden dich nicht finden. Und dann habe ich die Ebenen gesehen, die Kartoffelfelder soweit das Auge reicht, mit nicht mal einem Baum, um sich zu verstecken, und ich habe mir gesagt, das gibts nicht, da kann man doch nicht Krieg machen, nicht mal ein Baum,

um sich zu verstecken, nicht mal ein Bach, ein Loch, nichts als Schotter und bestelltes Land.
Du kehrst zur Erde zurück, und du wirst eine Knolle, eine Kartoffel, habe ich gedacht.
Ich habe mir tausend Gründe ausgedacht, um vom Zug zu springen, ich habe mir die Soldaten vorgestellt, wie sie an ihren Kippen ziehen und wie ich ein Leben zurücklassen.
Ich habe an sie gedacht, an sie vor mir, an ihren kleinen, ganz heißen Körper, ganz an mich gepreßt.
Ich, der ich so stark schien, nicht mal ein Baum, um sich zu verstecken.

*

Sich einfach den Kopf leermachen als würde man ins Kino gehen, ein großes Eis und Schokolade, sich einfach ein für alle Mal den Kopf leermachen, sich ausbluten lassen, diesen ganzen Moder rausrutschen lassen, leer machen, ohne zu sortieren, vor allem ohne zwischen gut und schlecht zu unterscheiden, bis zur Selbstaufgabe gehen, bis zum Vergessen, sich zum Vergessen zwingen, dem völligen Vergessen, an nichts denken, vergessen ich heiße soundso, ich bin geboren in, der wievielte, die Menschen, die man liebt.
Ich sehe die kleinen Schafe durch das Gras laufen und die weißen Wolken und die Fische, die Wäscheleinen und die farbigen Handtücher, die verbleichen, die kleinen Tropfen auf den Fliesen, die kleinen Tropfen Quecksilber, Quecksilber, man kann das mit seinen Fingern nicht aufheben, zu fein, zu dicht das Quecksilber, es geht nicht, es geht nicht ... es geht nicht ... Quecksilber.

*

Ich habe alles zu früh gemacht, so ist das.
Ich bin die Frau, die das Leben verschlingt, aber schlecht.
Weil ich eben alles zu früh mache ...
Eine Birne essen zum Beispiel, gut, ich weiß eigentlich nicht was das heißt, weil die Birne, als ich das erste Mal eine pro-

biert habe, die war noch nicht reif, verstehen Sie, die war noch grün.
Und das hinterläßt ein komisches Gefühl auf den Zähnen und der Zunge, wenn du die ganze Haut und das ganze Fleisch wieder ausspuckst. Weil da auch niemand war, der mir gesagt hat, daß das nicht der richtige Zeitpunkt war, um reinzubeißen.
Ich habe mir deshalb ziemlich viel Zeit gelassen, bevor ich wieder in eine Birne gebissen habe, die war richtig schön saftig.
Wissen Sie, warum man rotes Wachs auf den Stengel von Birnen macht?
Das ist vielleicht nicht wichtig, aber eigentlich ist es ziemlich wichtig.
Das ist, weil die Birnen, die fangen da an zu faulen, am Stengel. Das ist verrückt, die fangen am Stengel an zu faulen, daran gehen sie ein, da wird sie alt, das ist schon irre. Dann ist sie nicht mehr zu retten, wenn nicht so ein kleines rotes Wachskäppchen da ist, und das frißt sie langsam an, das verdirbt das Fleisch von innen, in ihrem Bauch, und das nimmt sie komplett von allen Seiten, langsam aber sicher, wie das Fleisch von Fischen, das zu leicht von den Gräten abgeht.
Da sind kleine braune Flecken, die tauchen überall auf, und langsam, die stören erst gar nicht, werden die immer größer, weichen das Fleisch auf ... und das ist dann fast wie Schorf, oder eine Entzündung, ich weiß nicht, und dann versuchen Sie die mal zu halten, versuchen Sie die aus der Kiste rauszuholen, da haben Sie nur noch den Stengel in der Hand, und die Birne ist nicht mehr dran, sie ist durchgeweicht, schwarz von innen, da haben Sie die Schweinerei, das Altwerden, diese Beschleunigung der scheiß Zellen, die nicht mehr kämpfen und zusammenhalten und alles ...
Wenn sie noch ganz grün ist, noch hart, dann macht man ein bißchen Wachs hin, damit sie langsam reif wird, nach und nach, wie sich's gehört.
Ich, ich habe immer alles zu früh gemacht, so ist das.

*

Manchmal, wenn die Show zu Ende ist, wenn der letzte Ton der Musik sich auflöst, ist da ein kleiner Moment, wenige Sekunden, wo alles anhält, ein Augenblick der Stille, schwebend, der nicht aufhört.
Sie wissen nicht, daß es zu Ende ist, daß man klatschen muß, daß das alles ist, daß nichts mehr kommt, daß ich alles gemacht habe, was ich machen mußte.
Verschwindet, erhebt euch, geht nach Hause, oder schreit mir irgendwas hinterher, pfeift mich aus, bringt mich um, aber macht irgendwas, ich bitte euch.
Ich habe nichts mehr zu tun, nichts mehr zu geben, das wars, that's all, c'est fini.
Werft mir irgendwas in die Fresse, beschimpft mich als Schwuchtel oder sonstwas, aber macht irgendwas, ich bitte euch.
Ich habe das Gefühl zu sterben, daß mein Herz mich verläßt, wie ein Gummi, das dir zwischen den Fingern reißt.
Ich sehe alles ganz langsam, die ganzen Köpfe, die sich einander nähern, sich berühren, zart aneinanderschlagen, sich ins Ohr flüstern, an ihren Zigaretten ziehen, langsam, mit Verachtung, einen großen Schluck Whisky trinken, und dabei mit den Augen meine Eier in meiner Hose suchen, sie messen ab, befingern meine falschen Baumwollbrüste, reißen mir die falschen Wimpern ab, ziehen mir die Perücke weg, klatschen mir auf den Hintern, lassen meine Strümpfe bis auf die Knöchel hinunter.
Und da bin ich, Paquita, durchgefickt von den ganzen Blikken, die mich lecken und bespucken, wie ein Heuschreckenschwarm, der über ein Weizenfeld herfällt.

*

Wissen Sie, was das kostet?
Meine Jacke hier, die hat 900 Mark gekostet.
Und wissen Sie, was das kostet?
Mein Rock, mein Rock, der hat 800 Mark gekostet.
Und wissen Sie, wieviel meine Schuhe kosten?

Meine Schuhe ... also ... 300, nein, 250 Mark, genau, 250 Mark.
Und meine Strümpfe, wissen Sie, wieviel die kosten?
70 Mark meine Strümpfe.
Und wissen Sie, wieviel die kostet? Meine Unterhose?
60 Mark meine Unterhose.
Das wars ... Ach! nein, wissen Sie, was das kostet?

Sie zeigt eine Hälfte ihres BHs.

70 Mark.

Sie zeigt auch die andere Hälfte.

Pech, ich habe zwei davon ... hier!
140 Mark.
Ich bin eine Frau für 2270 Mark.
Ist das nicht zum Heulen?

*

Töten, das ist die Menschen befreien.
Töten, das ist in meinen Händen das ganze Elend der Welt zu halten, das ganze Unglück, diesen Kleister, der an euren Füßen klebt.

Wer will sterben, seinem Leiden ein Ende machen? Kommt zu mir, kommt in der Nacht, kommt zu mir ins Licht, kommt, ich werde sanft und still sein.

Ich habe alles was gut für euch ist, für das Vergessen, kommt vor die große Leinwand, die Leinwand eures Lebens. Man wird den Film zurückdrehen, zurück auf Null.

Ihr, die ihr euch für so vornehm haltet, euch einen Scheiß interessiert, was die einfachen Leute sagen, ihr habt nichts kapiert.

Ich werde
Der Finger am Abzug

Die Hand an der Axt
Das Messer an der Kehle
Die Nadel in der Haut
Das Gift in der Vene sein.
Ihr werdet da sein, nah bei mir, und ihr werdet nichts spüren.

Hört auf, euch bis aufs Blut zu kratzen
Hört auf, euch die Augen zu reiben
Hört auf, euch den Bauchnabel anzugucken und das Ende vom Schwanz.
Kommt, habt keine Angst, zum Henkersmahl, zum Langen Schlaf.
Hört auf, hört auf, damit Böses zu tun, ihr tut jedem weh, und ihr wißt es nicht!
Ihr liebt schlecht.
Ihr kapiert überhaupt nichts!
Mit der Geschwindigkeit des Lichts urteilt ihr über alles und jeden.
Ihr habt ein Gewissen, groß wie ein Traubenkern.
Ihr hampelt herum wie Glühwürmchen in der Nacht!
Was für ein Licht! Was für eine Nacht!
Kommt, Glühwürmchen, schmiegt euch an mein Licht!
Kommt, kommt, schmiegt euch an mein Licht!

*

LUCIE Siehst du diesen Finger?
FRED Den Zeigefinger?
LUCIE Den Mittelfinger!
FRED Ah, den Mittelfinger, genau, ich verwechsle das immer, ich kann mir nur den kleinen Finger merken, weil man sich damit den Dreck aus den Ohren holt ...
LUCIE Und was ist das?
FRED Na ja, dein Mittelfinger, hast du gesagt, oder?
LUCIE Genau, und mein Mittelfinger meint immer dein Arschloch, immer, verstehst du das? Immer!

*

Sie halten uns für Zuchtfasane.

*

Dich lieben, dich,
dich, wie ein Messer,
ein sanft angesetztes Messer,
und das wegschneiden, was dich stören könnte, Kleines,
und es laufen lassen, laufen lassen, Kleines.
Ich werde dir dein Hundeleben
aus deinem Bauch verjagen,
dich dein Leiden vergessen lassen,
den Teufel aus seinem Loch verjagen,
ich werde dir das Glück
wieder bis in deine Augen steigen lassen.
Wir werden uns die ganze Nacht lieben,
wir werden uns lieben bis es wehtut, Kleines,
wir werden uns diese Nacht hier für uns auf die Seite legen.

*

Du verdrehst mir meinen Kopf wie einen Kreisel, ich sehe alles in Blau.

*

Ich nehme sie, ich drücke sie an mich, und ich fühle nichts.
Wir machen »Liebe«, und ich fühle nichts.
Ich bin da, mit den Augen an der Wand, und ich denke an alles das, was ich tun muß, wie eine Köchin vor ihrem Ofen.
Ich setze mich auf das Bett.
Sie guckt einen Brotkrümel auf dem Teppichboden an.

*

Es ist nicht der Schlag, der gewaltig weh tut, es ist die Tatsache, daß man ihn nicht kommen sieht, daß man ihn nicht vorhersieht.

Das ist wie ein Gewitter im Kopf, das geht im Dunkeln los, und du hast Beine, die unter dir nachgeben wie ein kleines Fohlen, das zum ersten Mal versucht zu laufen, verstehst du. Das wird wie Watte, und du brichst zusammen, und du weißt nicht, was passiert oder was passiert ist, du suchst auf allen Vieren, aufs Geratewohl, und du kriechst in deine Ecke, du spuckst deinen Mundschutz aus, du suchst jemanden, etwas um dich festzuhalten, ein Bein, ich weiß nicht, irgendwas, und du wartest, daß jemand dir hilft, dich wieder aufrichtet, dir hilft, dich wieder aufzurichten, dich in seine Arme nimmt, dich liebt, irgendsowas!
Es sind die Schläge, die du nicht vorhergesehen hast, die am meisten wehtun.

*

ER Es gibt zwei Moment, die zuviel sind, wenn man sich begegnet, und wenn man sich trennt.
Wenn man verliebt ist, ich meine am Anfang, es ist nicht zu glauben wie idiotisch man da ist, man macht alles falsch. Man kriegt zwei linke Hände und alles, was ich sagen will, puh, das kommt ganz anders raus.
Also erzähl mir nichts, Kleine, erzähl mir nichts.

SIE Aber ich sage doch gar nichts.

ER Nein, wirklich, erzähl mir nichts. Siehst du nicht, daß ich daneben bin? Ich bin völlig fertig. Guck mich nicht so an, ich werde dich vergessen machen, daß du mich in diesem Zustand gesehen hast, das kannst du mir glauben, ich habe es nicht nötig, Geständnisse zu machen, du mußt meinen Worten glauben. Nein, nicht den Worten, den Taten.
Komm, an meinen Augen, da sieht man, daß ich nicht normal bin. Das erweitert sich manchmal nicht, habe ich nicht ganz kleine Pupillen? Nichts in der Hose. Mieser Zustand. Aber ich werde dich vergessen machen, daß du mich in diesem Zustand gesehen hast. Das kannst du mir glauben. Es gibt nicht noch einen, der mich so gesehen hat, so weit unten. Ich weiß nicht, wie mir das passiert ist, aber ich bin

fertig, da ist kein Schwung mehr, verstehst du, ich gehe hoch und komme nicht wieder runter. Ich habe keine Lust aufzustehen, rumzuhängen, zu sprechen, zu erklären, nichts! Ich mache eine ganz besondere Tour, Kleine. Verstehst du, ich ducke mich und rolle mich wie ein Hund ein. Ich ziehe über die Leute her, die vorbeigehen, und spucke sie an. Das bringe ich fertig, das sage ich dir. Wenn du mir nicht glaubst, mache ich das.
Bei meinem Leben, wenn du gehst ...

Nach einer Zeit, während der er auf die Knie fällt und sie bittet; nach einer Zeit geht sie.

Wohin gehst du? Wohin gehst du?

*

Das alles ist auch dein Fehler, du sagst immer, daß ich nichts verstehe, daß ich alles wörtlich nehme. Ja gut, wenn du sagst, laß dich von einem anderen Typen aufreißen, soll ich das jetzt wörtlich nehmen oder nicht, daß ich über meine Nase nicht hinausgucken kann.
Du glaubst, daß ich künstlich bin, genau, daß ich oberflächlich bin, wie ein kleiner Schmetterling, der um dich herum flattert, oder eine Hündin, das sagst du doch immer, was bleibst du hier und riechst mir wie eine Hündin am Arsch! Und das, ist das jetzt wörtlich zu nehmen oder nicht?
Dieser Typ, wenn ich den angefaßt habe, dann deshalb, um dich einen Augenblick zu vergessen, um dich aus meinem Kopf zu kriegen, denn da drin hast du alles besetzt, alles durcheinandergebracht. Du hast kein Recht, da drin Wurzeln zu schlagen, wie ein Geist immer da zu sein. Du mußt ausziehen, ich möchte dich ein bißchen vergessen. Komm, ich will wenigstens in Ruhe pinkeln gehen können. Gib mir ein bißchen Vorsprung. Ich werde mir das alles schon aus dem Kopf schlagen, die ganzen schwarzen Gedanken, die so locken. Ich habe ihn gar nicht angefaßt, diesen Typen, ich ha-

be ihn nicht mal angeguckt, er war nur wie eine Medizin, wie eine Medizin, um dich zu vergessen.

*

ER Warum bleibst du hier, mit mir?

SIE Weil ich Glück habe, großes Glück, dich getroffen zu haben.

ER Ah ja.

SIE Ja, weil du anders bist. Du bist anders, du hast nichts, gar nichts, nur dich, und das ist anders.

ER Und deshalb bleibst du bei mir!

SIE Du hast kein Haus, kein Auto, kein Geld, du versprichst mir nichts, du willst nichts, wir wissen weder wo wir heute abend schlafen, noch morgen, noch überhaupt etwas, und das, das ist gut, du kannst nicht wissen, daß es gut ist, nicht zu wissen, was passieren wird, sich auf diesem Kometen nichts vorzunehmen, nichts zu versprechen, wir müssen alles zu zweit machen.

ER Ah ja.

SIE Ja, und das ändert mich. Wenn ich einen Mann kennenlerne, fährt er mich stundenlang in seiner Scheißkarre rum, er zeigt mir seine Wohnung, wahnsinnig stolz, er kämmt sich dauernd die Haare, undsoweiter, du weißt schon, er erzählt mir von Reisen, er lädt mich zum Essen ein, er zeigt mir sein Geld, er spielt den Chef, im Café schüttelt er Gott und der Welt die Hand, er redet laut, er hält sich für den Größten, er zeigt mir wie gut er Billard spielt, er redet über Filme. Du, du machst nichts davon, und wenn du mich ansiehst, siehst du nichts davor und nichts dahinter, nur mich, verstehst du?

ER Nicht wirklich.

SIE Das ist nicht schlimm, wenn du nicht verstehst, nein wirklich, das ist nicht schlimm, wirklich nicht, es ist besser. Es ist besser, daß du nicht verstehst.

ER Vielleicht.

SIE Küß mich.

*

Ich verstehe überhaupt nichts.
Ich weiß nicht, wie der Strom durch die Kabel geht, wie man das Licht macht und alles. Ich weiß, es gibt Staudämme und Turbinen und Maschinen, das weiß ich, daß man den Funken kriegen muß, klar!
Eigentlich weiß ich überhaupt nichts, ich drücke auf den Knopf, da ist es! das Licht, das ist idiotisch!
Nichts einfacher als das, stelle ich mir so vor, ich drücke auf den Knopf und das läuft durch die Wand, durch das Kabel, in die Birne.
Ich bin eine moderne Frau, was?
Und das Radio, es heißt, es gibt da Schwingungen, Megahertz und so, und ich weiß wieder nicht, was das sein soll, Megahertz ... aber vergessen wir das, die Sender und alles, die Relais, die das alles verbinden, und wenn ich am Knopf drehe, dann verändert das die Schwingungen, und ich kriege den Sender, aber mitkriegen tue ich überhaupt nichts. Ich weiß nicht, wie das da oben funktioniert, wie das runterkommt. Ich könnte das nicht machen, die Schwingungen da durchlassen, damit sie runterkommen!
Und beim Fernsehen das gleiche, ich erkläre es Ihnen, ich drücke auf den Knopf, ich kriege die Bilder, aber ich kapiere nichts, was soll ich machen?
Und beim Auto, genauso, ich mache Benzin rein, Öl, Wasser, das weiß ich, und ich drehe den Schlüssel um.
Und ein Flugzeug, das abhebt? Ich kapiere das nicht.
Und ein großer Dampfer aus Eisen auf dem Wasser, damit der schwimmt, na? Es ist die Luft, genau!
Und bei den Raketen, der Antrieb! Meine Fresse ja!
Ich bin fertig, den lieben langen Tag lasse ich das über mich ergehen, ich bin fertig, ich lasse das über mich ergehen.
Also da müßt ihr euch nicht wundern, wenn ich verzweifelt jemanden suche, der mir das erklärt, da müßt ihr euch nicht wundern, wenn ich schon morgens beim Aufstehen heule.

Das einzige, das ich weiß, jedenfalls glaube ich das, das ist, daß die Erde rund ist, genau, aber im Fernsehen haben sie gesagt, daß das nicht wirklich wahr ist, daß sie nicht wirklich rund ist, daß sie an den Polen flach ist!
An den Polen flach.
Ich bin eine moderne Frau, wir sind doch nicht mehr in der Steinzeit!

*

Von den Alpen zur Front, Freund, ist es weniger weit als von Lille nach Marseille.
Wenn das Flugzeug den Himmel wie mit einer Puderspur ankratzt, um die letzten Urlauber in Griechenland oder in der Türkei an den stillen und blauen Stränden abzusetzen, fliegt es über Leichenfelder.
In eineinhalb Stunden totale Befreiung.
In einer Stunde, in einer Stunde zerbröckelt alles Chaos, und die Beklemmung entflieht.

*

Es ist komisch, ich weiß nicht, woher ich komme oder wohin ich gehe, ich stehe morgens auf, und ich sage mir, daß es gut ist aufzustehen, zu duschen und das Wasser über mich laufen zu lassen, ich wasche mir die vergangene Nacht ab und alle anderen davor, ich möchte NÜTZLICH sein für jemanden oder etwas, wohltätig, freiwillig, die Alten saubermachen, mit ihnen reden, Kuchen bringen, irgendwas Richtiges eben, ich kenne mich nicht aus, ich habe nicht viel Großes getan, auch nicht viel Kleines, ich weiß nicht mehr genau, ich vergesse, ich habe die Menschen vergessen, die ich liebe, und die, die mich geliebt haben.

*

Da unten hat man das Gefühl, man kommt ganz langsam der Sonne näher. Da unten gehen die Leute nicht raus. Es gibt nicht das Braunsein. Man schützt sich vor der Sonne, vor dem Licht, wenn nicht, fällt man um, wie eine Fliege, die vom Strahl einer Taschenlampe getroffen wurde.
Man geht da nicht einfach aus Vergnügen hin, um sich zu amüsieren, auch nicht zufällig, man geht wegen nichts da hin, einfach so, weil man es muß, irgendwann, man geht da hin wie ein Schmetterling zur Flamme.
Man nimmt ein Flugzeug, nachts, und man fliegt über eine andere Welt, wo überhaupt nichts an das von vorher erinnert.

*

Der Himmel öffnet sich. Es wird unruhig. Man spürt die Dinge kommen. Die Luft ändert sich, alles verwandelt sich, langsam. Jede Mauer schwitzt, jedes Trottoir wird glatt, die Fenster beschlagen, die Straßen laufen ein, die Felder brennen, die Bäume verlieren die Blätter, der Rauch wird dichter, die Kinder spielen lauter. Die einen versuchen es, die anderen schlafen ein.

*

Manchmal wird die Erde mit einem Mal schwarz, obwohl sie gerade so grün war, einen Augenblick vorher.

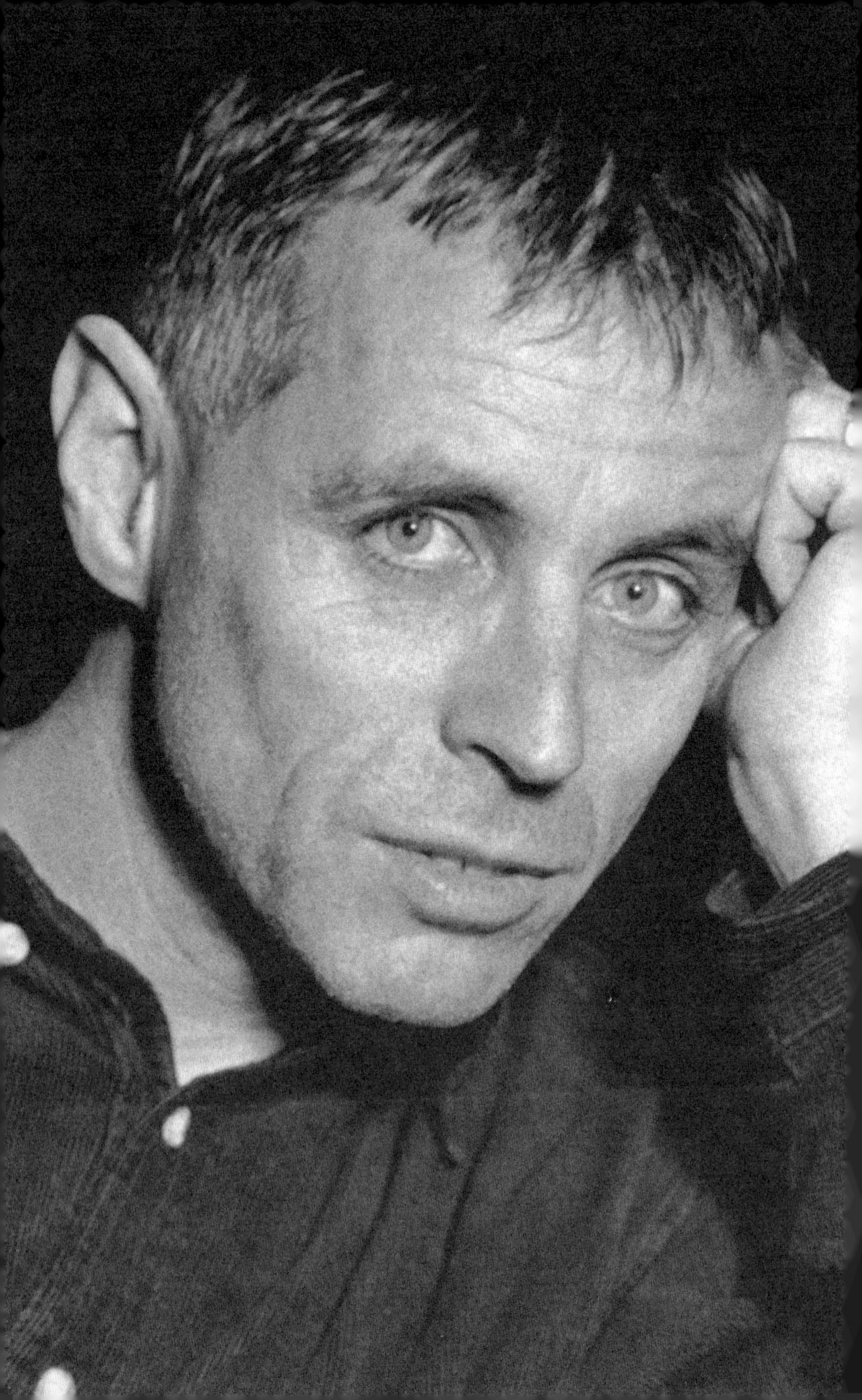

Joël Jouanneau

Allegria opus 147

Ein Stück für Bratsche, Klavier und einen Mann allein

Aus dem Französischen von Heinz Schwarzinger

für Virginie Michaud
für William Gaddis

Zwischen Extremen
Nimmt der Mensch seinen Lauf
Feueratem, Brände
Entstehen und zerstören
Die Gegenmächte
Von Nacht und Tag.
Der Körper nennt dies sterben
Das Herz bedauern.
Doch ist dem so,
Was ist dann Lebensfreude?

Yeats

Personen

DIMITRIJ SCHOSTAKOWITSCH

VIRGINIE

THOMAS

Die vorliegende Übersetzung folgt der von Joël Jouanneau angefertigten endgültigen Textfassung (Spielfassung der Uraufführung). Sie weist in bezug auf den in Frankreich publizierten Text Änderungen auf.

Hinweis der Internationalen Vereinigung ›Dimitrij Schostakowitsch‹, Paris:

Die Sonate für Bratsche stellte Dimitrij Schostakowitsch 1975 eine Woche vor seinem Tod im Krankenhaus fertig.
Dimitrij Schostakowitsch hat niemals Bratsche oder ein anderes Instrument unterrichtet.
Wie es der Autor des Stückes Allegria opus 147 selbst erklärt hat, wußte er nichts vom Komponisten noch von dessen Werk, als er das Stück geschrieben hat. Als Vorlage für die Hauptfigur des Stückes diente der Vater des Autors.
Da es sich bei der Sonate für Bratsche von Dimitrij Schostakowitsch nicht um eine Programmusik handelt, kann sie jeder nach Belieben auslegen.

Originaltitel: Allegria opus 147

Virginie et son ami Thomas, deux tourtereaux encore jeunes et beaux, interprètent les premières mesures de la Sonate pour alto et piano en ut majeur, de Dimitri Chostakovitch. Ils s'arrêtent pour échanger un baiser. Virginie consulte sa montre et sourit. Tous deux reprennent le premier mouvement. Un homme en frac entre en coup de vent et s'il n'est pas encore très vieux, c'est pour bientôt!

DIMITRI Je sais je sais non Virginie ne, je suis je sais en retard, voilà.
VIRGINIE La première fois, Maître!
DIMITRI La première oui, mais justement ce jour–là, après quinze années sans jamais, »une horloge votre professeur!« disait fort justement de moi votre mère, et il a fallu que ce soit aujourd'hui, précisément le dernier jour à vos côtés, après quinze années d'une ponctualité sans faille il a fallu que cela tombe sur moi ce jour-là Virginie, avouez!
VIRGINIE Un acte manqué!
DIMITRI Me voilà bien!
VIRGINIE A moins évidemment ...
DIMITRI A moins?
VIRGINIE Avec vous ...
DIMITRI Avec moi?
VIRGINIE Non, rien!
DIMITRI Comme vous voulez.
VIRGINIE Ce retard ...
DIMITRI Ce retard oui?
VIRGINIE Vous l'auriez prémédité ce retard je ...
DIMITRI Ah non pas ça ne, pas aujourd'hui non, épargnez-le votre Maître, ne le bousculez pas!
VIRGINIE Vous seriez tombé du lit, vous?
DIMITRI Mieux encore!
VIRGINIE L'insomnie alors?
DIMITRI Une nuit blanche, pensez!

Virginie und ihr Freund Thomas, zwei noch junge, hübsche Turteltäubchen, probieren die ersten Takte der Sonate für Bratsche und Klavier in C-Dur von Dimitrij Schostakowitsch. Sie setzen ab, um sich einen Kuß zu geben. Virginie blickt auf ihre Uhr und lächelt. Sie machen im ersten Satz weiter. Ein Mann in Frack tritt hastig auf – und ist er noch nicht besonders alt, so wird er es bald sein!

DIMITRIJ Ich weiß ich weiß nein Virginie nicht, ich habe ich weiß Verspätung, so.

VIRGINIE Das erste Mal, Maestro!

DIMITRIJ Das erste ja, doch gerade am heutigen Tag, nach fünfzehn Jahren ohne je, »Eine Schweizer Uhr, euer Lehrer!«, sagte Ihre Mutter ganz zurecht von mir, und ausgerechnet heute hat mir das, genau am letzten Tag an Ihrer Seite, nach fünfzehn Jahren lückenloser Pünktlichkeit, hat mir das an diesem Tag passieren müssen Virginie, also geben Sie zu!

VIRGINIE Eine Fehlleistung!

DIMITRIJ So sehe ich aus!

VIRGINIE Außer natürlich ...

DIMITRIJ Außer?

VIRGINIE Bei Ihnen ...

DIMITRIJ Bei mir?

VIRGINIE Nein, nichts!

DIMITRIJ Wie Sie wollen.

VIRGINIE Diese Verspätung ...

DIMITRIJ Diese Verspätung ja?

VIRGINIE Hätten Sie diese Verspätung beabsichtigt ich ...

DIMITRIJ Ach nur das- nein, nicht heute nein, verschonen Sie Ihren Maestro, bedrängen Sie ihn nicht!

VIRGINIE Konnten Sie nicht aus den Federn?

DIMITRIJ Noch ärger!

VIRGINIE Gar nicht hinein?

DIMITRIJ Eine schlaflose Nacht, stellen Sie sich vor!

Die ganze Nacht geplärrt
Im Treppenhaus geplärrt

Liegengelassen da wie ein kleiner Welpe

Ich dachte schon ich träume aber nein
im Treppenhaus liegt da

Der Fortschritt Virginie
die Eltern von heute lassen ihre Kinder liegen

Kakao
ich habe meinen Kakao mit ihm geteilt

Das sechste in dieser Woche, haben sie mir gesagt
ein Waisenhaus dieses Polizeirevier

Die Ferien vor der Tür der große Aufbruch

Sie fahren los in der Nacht
wie die Wahnsinnigen
Raser in der Nacht
der Weg zur Sonne Vollgas

Nur vergessen sie ihre Kinderchen zuhause!

VIRGINIE In den Treppenhäusern!
DIMITRIJ Wo sie plärren ja
Sie hätten sehen sollen wie der die Schale ausgeschleckt hat!
VIRGINIE Ein kleiner Welpe!
DIMITRIJ Machen Sie sich nur lustig, doch wenn Sie denken ...
VIRGINIE Oh nein Maestro, wirklich, ich habe nicht einen Augenblick ...
DIMITRIJ Sie sehen also ein ...
VIRGINIE Die Pizzi?

DIMITRIJ I pizzicati!
VIRGINIE Sie standen hinter der Tür Sie haben zugehört? Zu schnell, ich war zu schnell!
DIMITRIJ *heftig* Ihre Schuld Thomas, Ihre!
VIRGINIE Sticht Sie der Hafer was!
DIMITRIJ Sie haben sie auf die schiefe Bahn gebracht.
VIRGINIE Nein, es war mein Fehler...
DIMITRIJ Mein Fehler, taratata mein Fehler, seine Schuld, seine, nein nicht, Ihre Schüchternheit, Thomas wird Ihnen noch zum Verderben werden die –, Sie müssen ihr vorgehen, ihr den Weg öffnen, vorausleuchten, nicht sie begleiten sonst ist sie – wie...

Pause.

Schön, noch einmal.

Thomas und Virginie spielen die Pizzi am Anfang der Aria der Sonate. Er bricht ab.

Ein bißchen langsam, diesmal
Moderato, meine Aria, nicht adagio!

Sie spielen dieselbe Stelle. Der Lehrer verzieht das Gesicht sobald er das Klavier vernimmt, unterbricht.

Ein Vorschlag Thomas
können Sie kurz hoch in den kleinen Salon, aber nicht weggehen
man wird Sie wieder rufen!
VIRGINIE Maestro, das...
DIMITRIJ Erlauben Sie Virginie nicht, wie sonst –?
Madame votre mère wird ihm Tee aufwarten
ihren berühmten China-Tee

Eine Hausmarke Thomas!

Sie wird Sie mit Mozart vertraut machen

Die Zauberflöte
muß Ihnen doch gefallen, *Die Zauberflöte* oder?

Oder Nummer 21
das Adagio

Das Adagio von 21, genau was Sie brauchen!

Hören Sie mal, erst gestern wieder, in dem Film
Der letzte Kuß – L'ultimo baccio!
wenn sie ihn ohrfeigt nachdem ...
Dann er in seinem Ferrari
die Augen rieseln vor Regen
Scheibenwischer
der Ferrari bohrt sich in die Nacht
das Wort ENDE, wissen Sie, was ich meine Thomas, das Wort ENDE und ...? ...
Das Adagio!
Nummer 21 genau immer wieder dasselbe
nicht ein Supermarkt eine Bahnhofshalle eine U-Bahnstation wo nicht ...
Plötzlich grob. Jetzt lassen Sie uns schon allein Virginie und mich
ich muß mit ihr sprechen.

Thomas erbost ab. Pause.

Schön, also sagen Sie mir ...
VIRGINIE Nicht sehr liebenswürdig von Ihnen ...
DIMITRIJ Eine Hitze hat es hier!
VIRGINIE Wie kunstvoll Sie immer ausweichen!
DIMITRIJ Ein ekliges Wort »liebenswürdig«, finden Sie nicht?
Liebenswürdig!
VIRGINIE Sie wissen ganz genau, daß Thomas ...
DIMITRIJ Also nein Virginie da liegen Sie falsch, ganz und gar falsch liegen Sie da, Sie interpretieren da, nein sagen Sie

nicht nein, Sie haben da interpretiert, so steht das nicht in den Noten da Sie nein
Mögen Sie meine Sonate nicht mehr?
VIRGINIE Darauf werde ich nicht antworten!
DIMITRIJ Sie massakrieren sie!

Meine Aria
das beste an meiner Sonate Sie massakrieren sie

Meine ganze Kindheit steckt drin in dieser Romanze
stundenlang Verlies und Sie

Für ihn geschrieben meine Aria das wissen Sie
aus Liebe zu ihm

Mit sieben
in stockdunkler Finsternis

Eigens für meinen Großvater komponiert diese Aria

In der totalen Finsternis eigens
und Sie massakrieren sie!

Am letzten Tag ausgerechnet am letzten interpretieren Sie, nein nicht

Später können Sie auf Ihre Art spielen später

Auf Ihre Art ja
dann bin ich wenigstens nicht mehr da um zu hören!

Pause. Sehr sanft.

Der Kleine hatte den Schnabel voller Kakao!
VIRGINIE Seine Eltern Maestro, glauben Sie echt, daß seine Eltern ...
DIMITRIJ *heftig* Sie, wir sind nicht da um ...

Wollen Sie gleich noch einmal, noch einmal!

Virginie spielt den Anfang des ersten Satzes noch einmal. Am Ende der Pizzi bricht er ab.

I pizzicati Virginie!
Moderato, ich habe extra *moderato* angegeben, ich glaube fast ...
ich wiederhole mich vielleicht, aber ...

Noch einmal!

Sie spielt es noch einmal, er bricht etwas später ab.

Und die Unschuld, Virginie?
Die Unschuld meiner Aria, ich höre sie nicht!
VIRGINIE Habe ich sie denn verloren?
DIMITRIJ Jawohl, und seit wann wissen Sie seit wann?
Seit dem ersten Mal!

Mit sieben Sie erinnern sich das erste Mal, daß, Ihre gnädige Frau Mutter war dabei, das einzige Mal, sie hat uns einander vorgestellt und ich habe Ihnen meine Aria vorgestellt, Sie erinnern sich, Sie konnten noch gar nicht spielen, fast nicht, Sie haben nur eben entziffert, und die Unschuld meiner Aria war völlig da, in der edlen Einfalt Ihres Bogens!

Noch einmal.

Sie spielt es noch einmal. Er bricht an derselben Stelle ärgerlich ab.

Wie ein Erhängter habe ich Ihnen gesagt die Pizzicati!
Ein Erhängter! Stellen Sie ihn sich vor!

Seine nackten Füße   in der Leere   baumeln   langsam

und ich eingeschlossen

im Verlies   unter der Treppe   eingeschlossen

sehe seine Füße baumeln

seine nackten Füße   im Leeren   sehe sie

durch das Loch   sehe sie

Für ihn meine Aria
die Noten genügen, keine Interpretation!

Noch einmal.

Sie spielt noch einmal und diesmal hört er wirklich zu.

Das gibt sich noch!

Beim Konzert werden die Leute Ihre Ungeschicklichkeit der Modernität in die Schuhe schieben und nach dem Cocktail dann haben sie es auch gleich wieder verschwitzt.

VIRGINIE So taktvoll heute!

DIMITRIJ Ihr Instrument klingt gut
der Keller auch
vielleicht zu gut sogar
jeder könnte hier unten Eindruck machen.

VIRGINIE Wie reizend!

DIMITRIJ Sie spielen sehr schön, das habe ich Ihnen schon vor fünfzehn Jahren gesagt, ist also nichts Neues mehr.

VIRGINIE Eine Ermutigung tut manchmal ...

DIMITRIJ Dafür bezahlt Ihre gnädige Frau Mutter mich nicht!

VIRGINIE Also Sie, eine schlaflose Nacht, bravo!

DIMITRIJ Ponticello, wollen Sie nicht ab sul ponticello probieren?

VIRGINIE Allein?
DIMITRIJ Wegen der drei Klaviernoten ist das doch, wollen Sie mir nicht ...

Sie spielt die Ponticello-Stelle im ersten Satz. Wenig später unterbricht er sie.

Warten Sie!
Ihre Finger Virginie wollen Sie mal?
Zeigen Sie Ihre Finger damit –

und der Hals?

Nein wirklich sagen Sie mal das ist doch nicht Ihr Ernst da nein wirklich sagen Sie mir echt also Sie, nein wirklich echt sagen Sie mir die Bratsche also Sie, Sie also die Bratsche echt, die ist ja nie aus ihrem Kasten die Bratsche und nein nicht, Ihre Finger sagen Sie mal die –, und der Hals ich sehe –, der Hals, also sagen Sie nicht daß meine Sonate ...
VIRGINIE Diese Woche, stimmt, habe ich nicht ...
DIMITRIJ Ihre Fingerübungen Virginie Ihre Fingerübungen!
VIRGINIE Wenn Sie mir nur erlauben würden ...
DIMITRIJ Die Fingerübungen, wie oft also wie oft –?
von 5 bis 7 die Fingerübungen
nichts anderes von 5 bis 7
dann meine Sonate drei Stunden ganz klar jeden Abend meine Sonate
Technik Virginie!
ohne Technik sind Sie nichts ohne Technik,
Technik ist alles und Sie wissen das, ich habe es Ihnen gesagt, warum zum Teufel also nicht ...
DIESE ÖDNIS!
VIRGINIE Nein Maestro, hören Sie ...
DIMITRIJ Der dreiseitige Spiegel!
VIRGINIE Ich würde es vorziehen ...
DIMITRIJ Die dreigesichtige Ödnis das ist es, ist es doch?
VIRGINIE Eben ich möchte lieber nicht. I prefer not to do.

DIMITRIJ Nein nicht – Sie –, ich verstehe wissen Sie, ich weiß, ich weiß Sie in diesem Keller genau wie ich in meinem Verlies – ich war – ich …
Sie seit fünfzehn Jahren jeden Tag im Keller die Fingerübungen dem dreiseitigen Spiegel gegenüber Sie und Ihre Fingerübungen seit fünfzehn Jahren, und die drei Spiegelgesichter brüllen Ihnen ganz klar ihre Ödnis entgegen, ihre unermeßliche Ödnis ich weiß, ich weiß aber vergessen Sie nicht, Sie sind auserwählt worden!
VIRGINIE Auserwählt?
DIMITRIJ Genau wie ich – auserwählt
das hat seinen Preis und – nein nicht

auserwählt beide ja

ich um meine Aria in einem Loch zu komponieren
mein Verlies
Sie vor dem Spiegel um sie aufzuführen

Ein Märchen

Nur die Noten Virginie
keine Interpretation

Ihre Kindheit Virginie
chloroformbetäubt
die meine zernichtet
VIRGINIE Wir sind Erwählte?
DIMITRIJ Erwählte ja, wir wurden auserwählt!
Die Ödnis ja Sie und ich wir beide wissen was es damit auf sich hat, doch Christus an seinem Kreuze was meinen Sie, seine Leidensmiene sein Lächeln, glauben Sie daß –, die Nägel genau, Sie dachten sich sein Lächeln die Leidensmiene, das sind die Nägel dachten Sie, das ist der Lanzenstich in die Seite, das dachten Sie sich doch, daß das sein müdes Lächeln war, sagen Sie, das dachten Sie sich, nein nicht, er hat sie nicht gespürt die Nägel nein, den Strick

mein Großvater den hat er auch nicht –, es hat nur nicht aufgehört die Leidensmiene, es ist die Ödnis, es hat und hat nicht aufgehört und er hatte Durst, das war es ihr Lächeln, dieselbe Miene wie Ihre vor Ihrem dreigesichtigen Spiegel, dieselbe Tropfenwaage der Zeit die zu langsam verrinnt in ihrem Keller, wie sie bei mir zu langsam verronnen ist in meinem Verlies, eingeschlossen unter der Treppe, fünf Tage lang eingeschlossen und gewartet, daß ihn jemand losknüpfen kommt, jede Sekunde ein Jahrhundert für mich in meinem Loch, also die Ödnis ja habe ich Ihnen gesagt, die kennen wir, aber wir sind Auserwählte Virginie, man hat uns uns überlassen.

VIRGINIE Uns überlassen?

DIMITRIJ Uns überlassen ja

Sie Ihren Fingerübungen in Ihrem Keller
mich unter der Treppe

in meinem Verlies

der Komposition meiner Aria.

VIRGINIE Wir sind auserwählt worden.

DIMITRIJ Ja auserwählt, wir sind Erwählte und es gibt kein Zurück mehr Virginie, Ihre Fingerübungen müssen Sie weiter machen, von 5 bis 7, und abends meine Sonate ganz klar, meine Sonate und Ihre Fingerübungen jeden Tag, bis zum letzen, die Kinnstütze wird sie am Hals verwunden doch dieser Knutschfleck wird nicht vergehen, Ihre Finger werden Schwielen kriegen, Ihr Handgelenk hören Sie, Sehnenentzündungen Sie werden schon sehen, ganz zu schweigen daß die Halswirbel ...

VIRGINIE Eben die Halswirbel, was die betrifft – die Halswirbel ...

DIMITRIJ Was? Sie leiden nicht gerne? Ja glauben Sie denn, daß ich das gern? Die Welt hat uns an der Gurgel gepackt Virginie, der Schmerz ist das Alphabet unseres Lebens.

VIRGINIE Ohne so weit zu gehen, ich habe nie ...

DIMITRIJ Und Pjotr Iljitsch!
VIRGINIE Pjotr Iljitsch?
DIMITRIJ Tschaikowski!
Haben Sie schon mal an seine Halswirbel gedacht, Sie meinten wohl wenn er den Kopf mit beiden Händen hielt, warum wohl dachten Sie, weil er ohne Halt runterfallen würde, das sagen Sie doch haben Sie sich gedacht, nein er hat zu fest gedacht so ist das, überhaupt haben Sie sich seine *Pique Dame* mal angehört, überhaupt nur einmal angehört die *Pique Dame* Sie, angehört meine ich nicht zwischen Nachtisch und Kaffee gehört nein, wirklich angehört, nicht wenn Sie gerade einen Klarinettisten verführen, das ist doch etwas ganz anderes als Nummer 21, ist beileibe kein Flamenco die *Pique Dame*, da sind seine Kopfschmerzen schon ...
VIRGINIE Ich wollte nie im Leben sagen ..., Sie sind doch derjenige, der ...
DIMITRIJ Und der Hilfsschulmeister Schubert, Schubert was, heute wird Schuberts *Forelle* in jedem Spar zum Preis von einer Extrawurst verramscht und mein Nachbar pfeift seinem Hund mit der *Schönen Müllerin* nein nicht, in der Schule die Kinderchen die schreiben ihn wie Schuhwichs und kein Mensch stört sich daran, Rechtschreibung ist ja jedem schnurzegal, doch wenn er mit 31 stirbt, der Schubert, haben Sie sich gedacht aus Bosheit, oder Syphilis, das ist es, das haben Sie sich gedacht?
VIRGINIE Sie sind doch derjenige, der – ich habe nie im Leben ...
DIMITRIJ Und der Wahnsinnige, der Hauslehrer abgeschieden auf seinem Dachboden, was haben Sie sich da vorgestellt, der lief 35 Jahre lang in seiner Kammer auf und ab und nie im Leben haben Sie sich, nein sein Leid sagen Sie daran haben Sie gedacht, und wenn das der Preis für seine Dichtung ist sagen Sie mir mal, 35 Jahre hin und her in einer Dachkammer und seine Verse lauthals sprechen, wenn das der Preis ist, den er dafür bezahlen mußte, haben Sie sie überhaupt gesprochen die Verse Hölderlins auf und ab

in ihrem Keller von 3 bis 5 vor Ihren Fingerübungen, versuchen Sie es einmal mit weit ausholendem Schritt und Sie werden vielleicht verstehen Schmerz erstarkt, an Prüfungen ist etwas Gutes, wissen Sie Prüfungen sind ...

VIRGINIE Ich will es versuchen, Maestro, ich verspreche es, doch Sie – ich ...

DIMITRIJ Nein wirklich Van Gogh mit seinem abgehauenen Ohr, nie seine Sonnenblumen seine Meeresfrüchte seine Kornfelder haben Sie nie im Leben –, und Ludwig van, was Ludwig van, nie im Leben seine Taubheit, nein wirklich was dachten Sie sich denn daß seine Taubheit war, das Trommelfell, das Alter was, Sie haben sich gedacht es war das Alter, nein nicht, die letzten Quartette haben Sie sich nie im Leben gedacht daß die Taubheit der Preis ist den er für ihre Komposition bezahlen mußte, daß es ...

Man vernimmt aus dem Salon kommend das Adagio von Mozarts Konzert Nr. 21.

...Nein wirklich Sie sagen mir Leid Virginie, Sehnenentzündung, Ihre Halswirbelarthrose, aber ich in meinem Loch, unter der Treppe mir selbst überlassen nachdem der Alte sich baumeln ließ, haben Sie daran mal gedacht sagen Sie, wie dachten Sie sich denn mein Verlies, Sanssouci, so haben Sie gedacht war es, nein nicht, Sie sagen mir Ödnis Ödnis nein wirklich sagen Sie mir, haben Sie schon mal Radio Moskau gehört, Kurzwelle, Radio Moskau fünf Tage hintereinander, gehört meine ich gehört im Dunkeln im Erschöpfungszustand, hingehockt, den Geruch vom Bohnerwachs in der Nase, er hatte das Radio vergessen abzudrehen der Alte bevor er, ich, den Preis den ich bezahlen mußte für die Komposition meiner Aria, eigens für ihn der da baumelte, das war Radio Moskau fünf Tage hintereinander, Fünfjahresplan Zielsetzung Stahltonnen Getreidezentner, ganz zu schweigen von der Reklame für Jossif mit Musik von Prokofieff, finden Sie nicht nein wirklich sagen Sie das ist teuer genug bezahlt für meine Aria, Sie müssen sie also nicht massakrieren, nein wirklich unser Freundchen das schlägt dem Faß den Boden aus, hören Sie ihn sich an mit seinem 21er, wenn er glaubt er kann uns noch lange den Magen damit verderben!

Dimitrij hat im Sprechen einen Besen ergriffen und stößt mit dem Stiel gegen die Decke. Das Adagio von Konzert Nummer 21 nimmt ein Ende. Er setzt sich und trocknet sich die Stirn.

VIRGINIE Ein wenig Ruhe, Maestro, scheint mir angebracht.
DIMITRIJ In Rio heißt es
schläfern sie sie mit Äther ein!
VIRGINIE Die Kätzchen?
DIMITRIJ Die Kinderchen!

Mit Äther ja
auf den Revieren

Danach erschießen sie sie
eine Kugel ins Genick!
VIRGINIE Da interpretieren Sie! Sie interpretieren da?
DIMITRIJ Sie massakrieren meine Aria ja auch Sie.

Das Beste von mir.

Am letzten Tag nach fünfzehn Jahren, ausgerechnet

Wunderbar meine Kindheit zauberhaft
und Sie massakrieren sie!

Was gibt Ihnen das Recht sagen Sie da zu interpretieren?

Wegen der Liebe zu dem alten Herrn
diese geheime Liebe?
Sie wissen es nicht!

Wegen der Stunden im Verlies
das woran ich dachte während das Radio –?
Sie werden es nie wissen!

Also interpretieren Sie meine Aria nicht Virginie
Spielen Sie die Noten!

Thomas kommt mit einer Tasse Tee in der Hand.

Ach Sie haben uns gerade noch gefehlt, und ohne anzuklopfen, nein also machen Sie nur – nein nicht

VIRGINIE Thomas hat geglaubt, Sie rufen ihn.

DIMITRIJ Thomas hat geglaubt Thomas hat geglaubt, los, hauen Sie ab Thomas, nein gehen Sie nicht es war nur – schön ich – noch einmal von da wo wir stehen geblieben sind, aber denken Sie an das was ich Ihnen gesagt habe Virginie, spielen Sie meine Aria für mich, ein letztes Mal bevor – lassen Sie mich meine Kindheit hören, aber kein Gefühl, eiskalt, interpretieren Sie nicht!

Die beiden Musiker spielen den Schluß des ersten Satzes. Dimitrij lauscht andächtig.

Eine Erwählte Virginie Sie sind eine Erwählte

Unter Millionen anderer hat es Sie getroffen

Wie ich unter Millionen anderer auf Ihre gnädige Frau Mutter getroffen bin

Sie hat uns auserwählt

Sie die Karmeliterin
in ihrem Keller eingesperrt um meine Sonate aufzuführen

Ich der Klosterabt

bezahlt von Ihrer Frau Mutter
bewundert von Ihrer Frau Mutter
beehrt von ihr eine Zeitlang bevor...

Ein Söldner seit fünfzehn Jahren in ihren Diensten
mit dem ausschließlichen Ziel ihre Tochter zur grandiosen
Künstlerin zu machen

Mandat ist ausgelaufen Auftrag beendet!

Uff Virginie uff, in diesen fünfzehn Jahren hat die Zeit – ja ich weiß doch Schluß jetzt es ist vorbei Feierabend, Allegretto!

Virginie und Thomas spielen den zweiten Satz, das Allegretto; Dimitrij redet zur Musik weiter, auf einmal ganz euphorisch.

Die Apfelbäume stehen in Blüte, los, los nippen daran, fliegen, los entschweben los, wagen Sie es zum Teufel wagen Sie wie ich es Ihnen beigebracht habe, das große Leben gehört Ihnen, meine Sonate unterm Arm zerreißen Sie sie, mit Zähnen zerfleischen nur zu, wagen Sie mit dem Kopf durch die Wand, aufpassen der Doppel-Griff da hoppla tadellos ja, schneller, mit Leib und Seele Virginie nicht denken Kopf zwischen die Schulter und los, jetzt sind Sie soweit, Sie heben ab, jetzt sind Sie oben, sehen Sie, die Welt gehört Ihnen, mit vollen Händen, ja Sie werden sie an der Gurgel packen, die Lust der Roman Ihres Lebens, sie werden Sie mit Lorbeer überschütten, eine Ovation Sie werden es nicht fassen können, Achtung das D da, den Bogen federleicht, sie werden Sie beweihräuchern wissen Sie, die Loge voller Blumen, wenn Sie so sprühen folgt der Schampus auf dem Fuß, ich habe Ihnen den Weg geebnet Virginie, also los, Kopf zwischen die Schultern und immer geradeaus, ein Chauffeur wartet unten auf Sie, austapezierte Limousine, Suite im *Negresco*, bei der Ankunft Portier in

Livrée, zwanzig Scheine für den Boy, alle liegen sie Ihnen zu Füßen los, *allegretto* meine Sonate unterm Arm nicht vergessen, Bonjour Paris, am nächsten Tag Rom, Ostende wartet auf Sie und Sie heben ab aufgepaßt wir landen in Cordoba, an der Stelle hätte ich Kastagnetten reinnehmen sollen.

Thomas hat zu spielen aufgehört, um ihm zuzusehen; er intoniert einen Tango auf dem Klavier. Dimitrij und Virginie starren ihn entgeistert an.

Nein wirklich Thomas sagen Sie mal, Sie ja was Sie ...
... Nein wirklich sagen Sie mal, seit Menschengedenken seit nie habe ich, Sie glauben wohl Sie sind in Cordoba, sagen Sie das ist wohl ein Trommel-Klavier das Sie, nein wirklich sagen Sie mal Sie spielen ja mit dem Ellbogen, als wären Sie Jerry Lee Lewis, ich klopfe Ihnen gleich auf die Finger Sie wenn –, Sie müssen sie begleiten dazu sind Sie da, Sie zeigen ihr den Weg sowas hat es noch nie gegeben, Sie dürfen ihr nicht vorauseilen, nie, für Bratsche ist sie meine Sonate, das Klavier seinerseits –, nein wirklich sagen Sie mir mal Sie, nein wirklich Sie wollen ihm wohl die Flügel stutzen Sie meinem Schmetterling oder wie, kaum hat er sich entpuppt sticken Sie ihn mir ab, man hört nur noch Sie, nein wirklich ist doch kein Kampfsport das Allegretto, ah, verstehe, der Frühling summt Ihnen in der Hose Thomas, na dann wetzen Sie Ihre Krallen doch an Beethoven, *Der Sturm* kennen Sie doch, sein Allegretto, da können Sie draufloshauen, er war zwar noch nicht taub Ludwig van, hört man leider, ist für Gewichtheber sein Allegretto, also kühlen Sie an ihm Ihr Mütchen, hämmern Sie los junger Mann ... wie bei der Corrida!

Thomas spielt mit Gewalt das Allegretto aus der »Sturm-Sonate«. Dann bricht Dimitrij ab.

Und jetzt gehen Sie doch in den Stock über uns, Corridas mag die Dame und Sie wird es besänftigen.

Thomas ab.

VIRGINIE So eine Tracht Prügel, Maestro!
DIMITRIJ *trinkt Wodka* Mein Allegretto Virginie!
aus ihm baut sich alles auf
ohne ist die ganze Sonate wissen Sie ...
VIRGINIE Trommel-Klavier, so etwas Abgeschmacktes!

Dimitrij scheint plötzlich weit weg und Virginie merkt es. Er hat aus seiner Aktentasche ein Fotoalbum herausgeholt und blättert wehmütig darin.

Hören Sie mir zu? Das Trommel-Klavier haben Sie –? He ho überlassen Sie mich jetzt mir ganz allein? Die Stunde, wir waren in Cordoba und ...
DIMITRIJ »Aun cuando vayas al infierno
te seguiré«
VIRGINIE Wie bitte?
DIMITRIJ Te seguiré!
Drei Tage lang!
VIRGINIE Virginie mein Name, Maestro, ich bin Bratschistin.
DIMITRIJ Drei Tage lang ist sie ihm nach!
VIRGINIE Ich kann in den kleinen Salon hoch, wenn ...
DIMITRIJ »Selbst wenn Du zur Hölle fährst
Folge ich Dir nach!«
VIRGINIE Ich kann nicht mehr!
DIMITRIJ Was?
Ach Sie ja, entschuldigen Sie, ich war in Cordoba.
Das Allegretto, wollen Sie bitte noch einmal?
VIRGINIE Ohne Klavier, meinen Sie, daß das Allegretto ohne Klavier ...
DIMITRIJ Allein, bitte können Sie es allein versuchen.
VIRGINIE Ohne Klavier?
DIMITRIJ ... ohne Klavier versuchen ja doch Sie haben recht, versuchen Sie ohne Klavier ich bin sicher das geht auch.

Virginie spielt den Anfang des zweiten Satzes. Nach einer Weile bricht er ab.

Leichter, mehr... luftiger
luftiger Fräulein können Sie?

Sie spielt weiter. Weniger lange als zuvor. Er bricht ab.

Allegretto Sie
straffer straffer
Freude können Sie Freude hervorbringen?
Noch einmal.

Dasselbe Spiel, nur unterbricht er sie fast sofort.

Freude habe ich gesagt, nicht lustig
das war nicht lustig Ihre gnädige Frau Mutter und ich,
es war Freude die wahre, noch einmal!

VIRGINIE Ohne Klavier...

DIMITRIJ Ohne Klavier was ohne Klavier sind Sie diejenige ja die, nein wirklich das Klavier, das mache ich Ihnen zu – hören Sie mal Sie machen da auf Papa Mama, Verehrteste, braves fleißiges Mädchen, überbegabt im Notenheft, Sie begnügen sich mit den Noten Sie interpretieren nicht, und das Ergebnis ist so seicht, Ihre gnädige Frau Mutter war nicht so, gar nicht so, sie war wie Feuer Ihre gnädige Frau Mutter, begreifen Sie, sie brannte jeden dem sie nahe kam, Leidenschaft kennen Sie Leidenschaft, nein ich sehe ja daß nicht, also erfinden Sie interpretieren Sie, denn Sie müssen Leidenschaft spielen, ohne Leidenschaft ist dieses Allegretto nur Technik, reine Technik, sozusagen nichts, los noch einmal und feuriger!

Sie spielt wieder. Er spricht während sie spielt.

Besser besser so aber – los verwandeln Sie es in Asche mein Allegretto, es darf nichts davon übrig bleiben, die Leidenschaft glauben Sie denn daß – zu zart Sie machen da auf zarte Jugend, als ob Sie eine Piepsmaus wären, nein das ist – nein hören Sie auf!

Sie setzt ab.

Hendrix, das ist einer der, *Voodoo Chile* kennen Sie doch *Voodoo Chile*, nein, müssen Sie Virginie, um mein Allegretto zu spielen muß man Jimmy Hendrix hören, *Voodoo Chile*, Sie werden sehen, das ist andere Kost als *Der Sturm*, und Henderson, schon einmal Joe Henderson am Saxophon gehört, nein, müssen Sie aber, jeden Abend in Ihrer Loge, bevor Sie mein Allegretto spielen, werden Sie Henderson hören, Henderson und *Voodoo Chile*, doch inzwischen machen Sie es heute so gut Sie eben können, legen Sie Feuer an Ihre Bratsche, blasen Sie rein wenn es Ihnen Spaß macht, aber brennen soll es verdammt nochmal, es muß brennen, noch einmal!

Sie spielt wieder, er unterbricht sie ziemlich bald.

Nein wirklich nein sagen Sie mal, jetzt machen Sie da auf Hohe Schule mein Allegretto nein nicht, tadellos in dieser Hinsicht, sehr virtuos, hä, zu sehr, akrobatisch als ob man im Zirkus wäre Sie, ja jonglieren können Sie alles was recht ist, Sie fädeln sie nur so auf die Noten Sie rasseln sie runter, ist doch kein Rosenkranz mein Allegretto sagen Sie mal ich – nein das ist zu sauber sehen Sie, fast glatt, zu tadellos zu wie soll ich sagen, hä, da fehlt es an Tequila genau, sie hatte dem Tequila etwas zu kräftig zugesprochen Ihre gnädige Frau Mutter, das hat sie Ihnen wohl nicht gesagt, es war Fiesta an dem Tag in Santa Maria, die Zigeunerbastion an der Ausfahrt von Cordoba, Santa Maria das Allerheiligste, uneinnehmbar doch nicht für sie, und sie ist eingebrochen in den Kreis die Profane, sie ist voll rein in die *duende* und fing an zu tanzen, und da hat er sie erblickt ihr schöner Andalusier, Ihr Vater ja, hat sie Ihnen doch gesagt, hat

sie mir gesagt daß sie es Ihnen gesagt hat, er stand auf, starrte sie an, fingerschnippend bodenstampfend, die Art sehen Sie, und fing an zu singen:
Aun cuando vayas al infierno
Te seguiré!
»Selbst wenn Du zur Hölle fährst
Folge ich Dir nach!«

VIRGINIE *Aun cuando vayas al infierno*
te segouiré!

DIMITRIJ *Seguiré!*
das *u* wird nicht ausgesprochen, noch einmal!

VIRGINIE *Seguiré!*

DIMITRIJ *TE seguiré*, noch einmal!

VIRGINIE *Te seguiré!*

DIMITRIJ Folge ich dir nach!

VIRGINIE *Te seguiré.*

DIMITRIJ Sie folgen eben nicht, ich höre dieses *Seguiré* nicht, Ihr Bogen der – nein nicht, spielen Sie es *allegria* mein Allegretto sonst... andalusischen Hochmut will ich hören, schwarze Augen Vorstadt Tequila, das muß alles interpretiert werden, nicht bloß ausgeführt, sonst ist das Leben – los noch einmal, aber mit Akzent, mit Fleisch, mit Blut, noch einmal!

Sie spielt wieder. Er unterbricht sie.

Nein wirklich Sie, das ist Absicht was, Absicht daß am letzten Tag, ausgerechnet am letzten Tag an meiner Seite Sie, nein nicht, Sie spielen das da so, ohne jede Traurigkeit, als ob ich gar nicht unten gewesen wäre, hören Sie nicht daß ich nicht da bin wenn Sie mein Allegretto derart sabotieren, noch einmal!

VIRGINIE Sie waren unten?

DIMITRIJ Meine Traurigkeit Virginie, denken Sie daran, noch einmal!

VIRGINIE Sie haben gesagt daß Sie unten waren.

DIMITRIJ Noch einmal!

VIRGINIE *legt die Bratsche weg* In Cordoba, waren Sie in Cordoba?

DIMITRIJ Noch einmal!

VIRGINIE Nicht bevor…

DIMITRIJ Natürlich war ich in – ich habe Ihre gnädige Frau Mutter begleitet, damals haben wir uns nie getrennt, nie, sie hat es Ihnen doch gesagt, nein sie hat Ihnen nichts gesagt, wird es wohl vergessen haben, eine Fee Ihre Mutter wissen Sie, ein Irrlicht, morgens war sie Lolita für mich und abends der Blaue Engel, Miss Bretagne einmal Königin des Mekong viel zu oft Berberprinzessin nur auf Bestellung, da wird sie sich einmal in Cordoba eben als Zigeunerin gefühlt haben, sie tanzte mit ihrem andalusischen Matrosen aber wie, sie rieb sich an ihm, lüpfte die Hüfte, *»te seguiré«* schwarze Augen dagegen kommt man nicht an, sie hatte mich vergessen und dann sah sie mich, im Schatten lauernd:
»Wenn Sie doch Dimitrij
eine Zeitlang verschwinden wollten
Fahren Sie in die Hauptstadt zurück Ihre Sonate beenden
man wird Sie wieder rufen!«

Und sie tanzte weiter, olé, doch das alles, hören Sie es wenn Sie spielen, ich nicht, und dabei ist meine Traurigkeit immer noch da, sie liegt in meinem Allegretto.

Mein Allegretto
das Beste von mir

Meine ganze Jugend in diesem Satz

zauberhaft meine Jugend prachtvoll
und Sie sabotieren sie

Am letzten Tag natürlich am letzten

Für sie geschrieben dieses Allegretto
aus Liebe zu ihr

Mit 30 Jahren
ganz allein in der Hauptstadt

Komponiert eigens für Ihre gnädige Frau Mutter

In schrecklicher Einsamkeit eigens
und Sie sabotieren es

Was gibt Ihnen das Recht dazu sagen Sie mir?

Wegen der Liebe Ihrer Frau Mutter für mich
ihre geheime Liebe?
Ich weiß es nicht!

Wegen ihrer Liebe zu Ihrem Vater ja?
Ich werde es nie wissen

Sie genau so wenig!

Also machen Sie es wie ich
erfinden interpretieren nicht ablesen!

Noch einmal!

Sie spielt wieder. Er begleitet sie mit der Stimme.

Jetzt kommen Sie der Sache schon näher, Virginie!
Nur weiter
genau das ist es
Mit Traurigkeit ja
keine Freude ohne Trauer
Tadellos weiter

Sie setzt plötzlich ab und dreht ihm den Rücken zu.

Nein wirklich also Sie –?

Haben Sie Nasenbluten?

Sie weinen sagen Sie, nein nicht
was sind das für Tränen ha was ist das?

Er ist auf einmal sehr verlegen.

Nicht weinen Virginie nicht wegen sowas
an wahren Anlässen zum Weinen wird es Ihnen nicht fehlen.

Heute früh wissen Sie heute früh habe ich Franziskaner gesehen, Franziskanermönche ein ganzes Rudel, im Tiergarten jawohl, die Paviane warfen ihnen Erdnüsse zu und ... nein? Schön, entschuldigen Sie ich ...

Man hört von weitem das Allegretto des »Sturms«.

Der Gewichtheber?
Er fehlt Ihnen, stimmt Thomas Sie so traurig?
Das werde ich einrenken!

Er stürmt hinaus und ruft: »Wolfgang Amadeus!«

Gleich wird er da sein!
Mit dem Klavier Virginie Sie werden sehen Sie

Ich habe gesehen wie Sie sich beim Vorspiel geküßt haben

durchs Schlüsselloch
eine Angewohnheit!
Ich habe Sie beide gesehen Sie waren schön und ...

Virginie reagiert noch immer nicht. Dimitrij wartet auf Thomas' Rückkehr.

Die Kastagnetten!
wir machen es noch einmal mit Kastagnetten

Auf Andalusisch!

Er zieht aus einer Hosentasche Kastagnetten hervor.

Da sind sie ja!
Sie werden es nicht glauben, doch seit Cordoba habe ich immer
Kastagnetten bei mir!

Für den Fall des Falles!

Los Virginie lächeln Sie schon
Allegria!

Dimitrij ahmt einen Flamencotänzer nach.

Allegria für Bratsche, Klavier und Kastagnetten!

Kommen Sie tanzen Virginie nur ein Mal
mit mir der einzige Tanz in meinem ganzen Leben

Für Ihre gnädige Frau Mutter los kommen Sie

Ihre gnädige Frau Mutter die uns uns überlassen hat
jawohl uns überlassen

Mich in Cordoba
um mein Allegretto zu komponieren
Sie in Ihrem Keller
um es zu interpretieren

Olé!

Interpretieren, nicht nur die Noten spielen!

Dimitrij hört zu tanzen auf, durch Virginies Traurigkeit verstimmt.

Schön ich sehe schon, es wird ein Stück ohne Kastagnetten
finita la fiesta!

Los lächeln Sie schon
für mich
Virginie, bitte, lächeln!
VIRGINIE Nur auf Bestellung!
DIMITRIJ Auf Bestellung?
VIRGINIE Auf Bestellung führe ich aus.
DIMITRIJ Ein Befehl nicht?
Also lächeln Sie jawohl das ist ein Befehl!

Sie lächelt mit Leidensmiene.

Na sehen Sie wenn Sie wollen!
VIRGINIE Eines Tages Sie – ich ...
DIMITRIJ Sie haben recht man muß dem Leben zulächeln Virginie!
Ihm zulächeln jawohl.

Hören Sie nie auf die Besserwisser, die alten Idioten alle die Ihnen sagen an Prüfungen ist auch was Gutes, Schmerz erstarkt, diese Leidensapostel, die Handelsreisenden in Sachen Kreuzweg, das alles sind Unglücksraben wissen Sie, doch Sie wissen nicht daß die sich ihr Unglück selbst gebaut haben, mit Geduld und Ausdauer, und seit von zartestem Kindesalter an, und ihre Einsamkeit ihre so »schreckliche Einsamkeit« wie sie zu sagen belieben, die pflegen und hegen sie ganz andachtsvoll ...

Man hört von weitem Thomas Chopin spielen.

nein wirklich was treibt denn Ludwig da oben,
hört der nichts auf dem Ohr Ihr Freund oder was?

Er läuft hinaus. Das Klavierspiel geht weiter. Virginie nützt ihr Alleinsein und sucht im Fotoalbum. Nach einer Pause vernimmt man Dimitrijs Stimme. Virginie legt das Fotoalbum an seinen Platz zurück und nimmt ihre Bratsche wieder auf. Dimitrij erscheint in Begleitung von Thomas, im Abendanzug.

Die Backen blähen Thomas, doch doch glauben Sie mir, blähen Sie die Backen, ach Virginie, ich habe einen Andalusier für Sie gefunden, schön ist er mein Hidalgo, rassig, ich habe ihn ertappt, er malträtierte den Steinway Ihrer gnädigen Frau Mutter, Sie hätten sehen sollen wie er dem Chopin Saures gab, eine Serie rechter Haken, Spitze war das, der Polacke hat keine drei Runden durchgestanden, nein erröten Sie nicht Thomas, aber vergessen Sie ja nicht was ich Ihnen gesagt habe: wenn man bei Chopin jede dritte Note überspringt, muß man die Backen blähen und inspiriert dreinschauen, Sie werden schon sehen, alles woran das Publikum sich dann erinnert sind die aufgeblähten Backen, schön, Sie die Zeit bleibt nicht stehen, also setzen Sie sich wieder an Ihre Trommel, doch piano beim Wirbel, denn dies, dies ist mein Adagio!

VIRGINIE Sie haben es beendet?
DIMITRIJ Heute nacht!
Ich hatte es Ihnen versprochen.
VIRGINIE Ausgerechnet am letzten Tag!

Thomas und Virginie spielen den Anfang des dritten Satzes der Sonate, den Dimitrij ihnen eben überreicht hat. Er hört ihnen zu. Nach einer Weile bricht er ab und blickt in seine Partitur.

DIMITRIJ Mein Adagio

Bereits die Neige meines Lebens
ein reines Beben

eine Opfergabe dieses Adagio das Beste von mir
das Beste ja und die beiden die ...

Die Leute werden es nicht mögen
zuviel Gefühl!

VIRGINIE Wir können weiter spielen, noch einmal!
DIMITRIJ Tut mir sehr leid aber ...
VIRGINIE Steht es nicht so da?
DIMITRIJ Doch ... unglücklicherweise!
VIRGINIE Also sind wir diejenigen, die nicht ...?
DIMITRIJ Nein diesmal bin ich derjenige.

Die Emotionalität
ausmerzen die Emotionalität sonst

sie unterdrücken
und danach ausmerzen

dann werden sie es mögen!

Sie wurden gesehen, wissen Sie, die ...

VIRGINIE Die, wer denn die?
DIMITRIJ Mit einem Jungen!
VIRGINIE Sich selbst überlassen?
DIMITRIJ Sie haben Ball gespielt mit ihm

Mit seinem Kopf haben sie gespielt
mit seinem abgehackten Kopf

Der Ball war er

Ich hätte es nicht schreiben sollen das Adagio.

VIRGINIE Das ist doch nicht Ihr Ernst!
DIMITRIJ Entschuldigen Sie mischen Sie sich nicht ...
VIRGINIE Was Sie da über Ihr Adagio gesagt haben ...
DIMITRIJ Ein reines Beben!
VIRGINIE ... daß Sie es nicht hätten schreiben sollen ...

DIMITRIJ Ich bin aus altem Holz geschnitzt wissen Sie aber...
VIRGINIE Das war doch nicht Ihr Ernst, ich bin sicher daß es nicht Ihr Ernst war, also spielen wir weiter!
DIMITRIJ Spielen wir weiter sagen Sie, noch einmal, doch wozu?
Die Leute werden es nicht mögen

Für die mein Adagio
eigens für diese Menschen

an der Neige meines Lebens für sie komponiert
Meine Opfergabe ein Vermächtnis

Die werden es verabscheuen wissen Sie

zu viel Emotionalität, ich begreife sie ja

Es kommt manchmal über mich
gegen meinen Willen
VIRGINIE Wollen Sie noch einmal Maestro, versuchen!
DIMITRIJ Versuchen ja
versuchen kann man immer
VIRGINIE Noch einmal!

Die beiden Musiker spielen ein Stück aus dem Adagio, etwas vorher im Satz. Dimitrij hört zu, bricht dann ab.

DIMITRIJ Schön Kinder hört auf
ich bitte euch, es ist ja ganz nett aber

Insistiert nicht länger Ihr beide ich

Zu Thomas, Virginie ignorierend.

Ein reines Beben!
dieser Mangel an kaltem Blut bei mir an der Neige meines Lebens das ist schon...

Die Leute werden es nicht mögen
das Gefühl natürlich

Das Gefühl da liegt der Haken!
Es steckt in der Bratsche das Gefühl

Die Bratsche ist es die Bratsche diejenige die

Alles noch einmal von vorne

Die Bratsche unterdrücken
und danach ausmerzen!

dann werden sie es vielleicht mögen!
VIRGINIE Sagen Sie Maestro, mich gibt es auch.
Erinnern Sie sich noch an mich?
DIMITRIJ *weiter nur zu Thomas* Ohne Bratsche dann ja dann werden sie vielleicht...
VIRGINIE Ohne mich kommt nicht in Frage, noch einmal!

Sie spielt weiter, allein. Dimitrij hört eine Weile zu, spricht dann, doch Virginie spielt weiter, um ihm nicht zuhören zu müssen.

DIMITRIJ Erinnern Sie sich Virginie?
Diese verlassene Stadt?

den Granaten preisgegeben

Alle waren geflohen alle
in der Nacht
die Granaten hinter ihnen

Nur hatten sie die Kinder einfach vergessen
die wahnsinnigen Kinder

Die haben sie ganz einfach sich selbst überlassen

Die Granaten explodierten weiter erinnern Sie sich?

Für sie mein Adagio
eine Opfergabe

Die Leute werden es nicht mögen

Und der Mann erinnern Sie sich?
dieser Mann

Ein Amulett um den Hals
die Heilige Jungfrau

Erinnern Sie sich er hackt das Neugeborene entzwei

Mit der Machete entzwei
vor seiner Frau Mutter

der Länge nach entzwei

Für ihn das Adagio
eigens für diesen Mann
Er wird es nicht mögen

»Kaltes Blut« wird er sagen
»ein wenig kaltes Blut muß da rein, sonst ...«

Und recht hat er, wohlgemerkt!

Und die Kinder?
Tausende
mit den Eltern zusammen dieses Mal

Erinnern Sie sich nachdem – die Chemie – die Bomben –?

Danach
erinnern Sie sich an die Gesichter danach?

die Haut
was vom Gesicht übrigbleibt nachdem die Chemie sie

Sie haben es ja sehen müssen, wir haben es alle gesehen, alle!

Für mich das Adagio, ich der ich zusah
Für uns alle die wir zusahen

Die Leute werden es nicht mögen!

Sentimental werden sie zu Ihnen sagen!

Schluß damit Virginie
hören Sie nicht?

Zuviel Gefühl zuviel Bratsche kein kaltes Blut, ohne kaltes Blut kommt das Adagio nicht rüber, eine uralte Regel ist das das ist – die Emotionalität muß man unterdrücken begreifen Sie das denn nicht, die Kindheit unterdrücken, sie unterdrücken und danach ausmerzen, nein also wirklich hören Sie auf, Virginie, haben Sie Mitleid, eine Maskerade das Adagio, Sirup, nein wirklich hören Sie sich die Tremolos an, also bei meiner Ehre das hat Parkinson aus dem Ärmel geschüttelt, nicht ich, nein nicht, Mitleid aufhören, dieses Vibrato, bereits das Zitterlein, das ist doch keine Todesart Dimitrij, nein es ist zuviel dieses Adagio ich werde es in Asche verwandeln verbrennen, Schluß jetzt geben Sie das her, senil schon mehr als genug!

Bei diesen letzten Worten hat Dimitrij, während Virginie immer lauter spielte um seine Stimme zu übertönen, die Partituren ergriffen und verbrennt sie jetzt.

VIRGINIE *zornig* ABER ICH MAG ES DOCH dieses Adagio, ich mag es!
DIMITRIJ Es fehlte ihm an kaltem Blut, sieht man doch! Das ist Technik, begreifen Sie?

VIRGINIE Die Musik?
DIMITRIJ Ein Stadt niederbomben ist reine Technik!
VIRGINIE Das Adagio nein
 für das Adagio reicht die Technik nicht.
DIMITRIJ Glauben Sie das? Wirklich?
 Ihre Tränen vorhin, erinnern Sie sich als ...
VIRGINIE Sie waren gesalzen, sehr!
DIMITRIJ Das waren Drüsen, rein technisch!
 Eine Tränendrüse die ...
VIRGINIE Gleich entlocken Sie mir ein Lächeln.
DIMITRIJ Es ist kein Witz.
 Diese Träne
 sie floß über Ihre Wange
 im selben Augenblick wurde eine Bombe über einer Stadt
 abgeworfen

 Sie fielen gleich schnell!

 Wußten Sie das nicht?
VIRGINIE Gleich schnell?
DIMITRIJ Doch nur im luftleeren Raum!
 Das ist Physik!
VIRGINIE Im luftleeren Raum ja.
DIMITRIJ Das lernt man in der Schule.
VIRGINIE Diese Worte ... dieser Kiesel in Ihrem Mund ...
DIMITRIJ Dieser Kiesel ja?
VIRGINIE Dieser Zynismus wirklich Sie sollten ...
DIMITRIJ ... ihn in Musik umsetzen?
 Sie haben recht Virginie
 so hätte ich es schreiben sollen mein Adagio

 zynisch und kaltblütig
 Ohne Bratsche

 dann ja dann hätten die Leute sicher

 Aber nein
 ich habe es komponiert – es war

draußen ich war außer mir heute nacht

Ein Junge im Treppenhaus
liegengelassen die ganze Nacht geplärrt
er plärrte und ich ...

ich wollte allem ein Ende machen
die Erde hindern sich zu drehen

O children
Nevermore shall I hear your cries at twilight!
VIRGINIE Hindern, Sie haben gesagt die Erde hindern ...
DIMITRIJ Wieviele Vollmondnächte bleiben mir noch?
VIRGINIE Wie bitte?
DIMITRIJ Ja, ein Traum, ich wollte die Erde hindern ...
VIRGINIE Nein, jetzt eben, Sie haben sich gefragt wieviele ...
DIMITRIJ Unwichtig!
VIRGINIE Sie hätten ein Requiem schreiben sollen!
Mit Chor und Orchester!
DIMITRIJ Ohne Chor sonst kommt das Gefühl ...
VIRGINIE Also ohne Bratsche!
mit Flöten und Oboen.
DIMITRIJ Ohne Oboen.
VIRGINIE Ein Requiem für Flöten, meinen Sie daß ...
DIMITRIJ Einen Marsch!
Ein Marsch jawohl, kein Requiem, keine Sonate
einen Marsch werden sie mögen!

Ein Marsch für Rassel Trommel Horn Schalmei und Bekken!

Ich werde Sie jetzt verlassen Virginie
mich gleich heute noch dahinter setzen
ich weiß schon die Kadenz!

Und bis zu meinem Marsch spielen Sie den Leuten meine Sonate
die ersten beiden Sätze nur!

VIRGINIE Ohne das Adagio Ihre Sonate, Sie meinen daß sie ohne ...
DIMITRIJ Das werden sie mögen ja
das Allegretto vor allem

Ihre gnädige Frau Mutter ausgenommen natürlich!
VIRGINIE Meine Mutter was?
was denn meine Mutter – sie – was?
DIMITRIJ Hat Sie Ihnen nicht gesagt?
Als ich ihr meine Partitur vorgelegt habe?
sie hat gelacht
»Ihr Allegretto Dimitrij Dimitrijewitsch!
Ihr ganzes Allegretto für eine *bulería*!«
VIRGINIE Eine *bulería*?
DIMITRIJ Zigeunersprache!
VIRGINIE Jetzt erfinden Sie aber!
DIMITRIJ Ich bin Slawe, also ...
VIRGINIE Erfinden Sie jetzt?
DIMITRIJ Sagen Sie haben Sie gesehen?
Ein Häufchen Asche mein Adagio!

Virginie zieht ein winziges Stück Partitur aus der Asche.

VIRGINIE Das ist alles was davon übrigbleibt!
Eine Note eine einzige
ein *H*!
DIMITRIJ Immerhin
ein *H* gut gespielt – vielleicht daß ein *H* gut gespielt – ein *H*?

Wollen Sie es bitte versuchen
nur einmal nur für mich.

Virginie nimmt ihre Bratsche wieder auf und spielt die Note.

Weniger schnell.
Lentement Virginie, so richtig, *lentement*, sagt man so?

VIRGINIE Das *e* in der Mitte wird betont.
Noch einmal!
DIMITRIJ *LentEment*!
VIRGINIE Tadellos.
DIMITRIJ Noch einmal!

Sie spielt wieder, langsamer. Jeder neue Angabe Dimitrijs führt sie folgsam aus.

Langsam ja – der Einsatz nein
mehr direkt weniger tremolando

Ja
rauher – mehr aufrauhen, noch einmal!

Nein nicht absetzen
den Bogen dauern lassen.

Kein Vibrato bitte
kaltes Blut
Noch einmal!

Sie kommen der Sache näher
härter werden!

Schriller – nur zu, grimmig!

Noch mehr
gellend, noch einmal

Gellender!

Jawohl
diesmal a*llegria*!

Virginie spielt die schrille Note, dann stößt sie, mit den Nerven am Ende, einen Schrei aus. Dimitrij ist entzückt.

Diese Note Virginie dieser Aufschrei!
mein ganzes Leben lang habe ich nach dieser Note gesucht!

Da ist sie meine ganze Sonate!

Jawohl, Virginie, ja, genau das ist es!
Morgen schon in Paris, diese einzige Note hören Sie?

VIRGINIE Diese Note allein nur die?

DIMITRIJ Auf der ganzen Welt nur diese einzige Note vermurksen Sie sie nicht!

VIRGINIE Mit oder ohne Klavier?

DIMITRIJ Ich überlasse Ihnen die Wahl.
Eine Opfergabe, begreifen Sie, Virginie, wir wurden auserwählt.

VIRGINIE Auserwählt ja!
Sie in Ihrem Verlies
eingeschlossen erschöpft dahockend
um an der Neige Ihres Lebens diese Note zu komponieren
Ich
in meinem Keller
eingesperrt fünfzehn Jahre Zwangsarbeit
um sie am Tage meiner Freilassung aufzuführen!

DIMITRIJ Aufzuführen morgen schon in Berlin
und bis an den Tag Ihres Endes.

VIRGINIE Ein Märchen Maestro!

DIMITRIJ *holt eine Flasche Champagner hervor* Weder Maestro noch Schüler mehr
die Stunden sind aus Virginie
hier trennen sich unsere Wege.

Er leert sein Glas, sie nicht. Er räumt seine Sachen weg.

Na worauf warten Sie denn?
Auf das Presto, das nach dem Adagio kommt?
ich bin nicht Mozart ich nicht.

Wollen Sie nicht mehr weg?
Nein wirklich sagen Sie, seit fünfzehn Jahren sehe ich Sie in Ihrer Box wie ein kleines Füllen ausschlagen,
und am Tag des Grand Prix sind Sie ...

Sie werden mir auch fehlen, was glauben Sie denn?

Sie verstaut ihre Bratsche in ihrem Kasten, wahrscheinlich ein wenig traurig.

Sagen Sie später dann – Sie –?
einmal im Jahr?
nicht lange

den alten Herrn besuchen ja?
wie ein Museumsbesuch, nein?

einmal im Jahr kommen Sie mit Ihrer gnädigen Frau Mutter, kaum da schon wieder Lust wegzugehen, der Geruch aber nicht nur, Sie lesen mir den *Kleinen Däumling* vor, ich mache mit meiner tiefen Stimme den Menschenfresser, auf dem Heimweg erzählt Ihre Mutter das Allerschlechteste über mich und Sie das Allerbeste, doch wissen Sie, ich wäre derjenige geblieben, der die Wiesen auf dem Dreirad runtersauste, ich hätte mich nicht verändert, auf ihrem Sterbebett – habe ich Ihnen schon geagt, nein habe ich Ihnen nicht gesagt, träumte meine Mutter von mir kurz bevor – sie träumte, sie sah mich hat sie gesagt, ich hockte im Strampelhöschen unter der Treppe, ich plärrte hat sie gesagt, ich schrie nach Kakao, das Weitere hat sie mir nicht erzählt das Weitere –, wegen – weil – ... nein wirklich sagen Sie was machen Sie denn noch hier, nein nicht, los hauen Sie ab ich schließe diesen Pferdestall, los raus!

Sie geht schweigend hinaus. Er ruft sie zurück..

Hep, aufgepaßt Stufe am Ausgang
und schön auf der Hut sein vor den Wölfen!

Sie geht, in Richtung Stadt und Leben. Er schreit:

Te seguiré?
Um den Flamenco zu verstehen muß man viel Flamenco hören!

Thomas schlägt eine Note an und lächelt ihm zu.

Immer noch da!
Sie muß man erst hören um es zu glauben
entschuldigen Sie es ist

Ich werde Sie verlassen, die Gnädige wartet meiner!
Meine Gehälter Thomas
fünfzehn Jahre Honorare, eine gesalzene Rechnung nicht?

Sie wird mich rauswerfen, soviel ist sicher!

Ich fühle mich auf einmal so alt, nein rühren Sie sich nicht vom Fleck, nein wirklich sagen Sie, also wirklich Sie, so steht es noch nicht mit mir!

Er zieht eine Partitur aus der Tasche und reicht sie Thomas.

Da, das ist für Virginie! Und für Sie Thomas.
Meine Mitgift.
Mein Adagio ja. Das Original dieses Mal.
Sie haben doch nicht gedacht ich verbrenne mein Adagio ohne daß ...

Thomas will gehen.

Der Junge
Nach einem Jahr und einem Tag, haben sie gesagt, auf dem Revier
wenn bis dahin niemand ...

Ein Jahr und ein Tag und er gehört mir
das haben sie gesagt!

Sagen Sie Thomas
glauben Sie daß – ein Kind und ich –?

Thomas lächelt und geht hinaus, zu Virginie.

Schön schön ich ...

Er geht in den kleinen Salon hoch. Dunkel.

Catherine Anne

Agnès

Aus dem Französischen von Klaus Gronau

Personen

Agnès als Erwachsene

Agnès als junges Mädchen

Agnès mit zwölf Jahren –

Françoise mit zwölf Jahren
(vom selben Mädchen gespielt)

Françoise mit acht Jahren

Madeleine, die Mutter

Der Vater

Die Grossmutter

Pierre

Hélène

Der junge Angestellte in der Reinigung

Die Chefin der Reinigung

Der Frauenarzt

Ludovic

Der junge Ausländer

Der Mann mit dem weichen Hut

Originaltitel: Agnès

Acte 1

Scene 1

Le père, la grand-mère, la mère (Madeleine) et la sœur (Françoise à 8 ans) apportent un gâteau d'anniversaire, sur lequel sont plantées douze bougies allumées. Ils appellent:

TOUS Agnès!

Entrent Agnès adulte, Agnès jeune fille et Agnès à 12 ans. Agnès à 12 ans va se joindre à la famille autour du gâteau.

AGNÈS ADULTE
elle a douze ans
pas de flirt
très sérieuse
bonne en maths
bosseuse
elle veut s'en sortir
éclater la coque
ne pas subir ainsi comme eux toujours

Agnès à 12 ans est devant son gâteau enflammé. Le reste de la famille lui fait face. Son père la photographie. Flashes.

PÈRE, MÈRE, GRAND-MÈRE, FRANÇOISE Souffle!

Agnès à 12 ans inspire, mais l'air reste bloqué dans sa poitrine, elle ne réussit pas à souffler les bougies.

AGNÈS JEUNE FILLE
claque du flash
infernal
PÈRE, MÈRE, GRAND-MÈRE, FRANÇOISE Souffle!

Agnès à 12 ans inspire sans réussir à souffler.

1. AKT

1. Szene

Der Vater, die Großmutter, die Mutter (Madeleine) und die Schwester (Françoise mit acht Jahren) tragen eine Geburtstagstorte herein, auf der zwölf Kerzen brennen. Sie rufen:

ALLE Agnès!

Agnès als Erwachsene, Agnès als junges Mädchen und Agnès mit zwölf Jahren kommen herein. Agnès mit zwölf Jahren begibt sich zu ihrer Familie, die um die Torte herumsteht.

AGNÈS ALS ERWACHSENE
sie ist zwölf
flirtet nicht mit Jungs
sehr gewissenhaft
gut in Mathe
büffelt fleißig
will ihren Weg machen
raus aus dem Loch
nicht alles hinnehmen, wie die Großen immer

Agnès mit zwölf Jahren steht vor ihrer Geburtstagstorte mit den brennenden Kerzen. Der Rest der Familie steht ihr gegenüber. Der Vater fotografiert sie. Blitzlichter.

VATER, MUTTER, GROSSMUTTER, FRANÇOISE Pusten!

Agnès mit zwölf Jahren holt tief Luft, aber die Luft bleibt ihr in der Brust stecken, es gelingt ihr nicht, die Kerzen auszupusten.

AGNÈS ALS JUNGES MÄDCHEN
knallt wie eine Ohrfeige
das Blitzlicht
fürchterlich

VATER, MUTTER, GROSSMUTTER, FRANÇOISE Pusten!

Agnès mit zwölf Jahren holt Luft, aber das Auspusten gelingt ihr nicht.

AGNÈS ALS ERWACHSENE
sie ist zwölf
geht gerne mit ihren Freundinnen ins Schwimmbad
mag Liebesromane
ihren Biolehrer
Lakritzschnecken

VATER, MUTTER, GROSSMUTTER, FRANÇOISE Pusten!

Agnès mit zwölf Jahren holt Luft, aber das Auspusten gelingt ihr nicht.

AGNÈS ALS JUNGES MÄDCHEN
knallt wie eine Ohrfeige
das Blitzlicht

VATER, MUTTER, GROSSMUTTER, FRANÇOISE Pusten!

Agnès mit zwölf Jahren holt Luft, aber das Auspusten gelingt ihr nicht.

AGNÈS ALS ERWACHSENE
sie ist zwölf
sie mag den Wettlauf
den Hochsprung
gute Zensuren bekommen, wenn ihr Vater dann
ganz stolz ist

Agnès mit zwölf Jahren pustet, die Kerzen gehen aus. Im Dämmerlicht verschwinden Agnès als Erwachsene und Agnès als junges Mädchen.

2. Szene

1969. Die Familie klatscht Beifall, weil Agnès gerade ihre zwölf Kerzen ausgepustet hat.

MADELEINE Zwölf Jahre ...
DER VATER Da, mein Mäuschen!

Er hält ihr ein Päckchen hin, Agnès nimmt es und macht es auf. Ein Scherzteufelchen springt heraus und zeigt die Zunge. Agnès fährt zusammen, die Familie lacht los.

DER VATER *liebevoll* Hast du Angst vorm Teufel? Da ist noch was drin ...

Agnès findet einen Geldschein.

DER VATER Dafür darfst du dir kaufen, was du willst.
AGNÈS MIT ZWÖLF JAHREN Danke, Papa.

Sie gibt ihm einen Kuß auf die Wange.

DER VATER Auf die andere Backe auch! *Sie gibt einen Kuß auf die andere Wange.* Ganz schön hübsch bist du, mein Fräulein Tochter.
DIE GROSSMUTTER Ich habe auch ein Geburtstagsgeschenk für dich. Mach die Augen zu, mein Häschen, und die Hände auf ...

Sie legt Agnès ein Wörterbuch in die Hände.

AGNÈS MIT ZWÖLF JAHREN *macht die Augen auf* Oh, danke. Danke!

Sie blättert in dem Wörterbuch, Madeleine legt ein Päckchen auf die aufgeschlagenen Seiten. Agnès macht es auf.

AGNÈS MIT ZWÖLF JAHREN Aber Mama ... Ich brauch das nicht.
MADELEINE Doch, doch.

Der Vater schnappt sich den Jungmädchen-Büstenhalter, der im Seidenpapier versteckt geblieben war.

DER VATER *lacht* Das sieht mir ja hübsch aus!

Agnès nimmt das Objekt wieder an sich und entfernt sich.

AGNÈS MIT ZWÖLF JAHREN Ich räume meine Geschenke ein. Kommst du mit, Françoise?

Agnès mit zwölf Jahren geht hinaus, Françoise mit acht Jahren geht mit.

3. Szene

1992, am Meer. Agnès als Erwachsene und Pierre, sie sind offenkundig verliebt; sie berühren sich nicht; im Verlauf der Szene sehen sie sich hin und wieder an, aber sie berühren sich nicht. Beide haben ein Glas in der Hand. Das von Agnès ist leer. Pierre füllt es mit Rotwein. Agnès trinkt einen Schluck, bevor sie zu sprechen anfängt.

AGNÈS ALS ERWACHSENE Sobald ich versuche, meine Erinnerungen zu ordnen, gerät mir alles durcheinander. Nebel im Kopf. Ich bin wie betäubt. Nicht mal mehr sicher, daß ich das alles erlebt habe. Und doch ... Wer sonst? Wer sonst versucht denn, mein ganzes Leben lang, sich von diesem Alptraum aus meiner Kindheit zu befreien: Ich sehe mich, in meinem Zimmer, allein mit Achmed, das war mein bester Freund. Ich höre die Schlagermusik im Radio. Draußen regnet es; wohlige Geborgenheit. Und dann plötzlich:

mein Vater. Die Augen starr auf mich gerichtet, mit irrem Blick. Ich weiß nicht wieso, aber ich weiß, er will mein Leben. Angst überkommt mich. Mein Vater packt Achmed und wirft ihn raus. Mein Vater packt das kleine dudelnde Radio und schleudert es gegen die rosa tapezierte Wand. Mein Vater packt mich ...

4. Szene

1969. Der Vater tritt auf, er hält Agnès mit zwölf Jahren am Arm.

DER VATER So also ... so läuft das. Jeden Samstagnachmittag. Deine Arbeit, deine Hausaufgaben ... dieses ganze Theater, du hochnäsiges Luder! So läuft das also?
AGNÈS MIT ZWÖLF JAHREN Papa ...
DER VATER Halt die Klappe! Was finde ich da in deinem Zimmer, hingefläzt auf dem Teppich? Das macht dich wohl an, was?
AGNÈS MIT ZWÖLF JAHREN Papa.
DER VATER Ich hab euch doch gesehen ... Auf dem Boden, hingelümmelt ...
AGNÈS MIT ZWÖLF JAHREN Wir haben Musik gehört.
DER VATER Ihr wart zusammen im Bett.
AGNÈS MIT ZWÖLF JAHREN Du spinnst, Papa.
DER VATER Wie oft? Sag!
AGNÈS MIT ZWÖLF JAHREN Papa.
DER VATER Ihr wart zusammen im Bett.
AGNÈS MIT ZWÖLF JAHREN Auf sowas kämen wir gar nicht.
DER VATER Dann habt ihr's auf dem Teppich getrieben.
AGNÈS MIT ZWÖLF JAHREN Papa.
DER VATER Ich schlag dich windelweich. Das treib ich dir aus. Komm hierher!
AGNÈS MIT ZWÖLF JAHREN Papa.

DER VATER Los, tu, was ich dir sage! Hierher!

Er zieht den Gürtel aus seiner Hose.

AGNÈS MIT ZWÖLF JAHREN Ich schwör's dir, Papa! Wir haben nichts Böses getan. Wir sind doch viel zu klein, Papa. Papa, bitte tu mir nichts!

DER VATER Versuch bloß nicht, mir was vorzumachen.

AGNÈS MIT ZWÖLF JAHREN Ich schwör es dir!

DER VATER Na gut. Leg dich da hin!

AGNÈS MIT ZWÖLF JAHREN Wozu denn?

DER VATER Keine Widerrede! Tu, was ich dir sage! Leg dich hin! Wenn du nicht gelogen hast, brauchst du keine Angst zu haben. Ich tu dir nicht weh. Ich werd dich nur mal untersuchen, wie beim Arzt.

AGNÈS MIT ZWÖLF JAHREN Aber du bist doch gar kein Arzt, Papa.

DER VATER Du mokierst dich wohl noch? Glaubst du, ich weiß da nicht genausogut Bescheid wie ein Arzt? Hältst Du mich für blöd? Glaubst du, ich weiß nicht, wie man kleine Mädchen untersucht?

AGNÈS MIT ZWÖLF JAHREN Papa.

DER VATER Ich muß nachprüfen, ob du nicht gelogen hast. Leg dich hin!

Der Vater kauert sich neben der ausgestreckten Agnès hin und schickt sich an, die Hand unter den Rock des Mädchens zu schieben. Er unterbricht seine Bewegung, lauscht und springt dann auf. Madeleine kommt herein, mit eingekauften Lebensmitteln beladen.

DER VATER *zu Madeleine* Gerade eben habe ich Agnès mit diesem Achmed überrascht. Jawohl! Ich habe im Laden ein bißchen früher Schluß gemacht, um mal nach dem Rechten zu sehen, was hier so passiert, wenn ich nicht da bin. Du, das ist doch viel zu schwer für dich.

Der Vater nimmt Madeleine die Sachen ab.

MADELEINE Ich hatte das erlaubt. Sie versteht sich gut mit dem Jungen.

DER VATER Bis er ihr ein Kind macht. *Zu Agnès* Steh auf, du dummes Luder!

MADELEINE Bitte rede nicht in dem Ton.

DER VATER Bring mich nicht zur Weißglut. Du bist vielleicht naiv, schlimmer als ein kleines Mädchen. Da könnte einer Agnès vor deiner Nase befummeln, und du würdest es nicht mal merken. Ich weiß, was ich weiß. In cauda venenum.

MADELEINE Ich versteh das nicht.

DER VATER Das ist Latein, meine Liebe.

Er geht hinaus und nimmt die eingekauften Sachen mit.

AGNÈS MIT ZWÖLF JAHREN Mama ...

MADELEINE Was hast du mit Achmed gemacht? Das ist doch nicht möglich, um Himmels willen!

AGNÈS MIT ZWÖLF JAHREN Mama ...

MADELEINE Maul nicht.

Der Vater taucht auf.

DER VATER Wo ist Françoise?

MADELEINE Im Kino, mit deiner Mutter.

DER VATER Mit acht Jahren! Im Kino!

MADELEINE Es regnet.

DER VATER Agnès! Von jetzt ab arbeitest du am Samstagnachmittag mit mir. Ich bringe dir die Buchhaltung bei. Kapiert?

MADELEINE Und ihre Hausaufgaben?

DER VATER Ein Nachmittag pro Woche, das ist doch nicht die Welt. Sie hört halt ein bißchen weniger Musik.

Er geht hinaus.

AGNÈS MIT ZWÖLF JAHREN Mama!

MADELEINE Mach es jetzt nicht noch schlimmer, bitte.
AGNÈS MIT ZWÖLF JAHREN Ich will nicht mit ihm allein im Laden sein.
MADELEINE Du mußt deinem Vater gehorchen. Was kann denn ich dafür? Was kann ich dafür? Zieh nicht so ein Gesicht. Deck lieber den Tisch. Ich höre deine Schwester und deine Großmutter im Flur.

Madeleine geht hinaus.

DIE STIMME DER GROSSMUTTER So ein Mistwetter!
DIE STIMME VON MADELEINE Françoise! Bitte zieh deine Schuhe aus, du machst mir alles schmutzig.
DIE STIMME VON FRANÇOISE Agnès! Agnès! Agnès! Kommst du spielen?

Agnès geht hinaus.

5. Szene

1969, nachts. Madeleine allein, im Nachthemd. Der Vater kommt herein, nimmt sie am Arm und zieht sie mit sich. Sie verschwinden. Die Großmutter erscheint, im Nachthemd, sie läuft schlafwandelnd durch die Wohnung.

DIE GROSSMUTTER Habe ich die Haustür zugemacht? Ja. Das Gas abgedreht? Ja. Ich habe die Fensterläden zugemacht, die Fenster, die Vorhänge. Ja. Ich habe den Wasserhahn zugedreht. Ja. Alles ist zu. Und trotzdem höre ich Geräusche, ganz winzige Geräusche. Habe ich wenigstens die Haustür zugemacht? Nachts werden die Geräusche alle so laut ...

Agnès mit zwölf Jahren erscheint, im Nachthemd. Sie nimmt die Großmutter bei der Hand und führt sie sacht hinaus, sie verschwinden. Madeleine erscheint, sie wiegt Françoise mit acht Jahren in ihren Armen.

MADELEINE Schlaf, mein Küken! Das ganze Haus atmet Ruhe. Da sind keine Wölfe. Gar keine Wölfe. Schlaf! Da ist überhaupt keine Gefahr. Du hast geträumt. Ein häßlicher Alptraum. Schlaf, meine kleine Françoise, schlaf! Unsere Mauern sind fest. Der Wolf kann nicht rein. Schlaf! *Sie singt.* Schlaf doch mein Küken, mein liebes kleines Küken.

Agnès mit zwölf Jahren erscheint.

MADELEINE Geh schlafen, Du!

Madeleine verschwindet und nimmt Françoise mit. Die Großmutter erscheint, sie schlafwandelt immer noch.

DIE GROSSMUTTER Hab ich das Gas abgedreht? Ja. Ist die Haustür richtig zu? Ja. Beide Schlösser.

Madeleine erscheint mit einem Glas Wasser in der Hand.

MADELEINE *zu Agnès* Deine Großmutter schon wieder...
DIE GROSSMUTTER Hab ich die Wandschränke zugemacht?
MADELEINE *zu Agnès* Bring sie zurück in ihr Bett. Aber weck sie mir ja nicht auf, bitte!

Agnès führt ihre Großmutter fort.

DIE GROSSMUTTER Hab ich denn wenigstens die Fensterläden zugemacht?
MADELEINE Wenn sie einen Anfall hat, glaubt sie, sie wäre bei sich zu Hause.

Agnès und die Großmutter verschwinden. Madeleine trinkt einen Schluck Wasser. Der Vater erscheint.

MADELEINE Gleich!

Der Vater verschwindet. Madeleine trinkt Wasser und schluckt Tabletten. Agnès mit zwölf Jahren erscheint, sie kommt sehr nah an ihre Mutter heran.

MADELEINE *freundlich* Kannst du auch nicht schlafen?

Agnès trinkt ein bißchen Wasser aus dem Glas ihrer Mutter.

MADELEINE Willst du eine Tablette?

Agnès schüttelt den Kopf.

MADELEINE Das beruhigt. Man vergißt alles. Das tut gut. Nein?

Agnès schüttelt den Kopf.

MADELEINE Dickkopf!

Die Mutter verschwindet. Agnès bleibt allein, das Glas in der Hand. Sie atmet schwer. Es gelingt ihr, sich zu beruhigen, dann trinkt sie mit kleinen Schlucken das Wasser aus. Pause. Der Vater erscheint.

DER VATER Um diese Zeit noch auf, mitten in der Nacht. Du hast den Teufel im Leib.
AGNÈS MIT ZWÖLF JAHREN Ich hatte Durst.

Agnès will hinausgehen.

DER VATER Bleib hier.
AGNÈS MIT ZWÖLF JAHREN Ich bin müde.
DER VATER Komm ins Bad.
AGNÈS MIT ZWÖLF JAHREN Mir ist kalt.
DER VATER *packt sie am Arm* Sei still! Komm!

AGNÈS MIT ZWÖLF JAHREN Laß mich.
DER VATER Wer hat hier das Sagen? Du oder ich? Du fängst dir gleich eine! Komm. Das ist ein Befehl.
AGNÈS MIT ZWÖLF JAHREN Papa!
DER VATER Nicht so laut! Du weckst deine Mutter auf. Komm!
AGNÈS MIT ZWÖLF JAHREN Ich bin müde.
DER VATER *zieht sie mit sich* Schluß jetzt!

6. Szene

Am nächsten Morgen. Madeleine bürstet den Mantel von Françoise mit acht Jahren aus. Man hört Françoise trällern. Der Vater kommt herein.

MADELEINE Agnès will einfach nicht raus aus dem Bett. Sie antwortet nicht mal.
DER VATER Dann laß sie doch.
MADELEINE Und die Schule? Daran denkst du wohl nicht! *In Richtung Küche* Françoise! Hör auf zu singen! Iß!
DIE STIMME DES VATERS *der geht und Françoise einen Kuß gibt* Gut geschlafen, meine kleine Stupsnase? Noch einen auf die andere Backe!
MADELEINE Agnès! Mach zu, schnell!
DIE STIMME DES VATERS *zu Françoise* Wie seh'n denn deine Schuhe aus, kleine Maus.
MADELEINE Agnès!
DIE STIMME DES VATERS Ich mach sie dir mal schön blank.

Er erscheint mit Françoises Schuhen.

MADELEINE Agnès! Du kommst zu spät zur Schule! *Sie geht zu Françoise* Iß dein Brötchen auf, Françoise!

Agnès mit zwölf Jahren erscheint im Nachthemd, sie sieht

ganz verstört aus. Der Vater ist völlig in das Putzen von Françoises Schuhen vertieft.

MADELEINES STIMME Wisch dir den Mund richtig ab!

Madeleine erscheint und sieht Agnès.

MADELEINE Ah, da bist du ja! Weißt du, wie spät es ist? Schnell, zieh dich an! Du bist wohl noch im Jenseits, mit deinen Gedanken? Agnès! Antworte! Was hast du denn schon wieder? Antworte!

Madeleine faßt ihre Tochter am Arm.

AGNÈS MIT ZWÖLF JAHREN Au!
MADELEINE Tut dir der Arm weh? Bist du krank? Antworte! Dein Hemd ist ja hinten ganz schmutzig ... hast du deine Tage? Antworte!

Freeze.

7. Szene

Madeleine, der Vater und Agnès mit zwölf Jahren stehen ohne Bewegung. Agnès als Erwachsene und Agnès als junges Mädchen erscheinen, sie nehmen Agnès mit zwölf Jahren in ihre Mitte und bilden wieder den Chor vom Anfang.
AGNÈS ALS ERWACHSENE
sie schweigt

AGNÈS ALS JUNGES MÄDCHEN
du stehst da
am Boden zerstört
stumm
alle Sätze im Hals zerfetzt

und unter deiner Haut
bis in jede Zelle
bist du krank vor Scham

AGNÈS ALS ERWACHSENE
sie schweigt

AGNÈS ALS JUNGES MÄDCHEN
du kriegst diesen Dreck nicht ab
den du spürst
noch immer glaubst du, du siehst auf den gelben Kacheln
im Bad
dein Blut

AGNÈS ALS ERWACHSENE
sie schweigt

AGNÈS ALS JUNGES MÄDCHEN
du bist zutiefst verraten
dir tut alles so weh
du hast so Angst
du wünscht dir nur noch den Tod

AGNÈS ALS ERWACHSENE
sie schweigt

AGNÈS ALS JUNGES MÄDCHEN
eine andere Erinnerung kannst du dir nicht machen
einen anderen Körper kannst du dir nicht machen
augenblicklich weißt du: das schaffst du nie
augenblicklich hat dich der Fluch getroffen

AGNÈS ALS ERWACHSENE
sie ist ausgeliefert
die Kleine
diesem selbstherrlichen Vater
und sie schweigt

Dunkel.

2. AKT

1. Szene

1973. Madeleine zu Hause.

MADELEINE Ich brauche nichts! Ich kann nicht aufmachen, ich habe einen Topf auf dem Feuer. Oh, wenn der so weitermacht, macht er mir noch die Klingel kaputt! Wenn der glaubt, daß ich mir seine Enzyklopädie andrehen lasse! *Sie öffnet die Tür, heftig* Ich brauche nichts!

Vor der Tür steht eine Frau.

HÉLÈNE Guten Tag, Madeleine.
MADELEINE Hélène! Hélène ...
HÉLÈNE Darf ich reinkommen?
MADELEINE Hier ist alles drunter und drüber.
HÉLÈNE Wie geht es dir?
MADELEINE Ich mach dir 'nen Kaffee. Achte nicht auf die Unordnung! Guck einfach nicht hin! Wieso kreuzt du wieder hier auf, und sagst nicht mal vorher Bescheid? Magst du ihn stark? Ja! Wieso kreuzt du wieder hier auf, und sagst nicht mal vorher Bescheid? Achte nicht auf die Unordnung! Bitte! Und ich hab mir noch nicht mal die Haare gemacht ... Lachst du etwa über mich? Das hast du extra gemacht! So unerwartet hereinzuschneien ... Um mich auszuspionieren ... Bist du wohl noch stolz drauf? Na gut, sieh's dir an! Sieh dir alles genau an. Das bin ich. So sieht es bei mir aus. Möchtest du Kaffee?
HÉLÈNE Setz dich hin, Madeleine.
MADELEINE Ich bin nicht müde! Du gondelst jahrelang in der Welt rum, läßt dich nicht mehr bei mir blicken, und ich bleib hier, festgenagelt; d u machst schöne Reisen, du genießt das Leben, du bist Lehrerin, bist finanziell unabhän-

gig, du wohnst in prachtvollen Häusern, du kennst Städte, die kann ich nicht mal aussprechen, du lebst ganz nach deiner Fasson, und der Gipfel von alldem! du beschließt, ein Kind zu adoptieren, und du fragst mich nicht mal vorher. Ich bin dir völlig egal! Und dann, auf einmal, kommst du wieder, du klingelst wie 'ne Wilde, und da soll ich mich hinsetzen und nett mit dir plaudern ... Kaffee, ja oder nein?
HÉLÈNE Nein.

Pause. Stillstand. Blicke.

MADELEINE Ich mach dir trotzdem welchen.

Pause. Herausforderung. Lächeln beiderseits.

HÉLÈNE Meine Briefe hast du also bekommen.
MADELEINE Aber natürlich!
HÉLÈNE Und warum hast du nie geantwortet?
MADELEINE Du bist von hier abgehauen und hast die Tür hinter dir zugeknallt, das weißt du doch wohl noch! Vielleicht wollte ich dir auch schreiben. Vielleicht hab ich sogar oft daran gedacht. Vielleicht ... hat mich das sogar gequält. Und was weiter? Sobald ich einen Stift nehme und mich hinsetze, wird mein Kopf vollkommen leer. Und von dieser Leere im Kopf wird mir dann schwindlig. So absolut nichts zu sein! Was soll ich denn schreiben? Sag! Was gibt es denn schon in meinem Leben?

Der Vater kommt herein.

MADELEINE *sieht ihn* Ach du meine Güte!

Sie springt auf und läuft zur Küchentür, macht sie auf und verschwindet in einer dichten Rauchwolke.

MADELEINE *von draußen* Scheiße, Scheiße, Scheiße und nochmal Scheiße!

DER VATER Irgendwann steckt sie hier noch mal alles in Brand! *Zu Hélène* Sie sind auf der Durchreise, ja?
HÉLÈNE Ich bin wieder da.

Madeleine erscheint wieder, ihre Augen tränen.

MADELEINE Alles ist verbrannt... Bah! Ich hab gerade Zwiebeln angebraten.
DER VATER Du hast ein Hirn wie ein Spatz.
MADELEINE Bitte schrei nicht rum!
DER VATER *freundlich* Schrei ich denn etwa? Komm, wir sehen mal, was noch übrig ist von der Küche.

Der Vater und Madeleine verschwinden in der Rauchwolke. Hélène bleibt allein, wie bestellt und nicht abgeholt. Unvermittelt geht sie weg.

MADELEINE *von draußen* Hélène!

Madeleine kommt wieder herein, dann auch der Vater.

MADELEINE Hélène? Sie ist wieder fort.
DER VATER Immer noch dieses Gehabe, wie 'ne Großfürstin. Hast du die Absicht, sie wiederzusehen?
MADELEINE Sie ist meine Schwester.

2. Szene

1973. In einer Reinigung. Agnès als junges Mädchen und ein junger Angestellter. Er reicht ihr Kleidungsstücke in Plastikhüllen.

DER JUNGE ANGESTELLTE Zwei Herrenanzüge, eine Herrenhose, ein Mantel. Dein Vater hat bezahlt, als er die Sachen gebracht hat. Der Fleck auf dem Revers von dem Jackett, der geht nicht mehr raus. Den hat er wohl mal falsch behandelt.

AGNÈS ALS JUNGES MÄDCHEN Danke.

DER JUNGE ANGESTELLTE Hast du's eilig? Magst du 'ne Praline?

AGNÈS ALS JUNGES MÄDCHEN Danke.

DER JUNGE ANGESTELLTE Die Chefin ist grad einkaufen.

AGNÈS ALS JUNGES MÄDCHEN Du bist neu hier.

DER JUNGE ANGESTELLTE Ja.

AGNÈS ALS JUNGES MÄDCHEN Was hast du vorher gemacht?

DER JUNGE ANGESTELLTE Ein Betriebspraktikum nach dem anderen.

AGNÈS ALS JUNGES MÄDCHEN Und hier? Noch 'n Praktikum?

DER JUNGE ANGESTELLTE Auf Probe. Ist schon ein bißchen besser. Und du?

AGNÈS ALS JUNGES MÄDCHEN Ich geh noch zur Penne. Ich werd mal Rechtsanwältin.

DER JUNGE ANGESTELLTE Rechtsanwalt?

AGNÈS ALS JUNGES MÄDCHEN Rechtsanwältin.

DER JUNGE ANGESTELLTE Noch 'ne Praline?

AGNÈS ALS JUNGES MÄDCHEN Ist ja wie im Schlaraffenland hier, sag mal!

DER JUNGE ANGESTELLTE Schließlich ist man nicht nur zum Leiden geboren!

Sie lachen.

DER JUNGE ANGESTELLTE Was macht eigentlich dein Vater?

AGNÈS ALS JUNGES MÄDCHEN Er hat 'nen Laden, total langweilig. *Sie zeigt auf die Pralinen* Kann ich noch eine haben?

DER JUNGE ANGESTELLTE Na klar. Hast du Montagabend ferngesehen?

AGNÈS ALS JUNGES MÄDCHEN Nee.

DER JUNGE ANGESTELLTE Da war so 'ne Sendung über Prostitution, mit Ärzten und Richtern, und sogar ein paar Mädchen, die erzählten, wie das so abläuft, die haben sie im Gegenlicht gefilmt, damit man das Gesicht nicht erkennen konnte ... Das ging einem ganz schön an die Nieren ... So Mädchen in deinem Alter, und auch Frauen ... Du bist ja ganz blaß!

AGNÈS ALS JUNGES MÄDCHEN Ich kann den Geruch nicht ab, in so 'ner Reinigung, auf die Dauer krieg ich da keine Luft. Ich hau ab.

DER JUNGE ANGESTELLTE Willst du nicht mit mir reden? Ich kann ein richtiger Freund sein, echt.

AGNÈS ALS JUNGES MÄDCHEN Ich hab gesagt: Ich hau ab. Hast du Bohnen in den Ohren?

Die Chefin kommt herein, Agnès stürzt hinaus.

DIE CHEFIN Die ist aber blaß, die Kleine.

DER JUNGE ANGESTELLTE Da ist irgendwas nicht ganz sauber, Madame Mercier.

DIE CHEFIN Kümmer dich bloß nicht um den Kram anderer Leute.

DER JUNGE ANGESTELLTE *hält ihr ein Foto hin* Sehen Sie mal, das habe ich bei ihrem Vater in der Tasche gefunden.

DIE CHEFIN *zerreißt das Foto* Ich hab nichts gesehen. Und du hast auch nichts gesehen. In unserem Beruf, mein Junge, da braucht man Prinzipien, und man muß den Mund halten können. Was man da so alles in die Finger kriegt, das kannst du mir glauben. Aber was soll's! Was die Leute in ihren Taschen verkramen, das geht uns nichts an. Das schreib dir hinter die Ohren! Das wäre, wie wenn einer sein Berufsgeheimnis verrät.

DER JUNGE ANGESTELLTE Ich nehm das auf mich, ich sag jemandem Bescheid, wenn Sie wollen.

DIE CHEFIN Du machst gar nichts. Ich nehm das auf mich! Was soll das? Wenn dir an deiner Stelle liegt, mußt du lernen, deine Zunge im Zaum zu halten. Dieses Foto, was weiß man schon? Ein Drecksfoto ... Vielleicht ist es eine Montage, oder ein Scherz? Da stünden wir schön da, wenn wir hier das Viertel in Aufruhr bringen wollten! Das sind ordentliche Leute, denen kann man nichts vorwerfen.

DER JUNGE ANGESTELLTE Haben Sie gesehen, was für Ringe sie unter den Augen hat?

DIE CHEFIN Die geht doch zur Schule, oder? Ihre Lehrer haben doch wohl auch Augen im Kopf. Und die Fürsorgerinnen? Jeder hat schließlich seine Aufgabe. Was soll's! Guck mich nicht so an wie ein verhinderter Held. Ja! In deinem Alter, da ist man noch ungeduldig ... das legt sich. Und jetzt an die Arbeit! Los!

Der junge Angestellte gehorcht. Die Chefin bleibt allein, sie betrachtet die Stücke des zerrissenen Fotos und geht dann hinaus.

3. Szene

1973. Madeleine und Hélène allein.

MADELEINE Alles geht so gut, wie's eben geht. Nur Agnès macht mir Sorgen. Sie ist so verschlossen, so aufsässig. Ihre Lehrer beklagen sich über sie.

HÉLÈNE Was ist los mit ihr?

MADELEINE Sie ist sechzehn ... Da sind sie bockig ... Ihr Vater kümmert sich um sie ... Er paßt auf, was sie für Freunde hat, er erlaubt ihr nicht, in Bars herumzuhängen, er hat ihr sogar die Buchhaltung beigebracht ... Jeden Samstag arbeitet Agnès im Laden.

4. Szene

1992. Agnès als Erwachsene und Pierre. Die Flasche Wein ist ein bißchen leerer. Die beiden Gläser sind leer. Agnès geht mit großen Schritten auf und ab, als ob sie die Stelle suchte, wo für sie das Atmen möglich wäre.

PIERRE Immerzu hast du um Hilfe gerufen, und niemand. Niemand!

AGNÈS ALS ERWACHSENE Ich gehorchte einfach nur. Ich war ein mechanisches Wesen geworden, willenlos gehorsam. Wieso sagst du, daß ich um Hilfe gerufen habe?

PIERRE Weil das stimmt. Hattest du nicht eine schreckliche Wut? Auf alle? Auf deine Mutter?

AGNÈS ALS ERWACHSENE Nein! Im Übrigen hatte ich gar keine Gefühle. Im Übrigen erinnere ich mich nicht, was für Gefühle ich hatte. Ich lebte wie hinter Michglas. Wie meine Mutter, im Übrigen. Im Übrigen konnte sie gar nichts dafür. Nur mein Vater. Als ich endlich sowas wie Wut spüren konnte, habe ich alles auf meinen Vater geschoben. Nur auf meinen Vater. Sag mir nicht, daß das ungerecht ist, weil ich mir damals geschworen hab, daß ich ihm niemals verzeihen werde. Wieso sollte ich? Er hat nie zugegeben, was er mir angetan hat. Niemals! Seine Geschichte ist mir völlig egal, seine Vergangenheit, was er durchgemacht hat. Soll er selber sehen, wie er damit fertig wird! Ich muß meine Haut retten! Versuch doch, zu verstehen.

PIERRE Und warum hast du den Kontakt zu deiner Mutter abgebrochen?

AGNÈS ALS ERWACHSENE Sie stand unter seinem Einfluß. Sie heulte ständig. *Sie lacht* Sie war völlig hilflos ... Samstags abends, wenn ich vom Laden zurückkam, betrunken, weil er mich unter Alkohol gesetzt hatte, seufzte sie »Mein armer Schatz, wie müde du aussiehst!«.

5. Szene

1973. Madeleine macht sauber. Agnès als junges Mädchen und der Vater kommen herein. Er trägt einen Blumenstrauß und eine Flasche Schaumwein.

MADELEINE *zu Agnès* Mein armer Schatz, wie müde du aussiehst.
DER VATER Nach dem Essen geht's ihr wieder besser. Stell die Flasche in den Kühlschrank, und mach uns was Gutes.

Die Großmutter kommt herein. Der Vater hält ihr den Blumenstrauß hin.

DER VATER Herzlichen Glückwunsch zum Namenstag, Mama.
DIE GROSSMUTTER Ach, mein Liebling! Immer denkst du an mich.

Madeleine und die Großmutter gehen hinaus, mit den Vorbereitungen beschäftigt. Der Vater streckt den Arm nach Agnès aus, sie weicht zurück; er faßt sie am Arm. Sie stehen sich gegenüber, Auge in Auge, ohne etwas zu sagen.

DER VATER Bist Du eingeschnappt?
AGNÈS ALS JUNGES MÄDCHEN Ich hab meine Tage nicht mehr.
DER VATER Bist du sicher?
AGNÈS ALS JUNGES MÄDCHEN Klar bin ich sicher.
DER VATER Sprich gefälligst nicht in diesem Ton mit mir. Wie lange bist du hinterher?
AGNÈS ALS JUNGES MÄDCHEN Drei.
DER VATER Drei was? Drei Tage? Drei Wochen?
AGNÈS ALS JUNGES MÄDCHEN Drei Monate.
DER VATER Drei Monate? Ach du lieber Gott! Drei Monate? Du mußt dich irren, das kann gar nicht sein ... Ich hab immer gut aufgepaßt ...

AGNÈS ALS JUNGES MÄDCHEN Wenn ich schwanger bin, bring ich mich um.

DER VATER Keine Sorge, mein Mäuschen, dafür gibt es Ärzte. Keine Sorge, mach dir keine Sorgen.

Madeleine, Françoise mit zwölf Jahren und die Großmutter kommen herein. Der Vater geht zur Wohnungstür.

MADELEINE Wo willst du hin?

DER VATER Ich bin doch wohl ein freier Mensch?

Der Vater geht hinaus. Françoise mit zwölf Jahren spielt schweigend mit einer Puppe, die sie sorgfältig fesselt und knebelt.

MADELEINE *zur Großmutter* Ihr Sohn ist ein wahrer Irrwisch. Seit Agnès die Buchhaltung macht, sieht sie ihn mehr als ich.

DIE GROSSMUTTER Und in der Schule, mein Häschen? Kommst du da jetzt besser zurecht?

MADELEINE Wie denn wohl? Sie gibt sich nicht ein bißchen Mühe, sie vergeudet ihre Begabung. Was soll ich machen? Die Buchhaltung mit ihrem Vater, das strengt sie natürlich an ... Aber sobald ich davon anfange, brüllt er los, daß ihm die Augen rausquellen ...

DIE GROSSMUTTER Ein Mann, der im Krieg war, Madeleine ... Das steckt in ihm drin ... Dieser ganze Wahnsinn macht einen mehr oder minder kaputt. *Zu Agnès* Ja, mein Häschen, dein Vater, der ist ein mutiger Mann, und er hat was durchgemacht.

AGNÈS ALS JUNGES MÄDCHEN Er brauchte sich ja nicht freiwillig zu melden.

DIE GROSSMUTTER Oh nein! Da hast du recht! Er hat mich nicht mal gefragt. Dieser Schlawiner! Eines Morgens hat er einfach seine Siebensachen gepackt, und allez hopp! auf und davon, der Vogel ... Sie haben Glück, Madeleine, daß Sie nur Mädchen haben.

AGNÈS ALS JUNGES MÄDCHEN Ich möchte die Pille.
MADELEINE In deinem Alter?
AGNÈS ALS JUNGES MÄDCHEN Ich bin sechzehn.
MADELEINE Darum geht es nicht.
AGNÈS ALS JUNGES MÄDCHEN Und worum geht's?
MADELEINE Du bist zu jung. Du hast doch noch nicht mal 'nen Freund. Für derartige Dinge hast du noch viel Zeit.
DIE GROSSMUTTER Und dann Vorsicht, mein Häschen! Die Mädchen, die die Pille nehmen, die werden vollkommen zügellos. Ja, ja, ich hab das in so einer medizinischen Zeitschrift gelesen. Stellt euch mal vor, in dieser Pille ist eine Substanz, die macht die Mädchen zügellos, sogar die vernünftigsten. Die können gar nichts dafür, die armen Dinger, das kommt nur von der Substanz in dieser Pille: Sie nehmen sie und geben sich hin, und dann immer so weiter...

Agnès als junges Mädchen zündet sich eine Zigarette an.

MADELEINE Was macht sie? Was machst du da?
AGNÈS ALS JUNGES MÄDCHEN Ich rauche.
MADELEINE Du rauchst? Sie raucht!
AGNÈS ALS JUNGES MÄDCHEN Und ihr schlaucht.

Agnès als junges Mädchen geht hinaus.

DIE GROSSMUTTER Die ist aber zickig!
MADELEINE Das sind die Flegeljahre. Was soll ich machen? Ich mach mir jetzt schon Sorgen wegen Françoise.

Françoise mit zwölf Jahren geht mit ihrer Puppe hinaus.

6. Szene

1973. Beim Frauenarzt. Agnès als junges Mädchen und der Arzt.

DER ARZT Kommen Sie rein, setzen Sie sich. Gut. Sie sind sechzehn, seit drei Wochen ... Sie haben Geschlechtsverkehr? Ja? Schon lange? Keinen Geschlechsverkehr? Seit wann haben Sie Verkehr?

AGNÈS ALS JUNGES MÄDCHEN Ich kann mich nicht erinnern.

DER ARZT Wie bitte?

AGNÈS ALS JUNGES MÄDCHEN Ich kann mich nicht erinnern.

DER ARZT Gut. Gut, in Ordnung ... Wann haben Sie zum letzten Mal Ihre Periode gehabt?

AGNÈS ALS JUNGES MÄDCHEN Ich kann mich nicht erinnern.

DER ARZT Haben Sie seit Ihrer letzten Periode Geschlechtsverkehr gehabt?

AGNÈS ALS JUNGES MÄDCHEN Ich kann mich nicht erinnern.

DER ARZT Gut. Gut, in Ordnung ... Ich werde Sie dann jetzt mal untersuchen. Sie sind ein bißchen angespannt, nicht? Entspannen Sie sich. Sind Sie das erste Mal beim Frauenarzt?

AGNÈS ALS JUNGES MÄDCHEN Ich kann mich nicht erinnern.

DER ARZT Entspannen Sie sich, entspannen Sie sich! ... Gut. Gut, in Ordnung ... Nun ziehen Sie sich bitte aus. Rock und Schlüpfer, das reicht. Ich bin sehr vorsichtig, es tut nicht weh. Bitte legen Sie sich hin. *Agnès als junges Mädchen will sich auf den Boden legen* Nein nein, nicht hier, dahin bitte. Gut. Legen Sie sich hin. Mehr hierher. Etwas näher zu mir. Ein bißchen näher. Gut. Gut, in Ordnung ... Entspannen Sie sich, öffnen Sie die Beine, ich ziehe mir eben Handschuhe an.

AGNÈS ALS JUNGES MÄDCHEN *plötzlich* Tun Sie mir nichts! Ich flehe Sie an, bitte tun Sie mir nichts! Ich will nicht sterben!

DER ARZT Was ist los mit Ihnen, Fräulein ... *als ob er den Namen sagen wollte*

AGNÈS ALS JUNGES MÄDCHEN Mein ganzes Leben geht weg! Mein Leben, zwischen meinen Beinen, ich spüre es! Ich laufe aus! Mein Leben fließt über, zwischen meinen Beinen ... Lassen Sie mich nicht sterben! Zwischen meinen Beinen ... ist Blut! ... Blut ... zwischen meinen Beinen! Doktor! Hilfe! Papa! ...

DER ARZT Bleiben Sie ganz ruhig liegen.

7. Szene

1973. Der Vater erscheint, Madeleine kommt hinter ihm her.

MADELEINE Bitte!

DER VATER Nein und nochmals nein. Ich brauche sie.

MADELEINE Ich kann dir doch helfen.

DER VATER Du?

MADELEINE Aber ja! Hier zu Hause mach ich die Kasse doch auch. Agnès läuft rum wie 'ne lebende Leiche, das hast du selber gesagt! Sie wird uns noch krank. Ein paar Tage Ferien auf dem Land, das ist doch kein Luxus.

DER VATER Ja, ich verdiene nicht genug.

MADELEINE Hélène lädt sie ein, das kostet dich gar nichts.

DER VATER Das mußt du mir ewig vorwerfen, daß ich nicht genug verdiene.

MADELEINE Das werfe ich dir nicht vor.

DER VATER Alle werfen mir vor, daß ich nicht genug verdiene, alle lachen sie, hinter meinem Rücken. Ich bin nur ein armer Schlucker ... Deine Schwester Hélène, die Frau Lehrerin, die Großfürstin im öffentlichen Dienst, die kriegt wohl gar nicht genug davon, dir das immer wieder unter die Nase zu reiben, stimmt's? Einen armen Schlucker hast du geheiratet, das denkst du, und das denken alle. Agnès ist meine einzige Freude.

MADELEINE Du läßt sie nie raus, gönnst ihr nie mal ein bißchen Abwechslung. Ich weiß, du hast ja recht, man muß streng sein, aber... Sie braucht ein bißchen Luft.

DER VATER Laß ich euch etwa keine Luft zum Atmen?

MADELEINE Du würdest ihr eine solche Freude machen, sie wäre dir so dankbar.

DER VATER Und wenn sie nicht wiederkommt?

MADELEINE Sicher wird sie irgendwann aus dem Haus gehen.

DER VATER Nein! Françoise kann zu deiner Schwester fahren, Agnès muß hierbleiben, ich brauche sie ...

MADELEINE Bitte, sei vernünftig. Es gibt doch nun wirklich gute Gründe.

DER VATER Mors ultima ratio. Der Tod ist der letzte Grund.

MADELEINE Agnès ist eingeladen. Sie ist genauso alt wie Ludovic.

DER VATER Ach ja, der Adoptivsohn ...

MADELEINE Ich werd dich auch richtig verwöhnen. Zwei Wochen, das geht schnell vorbei. Bitte!

DER VATER Du bist wohl zu allem bereit!

Er packt sie beim Arm und nimmt sie mit sich.

8. Szene

1973. Beim Frauenarzt. Agnès als junges Mädchen, der Arzt.

DER ARZT Nichts Ernstes. Sie sind noch zu jung, das Ei war gar nicht lebensfähig. Wahrscheinlich ist die Fehlgeburt durch den psychischen Schock der Untersuchung ausgelöst worden. Sie waren ja sehr verkrampft. Gut. Jetzt brauchen sie Ruhe. Haben Sie mich verstanden?

AGNÈS ALS JUNGES MÄDCHEN Ja, Herr Doktor.

DER ARZT Weiß Ihre Mutter Bescheid?
AGNÈS ALS JUNGES MÄDCHEN Nein, Herr Doktor.
DER ARZT Weiß überhaupt irgendjemand Bescheid? Ihr Freund?
AGNÈS ALS JUNGES MÄDCHEN Mein Vater.
DER ARZT Ihr Vater?
AGNÈS ALS JUNGES MÄDCHEN Ja, Herr Doktor.
DER ARZT Gut. Gut, in Ordnung. Sie können jederzeit wiederkommen. Ich bin immer für Sie da, auch ohne Termin, auch ohne Bezahlung. Haben Sie da bitte keine Hemmungen. Wenn Sie sich irgendwie nicht sicher sind ... Oder sich wegen irgendwas beunruhigen ... Haben Sie mich verstanden?
AGNÈS ALS JUNGES MÄDCHEN Ja, Herr Doktor.
DER ARZT War das Ihr Vater, da am Telefon, der Sie bei mir angemeldet hat?
AGNÈS ALS JUNGES MÄDCHEN Ja, Herr Doktor.
DER ARZT *gibt ihr die Hand* Gut. Gut, in Ordnung. Ruhen Sie sich jetzt aus.

9. Szene

1973. Die Großmutter und Françoise mit zwölf Jahren treten auf. Sie legen frisch gewaschene Laken zusammen.

DIE GROSSMUTTER Du fragst mir noch ein Loch in den Bauch! Du schnüffelst ja regelrecht herum. Was willst du denn wissen? Der Vater von deinem Vater, über den wird nie ein Wort gesprochen, weil es da einfach nichts zu erzählen gibt. Einmal hätte ich ihn fast umgebracht. Jaja! Ja. Saß der doch da, in aller Seelenruhe, und wärmte sich die Füße am Herd, während ich im Haushalt am Ackern war. Wir hatten kaum noch Kohlen oben, ich bitte ihn, in den Keller zu gehen und welche zu holen. Er weigert sich. Er sagt, daß ich das machen soll, im Befehlston. Da hab ich mich geweigert. Ich hatte die Nase voll. Daraufhin nimmt er ein Messer und wirft es nach mir. Er hat mich nicht getroffen. Aber ich hatte ein Kleid an, das ich sehr mochte. Oh, ich erinnere mich an dieses Kleid, ich habe es geliebt. Es war noch ganz neu, und das Messer hat es aufgeschlitzt. Ja! Ich guck mich um und sehe, mein schönes Kleid hat hinten ein großes Loch. Da bin ich auf ihn los, ich habe ihn mit beiden Händen am Hals gepackt und dann hab ich zugedrückt, und gedrückt und gedrückt... *Sie lacht* Nach 'ner Zeit ist schließlich seine Zunge rausgekommen, die war riesig und ganz blau. Da hab ich gedacht: »Jetzt ist es soweit! Ich erwürge ihn.« Ich hätte ihn auch gerne erwürgt. Zwei Tage lang konnte er nicht schlucken.

Agnès als junges Mädchen ist während der Erzählung der Großmutter hereingekommen. Sie ist unbemerkt im Hintergrund geblieben. Madeleine kommt herein und sieht sie. Die Großmutter und Françoise mit zwölf Jahren gehen hinaus, um die Laken wegzupacken.

MADELEINE *überglücklich* Agnès! Dein Vater hat seine Erlaubnis gegeben. Pack schnell deine Tasche. Hélène wartet morgen nach der Schule auf dich, direkt am Ausgang, und ab in die Ferien! Hörst du mich?

AGNÈS ALS JUNGES MÄDCHEN Ja.

MADELEINE Willst du eine Tablette?

AGNÈS ALS JUNGES MÄDCHEN Ich geh schlafen.

MADELEINE Ohne Abendessen?

AGNÈS ALS JUNGES MÄDCHEN Ja.

Agnès geht hinaus. Pause. Madeleine geht hinaus.

10. Szene

1973. Nachts. Die Großmutter geht vorbei, im Nachthemd.

DIE GROSSMUTTER Zweimal rumschließen ... die Tür und die Fenster richtig zumachen ... Und das Kellerfenster! Das Kellerfenster nicht vergessen ...

Die Großmutter verschwindet, der Vater erscheint.

DER VATER Agnès! Agnès!

Agnès als junges Mädchen erscheint, verschlafen. Sie trägt einen Pullover und eine lange Hose.

AGNÈS ALS JUNGES MÄDCHEN Was willst du?
DER VATER Mein Püppchen.
AGNÈS ALS JUNGES MÄDCHEN Laß mich, mir ist nicht gut. Ich habe Schmerzen.
DER VATER Omnia vincit amor: Die Liebe besiegt alles.
AGNÈS ALS JUNGES MÄDCHEN Ich war schon am Schlafen.
DER VATER In dem Aufzug?
AGNÈS ALS JUNGES MÄDCHEN Ich schlafe wie es mir paßt.
DER VATER Ein wohlerzogenes Mädchen geht nicht mit Zeug ins Bett.
AGNÈS ALS JUNGES MÄDCHEN Ich bin kein wohlerzogenes Mädchen.
DER VATER Zieh diese Hose aus, und den Pullover. Zieh dein Nachthemd an.
AGNÈS ALS JUNGES MÄDCHEN Du bist total übergeschnappt.
DER VATER Du hast zu gehorchen, und damit basta.
AGNÈS ALS JUNGES MÄDCHEN Gehorchen ...
DER VATER Ein Mädchen muß ihrem Vater immer gehorchen ... Per fas et nefas ...
AGNÈS ALS JUNGES MÄDCHEN Ich kann kein Latein.
DER VATER Ich kann vieles, was du nicht kannst. Es gab

dich noch gar nicht, da konnte ich schon 'ne ganze Menge. Komm! Du magst das doch. Ich weiß, du magst das.

AGNÈS ALS JUNGES MÄDCHEN Das ist nicht wahr.

DER VATER Versuch du mal nicht, deinen Vater zu täuschen.

AGNÈS ALS JUNGES MÄDCHEN Faß mich nicht an.

DER VATER Brüll hier nicht rum! Willst du deine Mutter aufwecken? Willst du, daß sie dahinter kommt, wie gut wir beide uns verstehen? Willst du, daß sie sich aus dem Fenster stürzt? Wenn sie das erfahren würde, würde sie sich umbringen, das weißt du. Willst du deine Mutter umbringen? Sie ist so depressiv. Zum Glück habe ich dich. Du bist meine ganze Freude. Morgen fährst du aufs Land, du läßt mich im Stich ... Mein Liebes ... Zwei Wochen ohne dich ... Wenn ich nur daran denke, tut mir alles weh, hier, wie Stacheln im Bauch ...

AGNÈS ALS JUNGES MÄDCHEN Ich war heute beim Arzt.

DER VATER Das erzählst du mir morgen.

AGNÈS ALS JUNGES MÄDCHEN Ich hatte eine Fehlgeburt, falls es dich interessiert.

DER VATER Eine Fehlgeburt?

AGNÈS ALS JUNGES MÄDCHEN Blut, das aus der Vagina rauspißt, du Blödmann.

DER VATER Mein Kleines! Mein Mäuschen ... Leg dich hin, geh. Ruh dich aus.

Agnès als junges Mädchen geht hinaus. Françoise mit zwölf Jahren erscheint, im Nachthemd.

FRANÇOISE MIT ZWÖLF JAHREN Bist du wieder da, Papa?

DER VATER Geh schlafen. Geh schlafen, Françoise.

FRANÇOISE MIT ZWÖLF JAHREN Ich hab Durst.

DER VATER Du solltest nicht barfuß rumlaufen, der Boden ist kalt. Geh ins Bett.

FRANÇOISE MIT ZWÖLF JAHREN Du siehst so komisch aus. So traurig.

DER VATER Meine Kleine.

FRANÇOISE MIT ZWÖLF JAHREN Was machst du?

DER VATER Meine Hübsche. Meine hübsche kleine Françoise. Du bist mein Liebling. Meine süße kleine Stupsnase.

FRANÇOISE MIT ZWÖLF JAHREN Papa! Hör auf! Faß mich nicht an! Ich mag das nicht. Hör auf damit oder ich schreie!

DER VATER Hehe, darf man nicht mal mehr einen Scherz machen?

FRANÇOISE MIT ZWÖLF JAHREN Du darfst mich nicht so anfassen. Das ist nicht recht so. Ein Papa darf sowas nicht.

DER VATER Die will mir hier noch eine Lehre erteilen, diese dumme Gans.

FRANÇOISE MIT ZWÖLF JAHREN Geh ins Bett!

DER VATER Du plusterst dich ja ganz schön auf! Herrgott ...

Der Vater geht hinaus. Agnès als junges Mädchen erscheint, sie betrachtet Françoise mit zwölf Jahren, die mit großen Schlucken ein Glas Wasser trinkt. Schweigen. Das Bild bleibt stehen.

11. Szene

Agnès als junges Mädchen betrachtet Françoise mit zwölf Jahren. Unbewegliches Bild. Ludovic und Agnès als Erwachsene erscheinen. An anderer Stelle erscheint Pierre.

LUDOVIC Aber hast du es denn gesehen?

AGNÈS ALS ERWACHSENE Ja.

LUDOVIC Und du hast nie was davon gesagt?

AGNÈS ALS ERWACHSENE Ich stand versteckt, hinter der Tür, und habe alles beobachtet. Von der ersten Berührung an hätte ich dazwischengehen können, und ich habe mich nicht gerührt. Wie gebannt habe ich auf Françoise geschaut, die neben ihm so zerbrechlich wirkte, das war ich selbst ... Ich hoffte, alles würde sich wiederholen ... Ich habe nichts getan, um es zu verhindern. Wie 'ne Voyeurin war ich auf Besuch in meinem früheren Leben, mehr tot als lebendig, und was ich zu sehen bekam, war genau das Gegenteil! Ich habe gesehen, wie Françoise sich aufrichtete, ich habe gesehen, wie der Mann zurückwich, bleich wurde, schwankte. Mein Blut erstarrte zu spitzen Korallen. Ich habe mir nämlich gewünscht, daß er sie auch vergewaltigt! Daß sie das auch zu spüren bekommt! Daß auch sie verloren wäre! Ohne Kraft, ohne Beistand! Auch sie geopfert!

LUDOVIC Nein! Das hast du dir nicht gewünscht.

AGNÈS ALS ERWACHSENE Doch.

LUDOVIC Ich habe genug von dieser Geschichte, Agnès. Mehr als genug. Dein Vater, dein Vater! Ich halte das nicht mehr aus.

AGNÈS ALS ERWACHSENE Zum ersten Mal habe ich den Mut, dir dieses furchtbare Geheimnis anzuvertrauen: Ich habe beobachtet, wie er meine Schwester begrapschte, und da habe ich mir gewünscht ...

LUDOVIC Hör auf damit! Du redest dir das noch ein.

AGNÈS ALS ERWACHSENE Ich fühlte mich so allein. Es war so ungerecht. Ich war völlig allein. Gezeichnet. Verdammt. Am Ende.

LUDOVIC Sei still!

AGNÈS ALS ERWACHSENE Auch schuldig. Schuldig, weil ich geschwiegen und mich unterworfen hatte. Weil ich vor dem Schrecken kapituliert hatte. Schuldig. Ich fühlte mich schuldig, in kleinen Fetzen, und hoffte auf einen Beweis.

LUDOVIC Ich verstehe nichts von dem, was du da erzählst.

AGNÈS ALS ERWACHSENE Auf den Beweis für meine Unschuld. Auf den Beweis, daß jeder Widerstand unmöglich war, den Beweis, daß alle Mädchen so von ihrem Vater kaputtgemacht werden, den Beweis, daß wir alle da durch mußten, gesetzmäßig und unter Stillschweigen. Ein verborgener Initiationsritus. Alte Barbarei der Zivilisation. Der Spezialtod für die kleinen Mädchen. Ja, das hätte ich als Trost empfunden, zu erfahren, daß alle kleinen Mädchen, alle, ohne Ausnahme ...

LUDOVIC Das ist ungeheuerlich! Daß du sowas hast denken können, auch nur einen Augenblick lang, das ist ungeheuerlich.

AGNÈS ALS ERWACHSENE Ja, ich bin ein Ungeheuer, lieber Schatz. Du schläfst mit einem Ungeheuer.

LUDOVIC Agnès, ich brauche Luft.

AGNÈS ALS ERWACHSENE Welchen Sinn hat die Liebe, wenn du mir liebevoll zuhörst und nichts verstehst?

LUDOVIC Agnès.

AGNÈS ALS ERWACHSENE Er hat mich gevögelt, vier Jahre lang, mehrmals im Monat, ist das nicht auch ein klein bißchen ungeheuerlich? Ich habe da ja mitgemacht? Denkst du das? Sag! Ich war in den Schmutz gezogen? Ein fauliges Etwas, das nach Vergewaltigung und Inszest stank?

LUDOVIC Agnès!

AGNÈS ALS ERWACHSENE Agnès, deine Heilige! Deine Jungfrau! Deine Märtyrerin!

LUDOVIC Du gehst mir auf den Geist!

AGNÈS ALS ERWACHSENE Ich bin Agnès, sieh mich genau an.

LUDOVIC Hör mal, paß auf, ja.

AGNÈS ALS ERWACHSENE Agnès, erinnerst du dich?

LUDOVIC Laß mich bitte mal Luft holen.

AGNÈS ALS ERWACHSENE Agnès! die, die vier Jahre lang Freudenmädchen gewesen ist, für einen Mann, der ihr Vater war. Das mußt du dir irgendwie reinziehen, Mann. Ich war seine Nutte. Seine Nutte.

LUDOVIC Ich kann nicht mehr.

Ludovic geht hinaus.

AGNÈS ALS ERWACHSENE Ludovic!

Agnès als junges Mädchen läuft hinter Ludovic her und hinaus. Françoise mit zwölf Jahren verschwindet. Pierre nähert sich Agnès als Erwachsener.

12. Szene

1992, am Meer. Pierre und Agnès als Erwachsene. Weingläser und Flasche.

AGNÈS ALS ERWACHSENE Das war der Adoptivsohn meiner Tante. Wir sind uns kurz vor dem Prozeß begegnet. Eine chaotische Zeit. All der erstarrte Schmerz kam wieder raus. Ludovic war so geduldig ... Er hatte eine zarte Haut. Später haben wir dann geheiratet ...

Dunkel.

3. AKT

1. Szene

1992, am Meer. Agnès als Erwachsene und Pierre. Weingläser und Flasche.

AGNÈS ALS ERWACHSENE Sobald wir in ihrem Haus auf dem Land angekommen waren, gab Tante Hélène mir ein eigenes Zimmer, mein Zimmer. Darin standen Blumen ... und Bücher ... es gab eine Tür, die ich hinter mir zumachen konnte, und ein Badehandtuch für mich ganz allein, ich war vollkommen überwältigt. Kein Geschrei in der Luft. Keine Bedrohung. Ludovic kam und klopfte an meine Tür. Wir kannten uns erst seit ein paar Stunden. Ich fand ihn friedlich. Er schlug vor, mir die schöne Aussicht oben vom Hügel zu zeigen. Ich ging mit. Der Weg verlief in vielen Biegungen mitten durch die Tannen. Ich vergaß das schwere Gefühl in meinem Bauch. Wir marschierten munter drauflos. Ludovic erzählte mir lauter verrückte Geschichten. Wir kamen an Stellen vorbei, wo es wunderbar duftete. Vogelschreie. Knisternde Farnkräuter. Wir ließen den Wald hinter uns und kamen oben auf dem Hügel an ...

2. Szene

1973, auf dem Land. Agnès als junges Mädchen und Ludovic, auf dem Hügel.

LUDOVIC Agnès? Du weinst ja ... Warum denn?
AGNÈS ALS JUNGES MÄDCHEN *schluchzend* Das ist alles viel zu schön hier ... Viel zu schön ... Auf einmal ... Es ist so schön hier ... Keine einzige Mauer ... Guck mal ... Keine Mauer ...

LUDOVIC Wein doch nicht!

AGNÈS ALS JUNGES MÄDCHEN *immer noch schluchzend* Es ist so schön ... So schön ... Viel zu schön ...

LUDOVIC Agnès ...

AGNÈS ALS JUNGES MÄDCHEN *versucht, sich zu beruhigen* Sag ... Sag mir irgendwas ... Sprich mit mir ...

LUDOVIC Siehst du die kleinen blauen Blumen da, die Vergißmeinnicht, die mag ich am liebsten. Wie Stückchen vom Himmel, die auf die Wiese gefallen sind. Findest du nicht? *Agnès hatte sich ein kleines bißchen beruhigt und wird nun aufs Neue von Schluchzern geschüttelt* Agnès! Hör doch auf zu weinen ...

AGNÈS ALS JUNGES MÄDCHEN *schluchzend* Ich weiß nicht mal, wie die Blumen heißen ... Nichts ... Ich habe nichts gelernt ... Mein Gedächtnis ist tot ... Ich kann nichts behalten ... Sie haben mir nichts beigebracht ... Nicht mal, wie die Blumen heißen ...

LUDOVIC Agnès ...

AGNÈS ALS JUNGES MÄDCHEN *immer heftiger schluchzend* Sprich mit mir ... Ludovic ... Rede ...

LUDOVIC Warum weinst du?

AGNÈS ALS JUNGES MÄDCHEN *kommt wieder zu Atem* Was ist das da unten? Die roten?

LUDOVIC Das ist Mohn.

AGNÈS ALS JUNGES MÄDCHEN *lacht unter Tränen* Ach, natürlich! Mohn. Ich bin blöde! Sie fängt an zu schluchzen Oh! ... Ich bin blöd! ... Ich bin blöd!

Sie läuft weg. Ludovic läuft ihr nach.

LUDOVIC Agnès!

3. Szene

1973. Françoise mit zwölf Jahren ist mit einer Gitarre bewaffnet und singt, wobei sie einige erbarmungslose Akkorde anschlägt. Die Großmutter hört ihr zu und ist im siebten Himmel.

FRANÇOISE MIT ZWÖLF JAHREN
So ist das Unglück, es kommt wie der Regen
Das ist dein Schicksal, du kannst nichts dagegen
Schon seit dem Anfang aller Zeiten
Hört man das als Trost von den Leuten

Zwangsläufig Leiden, die dich bedrängen
Morgens läßt du den Kopf schon hängen.
Und wird es Mittag, dann weinst du schon
Über dein Leben, das fliegt dir davon

Abends kriecht die Verzweiflung hervor
Schwarze Reime wispern im Chor
Nie daran denken: In früheren Tagen
Reichte es, einmal nein zu sagen

Nein sagen können, wenn es sich so fügt
Nein sagen können, wenn man dich belügt
Eh sie dich fangen in ihren Netzen
Mit ihren Drohungen dich verletzen

Nein sagen können, nein nein und nein

Der Vater taucht auf.

DER VATER Was ist denn hier für 'n Radau?
DIE GROSSMUTTER Sie singt wie eine Nachtigall. Und die Texte erfindet sie selber. Unsere Françoise ist eine wahre Dichterin!
DER VATER Könnte sie vielleicht meinen Mittagsschlaf respektieren? Ein bißchen Respekt, Herrgottnochmal!

DIE GROSSMUTTER Das ist deine einzige Rettung: pennen. Dein ganzes Leben verpennst du, und kapierst nullkommanichts von gar nichts …

DER VATER Mama …

DIE GROSSMUTTER Alter Dummerjan.

DER VATER Mama!

DIE GROSSMUTTER Ich bin eine alte Ziege, und ich meckere wie es mir paßt, mein Junge. Du willst immer nur schlafen, bis du völlig verblödet bist!

DER VATER *zu Françoise mit zwölf Jahren* Steh da nicht rum wie festgenagelt! Geh, mach deine Hausaufgaben!

DIE GROSSMUTTER Wie redest du eigentlich mit deiner Kleinen? Kriegst du da nicht selber das Gruseln?

DER VATER *zu Françoise mit zwölf Jahren* Ab in dein Zimmer!

Françoise geht hinaus.

DIE GROSSMUTTER Despot!

DER VATER Mama! Dies Haus gehört mir, hier sage und mache ich, was ich will.

DIE GROSSMUTTER Du bist doch genau von derselben Sorte wie dein Vater!

DER VATER Sag sowas nicht! Sag sowas nicht! Willst du mich wahnsinnig machen? *Die Großmutter geht hinaus* Mama!

Der Vater geht hinaus.

4. Szene

1973. Hélène und Agnès als junges Mädchen. Hélène liest Zeitung.

AGNÈS ALS JUNGES MÄDCHEN Hélène?
HÉLENE Ja. Willst du die Zeitung?
AGNÈS ALS JUNGES MÄDCHEN Nein.
HÉLENE In deinem Alter solltest du dich aber schon dafür interessieren.
AGNÈS ALS JUNGES MÄDCHEN Zeitungen sind nur schmutziges Papier.
HÉLENE Da steht drin, was los ist in der Welt.
AGNÈS ALS JUNGES MÄDCHEN Weißt du, was bei mir zu Hause los ist?
HÉLENE Bei dir zu Hause, das ist nicht der Nabel der Welt.
AGNÈS ALS JUNGES MÄDCHEN Ach.
HÉLENE Du könntest doch mal versuchen, zu verstehen, was woanders so passiert.
AGNÈS ALS JUNGES MÄDCHEN Das ist mir scheißegal, was woanders passiert. Das steht mir nicht im Weg!
HÉLENE Du redest wie eine verwöhnte Göre.
AGNÈS ALS JUNGES MÄDCHEN Eine verwöhnte Göre? Hör auf, du tust mir weh! Wer bist du denn eigentlich? Glaubst du, ich küß dir die Füße, nur weil ich hier zwei Wochen lang in so 'ner Traumbude rumgehangen habe, so 'nem geschmackvoll restaurierten Stall? Und daß ich jetzt wieder zurückfahre in mein Verlies? Oh, danke, Tante Hélène! Ihr habt mich gehätschelt wie eine richtige Weihnachtsgans. Was hat mein Vater dir bezahlt, damit du mich wieder aufpäppelst?
HÉLENE Du weißt ganz genau, daß dein Vater überhaupt nicht wollte, daß du herkommst. Du weißt ganz genau, wie sehr deine Mutter darum kämpfen mußte.
AGNÈS ALS JUNGES MÄDCHEN Warum hast du mich eingeladen?
HÉLENE Damit du an die frische Luft kommst.

AGNÈS ALS JUNGES MÄDCHEN Du hast ja keine Ahnung. Du versenkst dich in deine Bücher, in deine Zeitungen, die einem die Hände schwarz machen. Du kennst dich in den Tropen aus, aber du hast keine Ahnung. Du merkst überhaupt nichts. Du bist eine absolute Null.

HÉLENE Was merke ich nicht?

Pause.

AGNÈS ALS JUNGES MÄDCHEN Hélène ... ich will hierbleiben.

HÉLENE Deine Mutter ist schon unterwegs, um dich zu holen.

AGNÈS ALS JUNGES MÄDCHEN Du kannst mich adoptieren, wie Ludovic.

HÉLÈNE Was merke ich nicht? *Pause* Versuch bitte zu reden, Agnès. Du bist so stumm gewesen. Ein bißchen lokkerer mit Ludovic, aber ansonsten... *Pause* Du verstehst doch, daß ich dich nicht hierbehalten kann. *Pause* Was merke ich nicht? Sag es mir. Antworte, bitte.

AGNÈS ALS JUNGES MÄDCHEN Ich hab Scheiße im Mund.

Pause. Ludovic kommt herein.

LUDOVIC Deine Mutter ist da, Agnès. Ohlala, was macht ihr denn für Gesichter ... Was ist los?

Pause. Madeleine kommt herein.

MADELEINE Tag, ihr alle. Du siehst ja gut aus, mein Schatz. Hast du deine Sachen gepackt?

AGNÈS ALS JUNGES MÄDCHEN Nein.

MADELEINE Dann mach zu, schnell.

HÉLENE Trinken wir doch erstmal was, setz dich zu uns.

MADELEINE Ich kann mich nicht aufhalten, Hélène, keine einzige Sekunde. Lief alles gut?

HÉLENE Ja.

MADELEINE Dein Vater hat mir 'ne Szene gemacht, Agnès,

weil ich mit seinem Auto fahren wollte. Angeblich braucht er es, jedenfalls hat er gebrüllt, fast hätte er das ganze Haus in Aufruhr versetzt. Pack deine Sachen. Mach zu, schnell!

Agnès als junges Mädchen geht still hinaus. Ludovic folgt ihr.

HÉLENE Hat sie eigentlich ein gutes Verhältnis zu ihrem Vater?

MADELEINE Was weiß ich? Das Verhältnis zu ihrem Vater... In diesen beiden Wochen war es die Hölle mit ihm. Jetzt kriegen wir wohl endlich wieder Luft, wenn sie nach Hause kommt.

HÉLENE Hat er dich geschlagen? Guck mich an! Madeleine!

MADELEINE Er hatte er mich seit Jahren nicht mehr angefaßt.

HÉLENE Ich muß ja wohl bald annehmen, daß dir das Spaß macht. Warum verläßt du ihn nicht? Willst du dein Leben lang unglücklich sein? Hast du ein Gelübde abgelegt?

MADELEINE Du weißt ganz genau, daß ich einmal versucht hab, die Scheidung einzureichen; als Antwort hat er damals Agnès entführt, die war noch nicht mal drei Jahre alt. Er hat sich mit ihr in seinem Auto verbarrikadiert und gedroht, daß er sie umbringt, und danach sich selber, wenn ich ihn verließe.

HÉLENE Kann Agnès sich daran erinnern?

MADELEINE Diese Geschichten sind nicht gerade ruhmvoll, die vergißt man doch wohl besser. Guck mich nicht so an, du hast keine Ahnung, du bist nicht verheiratet. Er ist doch nicht der Schlimmste. Er hat es so schwer gehabt im Leben. Das ist eben seine Art zu lieben. Du hast keine Ahnung; für dich ist alles einfach.

HÉLENE Einfach?

MADELEINE Ich bleibe auch wegen der Mädchen. Die brauchen einen Vater. Er paßt gut auf sie auf. Und wovon sollen wir leben? Wenn ich hätte gehen müssen, wäre ich gegangen. Das kannst du nicht verstehen.

HÉLENE Nein, das kann ich nicht verstehen. Sich so gar nicht zu wehren!

Ludovic und Agnès als junges Mädchen kommen herein, sie trägt ihre Tasche.

AGNÈS ALS JUNGES MÄDCHEN Fertig.
MADELEINE Dann laß uns losfahren, schnell!
HÉLENE Was du mich da vorhin gefragt hast, Agnès ...
AGNÈS ALS JUNGES MÄDCHEN Zu spät, danke für die Ferien.
LUDOVIC Ich bring dich noch zum Auto.
AGNÈS ALS JUNGES MÄDCHEN Nein.
LUDOVIC Ich schreibe dir.
AGNÈS ALS JUNGES MÄDCHEN Nein!
MADELEINE Los, fahren wir, schnell!
AGNÈS ALS JUNGES MÄDCHEN *im Hinausgehen* Tschüß.
MADELEINE Auf Wiedersehen, Ludovic. Wenn du ihr schreibst, schreib keine Dummheiten. Ihr Vater liest alle Briefe.
HÉLENE Aber das ist doch nicht normal!
MADELEINE So ist das eben! Ich bitte dich! Bei uns ist das normal! Sie darf halt nur Briefe bekommen, in denen nichts steht, woran er Anstoß nehmen könnte!
HÉLENE Mado!
MADELEINE Danke, Hélène, danke. Auf bald.

Madeleine geht hinaus. Pause.

HÉLENE Agnès wollte nicht nach Hause zurück.
LUDOVIC Nein.
HÉLENE Ihr habt euch gut verstanden.
LUDOVIC Hmhm.
HÉLENE Sie ist reizend.

5. Szene

1973. Agnès als junges Mädchen und ihr Vater. Der Vater hält ein neues Kleid in den Armen.

DER VATER Gefällt dir das Kleid? Ewig lange habe ich rumgesucht in diesen Boutiquen, damit ich ein so schönes finde. Nun sag mal danke. Meine kleine Agnès ... mach dich nicht so steif. Du sperrst dich gegen jede Zärtlichkeit zwischen uns. Das wäre doch so schön, so 'n bißchen Streicheln, und Küssen, richtig lieb zueinander sein. Aber du, du bleibst hart, regelrecht feindselig. Hab ich dich etwa nicht lieb? Bin ich nicht der, der dich am meisten liebt? Ihr habt rumgefummelt, du und dein Cousin? Ja? Nein? Ludovic ... das kommt von ludus in Latein, das Spiel ... Spielzeug, oder Spieler ... Ludovic ... Hast du mir nichts zu erzählen? Nein? Probier das Kleid an!

Mechanisch zieht Agnès das Kleid über und und nacheinander die Jeans und ihren weiten Pulli aus, dabei achtet sie darauf, daß sie sich nicht entblößt. Das dauert lange. Der Vater betrachtet sie und redet dabei.

DER VATER Du hast es doch gern, wenn man dich rumkommandiert. Du bildest dir ein, du stehst unter meiner Fuchtel, aber in Wirklichkeit tanzt hier alles nach deiner Pfeife, dein Blick, dein Mund, deine Beine bestimmen, wo's lang geht. Zwei Wochen ohne dich, das war die Hölle. Sag, daß ich dir auch gefehlt habe! ... Habe ich dir gefehlt? Agnès ... Hör auf, so'n Gesicht zu machen, verdammtnochmal! Ich hab dich zur Frau gemacht. Du müßtest nur diese ganzen Tabus, diese ganzen Albernheiten über Bord werfen, und schon wärst du im siebten Himmel. Du bist jetzt groß, du mußt jetzt auch deinen Spaß haben, du darfst nicht länger kühl bleiben. Verstehst du mich? Du mußt dich entkrampfen. Komm, ich will ein paar Fotos machen, in deinem schönen neuen Kleid.

Der Vater faßt Agnès als junges Mädchen beim Arm und zieht sie mit sich.

6. Szene

1973. Madeleine allein. Sie blutet am Mund.

MADELEINE
Gott
gibt es unter deinen Heiligen
eine
die ganz und gar gefangen ist
vom Bösen besessen
eine, die nicht würdig ist ihres eigenen Gesichtes
die aller Unschuld entrissen ist, ganz und gar
Gott
gibt es eine Heilige, die so elend ist, daß ich wagen könnte
ihr mein Gebet anzuvertrauen
ihr meinen Kummer aufzuladen
Gott
deine Macht stößt uns ewig zurück
alles ist erst noch zu erfinden
in dieser Welt
ist die Hoffung viel zu langsam
Gott
ewig allmächtiger Verbündeter
ich kann nicht zu dir sprechen
ich kann nicht zu dir beten
ich kann nicht zu dir klagen
ich kann dich nur beklagen
denn du wohnst hoch oben über der Sonne
Gott
wie allein man ist auf deiner Erde
alles rückt von uns ab
alles läßt uns im Stich
alles vergißt uns
alles läßt uns in der allumfassenden Kälte zurück
unerbittlich
die Sterne entfernen sich
manche sind längst erloschen, die noch lebendig scheinen

Gott
mein Mund hat sich von Bitternis genährt
zu mir herabgefallen sind die Brosamen deiner Brosamen
ich, eine Armselige
ich, eine Frau
ich, erhoben in die tiefste Tiefe der Demut
eine Frau
erhoben in die tiefste Tiefe
Gott
ich war zum Schweigen geboren
und auf einmal träume ich
träume, und bin in meinem Traum
von Worten durchdrungen
Gott
ich bemächtige mich der Worte
die flüchtig wahrgenommenen Worte
die strahlenden Worte
die stolzen Worte
all die verweigerten Worte
und ich ordne sie
meine Klage vorzubringen
über dich
Gott
entdecken
diesen möglichen so tief vergrabenen Schrei

Pause.

Agnès! Françoise! *Agnès als junges Mädchen und Françoise mit zwölf Jahren erscheinen* Packt eure Sachen ... nehmt alles mit, was ihr gern habt ... wir gehen weg ...

7. Szene

1973. Der Vater und die Großmutter.

DIE GROSSMUTTER Nun beruhige dich! Herrgott! Du siehst aus, wie aus der Anstalt entwichen. Klar, sie haben dir übel mitgespielt, aber du bist ja auch nicht grade ein Engel.

DER VATER Wenn ich Madeleine zwischen die Finger kriege ...

DIE GROSSMUTTER Hör auf, hier rumzulaufen wie ein blindes Huhn!

DER VATER Hélène hat angerufen, um mich zu beruhigen ... wohl eher, um sich über mich lustig zu machen! Dieses falsche Miststück hält sie versteckt!

DIE GROSSMUTTER Beruhige dich, mein Junge.

DER VATER Ich mach mit ihr ein Treffen aus, wegen der Schulbücher, die Françoise vergessen hat, das ist ein guter Vorwand. Du folgst ihr, Mama, und versuchst, das Versteck rauszukriegen.

Sie gehen hinaus.

8. Szene

1973. Ludovic und Agnès als junges Mädchen.

LUDOVIC Du hast dich schon wieder angezogen?

AGNÈS ALS JUNGES MÄDCHEN Ich mag nicht so ohne was rumlaufen.

LUDOVIC Warum hast du mir nichts gesagt?

AGNÈS ALS JUNGES MÄDCHEN Was meinst du?

LUDOVIC Daß da schon einer vor mir war.

AGNÈS ALS JUNGES MÄDCHEN Ach so, ja! ... Da war schon einer vor dir.

LUDOVIC Wer?

AGNÈS ALS JUNGES MÄDCHEN Ich war zwölf, als das passiert ist. Ich mag nicht darüber reden.

LUDOVIC Zwölf?

AGNÈS ALS JUNGES MÄDCHEN Er war älter. Achmed hieß er. Er kam oft zu uns. Wir waren uns einfach nur sympatisch. Und dann ... als er mich vergewaltigt hat ... hat mein Vater ihn rausgeschmissen. Da war ich meine Unschuld los, das bleibt dann so für den Rest des Lebens. Wenn du unbedingt eine Jungfrau brauchst ...

LUDOVIC Verzeih, bitte.

AGNÈS ALS JUNGES MÄDCHEN Niemals verzeihen, Ludovic. Kämpfen.

Sie gehen hinaus.

9. Szene

1973. Ein kleiner Platz mit Bäumen und Bänken, der Vater wartet. Weiter weg die Großmutter. Hélène kommt.

HÉLÈNE Wo sind die Bücher?

DER VATER Hab ich vergessen. Sagen Sie Agnès, sie soll mich besuchen.

HÉLÈNE Darauf zählen Sie besser nicht.

DER VATER Dann sagen Sie ihr, wenn sie nicht kommt, packe ich aus ... Und zwar so gründlich, daß ihre Mutter sich umbringt.

Er läßt die verdutzte Hélène stehen und geht weg. Sie geht dann auch, die Großmutter folgt ihr.

10. Szene

1973. Agnès als junges Mädchen, Madeleine, Ludovic, Françoise mit zwölf Jahren, Hélène.

HÉLÈNE ... dann packe ich so gründlich aus, daß ihre Mutter sich umbringt.
Agnès geht abrupt hinaus.

MADELEINE Geh und rede du mit ihr, Hélène. Sie soll es dir sagen. Dir wird sie es sicher sagen. Aber setz sie bitte nicht unter Druck, bloß keinen Druck... Vielleicht steckt gar nichts dahinter.

Hélène geht hinaus, um nach Agnès zu suchen.

11. Szene

1973. Der Vater und die Großmutter.

DER VATER Hast du die Adresse?
DIE GROSSMUTTER So eine Verfolgungsjagd, mit meinem Kreislauf...
DER VATER Hat sie dich etwa reingelegt, die Großfürstin?
DIE GROSSMUTTER Sie hat nicht nur gespürt, daß sie verfolgt wurde, sie hat mir richtig gut gefallen, sie sieht beherzt aus.
DER VATER Gib mir die Adresse, Mama, bitte.
DIE GROSSMUTTER *reicht ihm einen kleinen Zettel* Da. Mach keine Dummheiten damit.

12. Szene

1973. Madeleine und Hélène.

MADELEINE Das ...
HÉLÈNE Doch. Er mißbraucht sie, seit mehreren Jahren.
MADELEINE Das ...
HÉLÈNE Doch.
MADELEINE Ich glaube das nicht.
HÉLÈNE Du weißt, daß es stimmt. Agnès wird ihn verklagen. Es wird zum Prozeß kommen. Nicht länger jammern, Mado. Kämpfen!

Ludovic kommt herein.

LUDOVIC Agnès ist weg.
HÉLÈNE Was sagst du?
LUDOVIC Agnès ist weg.

Dunkel.

4. AKT

1. Szene

1973. Agnès als junges Mädchen gefesselt auf einem Stuhl. Der Vater.

DER VATER Sag, daß du mich lieb hast. Ich bin dein Vater.
AGNÈS ALS JUNGES MÄDCHEN Ich hab nie einen Vater gehabt.
DER VATER Agnès!
AGNÈS ALS JUNGES MÄDCHEN Ich hatte immer nur einen Besitzer.
DER VATER Ich bin dein Vater! Sag, daß du mich lieb hast! Sag es! Mein armes Herzchen, meine Schöne, sag, daß du mich lieb hast, los. Ich bin mit mir selbst am Ende. Wenn du nicht ein bißchen Zärtlichkeit rausläßt, mache ich Schluß mit uns beiden. Danach werden sie uns dann runtertragen, uns beide zusammen, in unsere Gruft, dahin, wo die Familie sich wieder versöhnt, und sich neu zusammensetzt, und sich zersetzt, unter einem schweren Stein, sie tragen uns runter und legen uns in diese Höhlung voller Verwesungsgerüche ... dich und mich ... nebeneinander ... für alle Ewigkeit ... Und dann? Was weiß man schon? Was fühlt man dann? Agnès ... Mein Engel ...
AGNÈS ALS JUNGES MÄDCHEN Wir werden nie im selben Grab liegen, weil ich geredet habe. Ich bin ganz ruhig, weil ich geredet hab.
DER VATER Sag, daß du mich lieb hast! Nimm mir nicht meine einzige Hoffnung!
AGNÈS ALS JUNGES MÄDCHEN Mach dir keine Hoffnung.
DER VATER Ich bin dein Vater!
AGNÈS ALS JUNGES MÄDCHEN Ich wünschte, du krepierst.
DER VATER Du sagst die Worte nicht, die du mir schuldig bist. Sei lieb!

Er nähert sich ihr.

AGNÈS ALS JUNGES MÄDCHEN Ich hab dich nicht lieb.

Sie ist in seinen Händen, er würgt sie am Hals, immer stärker, sie atmet nicht mehr.

DER VATER Ich glaube, ich bin dabei, sie umzubringen. Ja. Nach mir keiner mehr. Meine Tochter.

Die Großmutter erscheint.

DIE GROSSMUTTER Mein Kleiner, mein Großer, mein Liebling, laß die Hände los. Ich bin alt und hab nicht genug Kraft. Laß die Hände los. Sie atmet noch, das Leben ist zäh, man hat soviel Mühe, euch auf die Welt zu bringen, laß die Hände los. Mein kleiner Bub, du bist stark, du bist sehr stark, nicht kaputtmachen, nichts überstürzen, laß deine Hände los. Ich hab Angst vor der Menge, die schreit und deinen Kopf fordert, laß die Hände los.

Der Vater läßt Agnès los und schüttelt sich wie ein wildgewordenes Tier im Käfig. Agnès bleibt leblos. Die Großmutter streichelt ihr über das Gesicht, dann versucht sie, sie loszubinden.

DIE GROSSMUTTER Agnès! Lieber Herr Jesus! Mein Häschen! Sie atmet ... Beruhige dich ... Sie atmet! ... Beruhige dich! ... Mir ist so schwindlig! ... Beruhige dich! ... Hör zu! ... Sie atmet, sie ist nur ohnmächtig! ... Beruhige dich! ... Ich kam her, um mit dir zu reden ... Ich habe Madeleine getroffen ... Was hast du getan? Agnès hat erzählt ...

DER VATER Lügen! Verschwörung! Alle hassen sie mich! Alle! Alle Weiber wollen mir an den Kragen!

DIE GROSSMUTTER Was für ein Anfall! Hast du Fieber? Warum hast du deine eigene Tochter entführt?

DER VATER Sie gehört mir!
DIE GROSSMUTTER Diese Knoten kriegt man einfach nicht auf! Ich hab schon ganz wunde Finger!
DER VATER Ich bin nicht verrückt!
DIE GROSSMUTTER Beruhige dich.
DER VATER Versteck mich, Mama! Du mußt mich verstekken!
DIE GROSSMUTTER Ich hab nichts als meine alte Knochen, mein Junge ... Wo sollte ich dich wohl verstecken? Also geh zur Polizei.
DER VATER Nein!
DIE GROSSMUTTER Gib auf.
DER VATER Ich bin unschuldig, die Welt, die ist schuld.
DIE GROSSMUTTER Gib auf, verflixt nochmal!
DER VATER *bricht zusammen* Mama!
DIE GROSSMUTTER Du hast bessere Karten, wenn du aufgibst, mein Kleiner, wie die Dinge jetzt liegen, ist das noch das kleinere Übel. Du wirst dich jetzt beruhigen, mein Herz ist wie Blei, und dann wirst du schön tun, was ich dir sage ...

Die Großmutter, der Vater und Agnès als junges Mädchen bleiben unbeweglich stehen, wie vom Schlag getroffen. Pierre und Agnès als Erwachsene erscheinen, sie betrachten die Szene, ihre Gläser sind leer. Pierre gießt den Rest aus der Flasche in das Glas von Agnès als Erwachsener, die Agnès als junges Mädchen einen Schluck zu trinken einflößt, diese öffnet die Augen.

2. Szene

1992, am Meer. Agnès als Erwachsene und Pierre.

AGNÈS ALS ERWACHSENE *zu Pierre* Ich habe die Augen aufgemacht, und da sah ich die Großmutter, die war aschfahl. Irgendwo im Dunkeln lag zusammengekrümmt mein Vater und schluchzte. Er schluchzte, da auf der Erde, und schlug den Kopf auf den Boden. Noch nie hatte ich ihn weinen sehen, und da ... Keinerlei Scham! Er wälzte sich in seinen Tränen, in seinem Rotz. *Kleine Pause.* Ich habe ihn verklagt. Danach die Polizei, die Ärzte, die Richter ... Alle diese peinlich berührten Herren haben mich untersucht. Sie wollten den Prozeß unter Ausschluß der Öffentlichkeit führen, weil ich minderjährig war. Minderjährig? Aber ich bin doch das Opfer! Ich brauche Licht! Meine ganze Kindheit hat sich unter Ausschluß der Öffentlichkeit abgespielt; von dem Prozeß erwartete ich, daß sich das ändert. Geduldig habe ich alle vorbereitenden Veranstaltungen mitgemacht, die polizeiliche Ermittlung, die medizinischen Gutachten, und sogar die Gegenüberstellung ... Denn mein Vater stritt ab, er stritt alles ab; alles, was ich enthüllte, stritt er ab. Am Tag der Gegenüberstellung hat er mich prompt mit seinem Blick fixiert. Sofort. Und ich bekam prompt keine Luft mehr. Mein Vater hatte seinen Rechtsanwalt als Beistand. Und ich war allein. Ja, allein zwischen den ganzen Männern. Allein mit meiner Angst. Denn, so absurd das auch klingen mag, ich war total verschreckt. Mein Vater trug ein kleines trauriges Lächeln zur Schau, und gleichzeitig riß er mich mit den Augen in Stükke. Ich klammerte mich mit meinem Blick an die Augen des Richters. Ich erstickte fast, ich konnte weder atmen noch sprechen noch irgendeinen klaren Gedanken fassen. Der Richter forderte mich auf, meine Aussagen zu wiederholen. Ich wollte am liebsten schlafen. Alle diese Männer warteten darauf, daß ich rede. Beim leisesten Zögern hätten sie triumphiert, hätten sie mich mit ihren Plädoyers erschlagen. Ich wäre am liebsten in Ohnmacht gefallen ...

3. Szene

1974. Der Vater und Agnès als junges Mädchen. Sie stehen. Der Vater sieht Agnès an, die sieht den Richter an.

AGNÈS ALS JUNGES MÄDCHEN Noch einmal, ich habe doch gerade alles geschildert ... Die Gebärden, die Sätze. Ich war mitten in ein Labyrinth versetzt. Ich war zwölf Jahre alt.

DER VATER Ich erkläre, daß ich unschuldig bin.

AGNÈS ALS JUNGES MÄDCHEN Ich fordere Gerechtigkeit.

DER VATER Du hast diese ganzen Horrorgeschichten hergesagt und dabei keine einzige Träne vergossen! Glaubst du, man nimmt dir das ab?

AGNÈS ALS JUNGES MÄDCHEN Am Anfang habe ich geweint. Jedesmal habe ich geweint. Und er sagte dann zu mir: »Weine nicht! Alles, was ich tue, ist nur zu deinem Besten.« Also darum – nein, keine einzige Träne mehr.

DER VATER Ich brauchte dir also nur zu sagen, du sollst nicht weinen, und schon hast du aufgehört! So ein Muster an Gehorsam! Glaubst du, man nimmt dir das ab?

AGNÈS ALS JUNGES MÄDCHEN Ich habe ständig geweint, aber ich habe alle Tränen für mich behalten, hier drin. Da sind sie noch. Alle.

DER VATER Lüg du nur! Lüg, bis du den Verstand verlierst. Aber statt hier soviel herumzulügen, sag doch die Wahrheit! Sag, daß du mich nie gemocht hast!

AGNÈS ALS JUNGES MÄDCHEN Aber das stimmt doch gar nicht! *Sie beherrscht sich wieder.* Ich habe meinen Vater geliebt, voller Vertrauen. Und e r hat mir in meinen Bauch ein kleines Mädchen genäht, das schreit, ein kleines Freudenmädchen, das vor sich hin schluchzt. Und heute und morgen und für immer fühle ich in meinem Bauch diese Last. Diese unbegreifliche, diese unglückselige Last ... diese Last, die so wehtut ... diese Last ... meines Vaters.

DER VATER Irgendwer lügt hier, irgendwer dreht durch! Bist du das denn überhaupt, Agnès? Bist du das, die hier so redet? Sag jetzt also die Wahrheit: Deine Mutter manipuliert dich. Gib es doch zu. Deine Mutter will die Scheidung. Deine Mutter hat mich schon immer verachtet. Sie ekelt sich vor meinem Geschlechtsteil, das weißt du ganz genau! *Plötzlich wütend* Oder du mußt es beweisen! Beweisen! Richtig beweisen! Res! Non verba! Hör auf, dich in Worte zu hüllen! Glaubst du, man nimmt dir das ab? Testis unus testis nullus! Die Welt dreht nicht so schnell durch. Mein Wort steht gegen die hingestotterten Anschuldigungen einer Göre. Ich bin meiner Familie immer treu gewesen, ich habe meine Tochter immer wie ein guter Vater geliebt, ich liebe sie, und ich erkläre, daß ich unschuldig bin.

4. Szene

1992, am Meer. Agnès als Erwachsene und Pierre. Weingläser und Flasche.

AGNÈS ALS ERWACHSENE Unter dem Druck seiner Worte war ich nicht mehr fähig zu denken. Vor seiner Verhaftung konnte ich manchmal nicht mehr, ich glaubte zu ersticken, und dann bekam ich meine Anfälle, wie man so sagt; ich schrie. Einmal mußte ich einfach irgendwie raus, und da bin ich auf das Brett vor dem Küchenfenster gesprungen; die Wohnung lag im achten Stock; mein Vater hat mich gepackt, ich hing schon in der Luft, und ich bin in die Küche zurückgefallen. Dies eine Mal hat er nicht gebrüllt, hat er mich nicht geschlagen, er zitterte am ganzen Leib. Und meine Mutter brabbelte drauflos: »Was fällt dir denn ein? Bist du verrückt? Agnès! Du bist verrückt!« Sie flehte mich förmlich an ... Sicherlich, es wäre einfacher gewesen, wenn ich verrückt gewesen wäre. Pierre! Du weinst?

PIERRE Können wir ein wenig auf die Terrasse gehen, an die frische Luft?

AGNÈS ALS ERWACHSENE Pierre ...
PIERRE Dem Meer zuhören, und uns halten, beieinander stehen, vor der Nacht.
AGNÈS ALS ERWACHSENE Soll ich aufhören?
PIERRE Nein.
AGNÈS ALS ERWACHSENE Aber du weinst!
PIERRE Ja.

Sie gehen zusammen hinaus auf die Terrasse.

5. Szene

Agnès als junges Mädchen erscheint mit einer sehr schönen Puppe. Langsam, beinahe zärtlich zieht sie sie aus, ein Kleidungsstück nach dem anderen, dann fesselt sie die Puppe, dann stößt sie ihr ein Messer in den Bauch, dann wirft sie sie auf den Boden und murmelt:

AGNÈS ALS JUNGES MÄDCHEN Ich werde mich nie verlieben.

Sie nimmt die Puppe wieder auf, wirft sie auf den Boden und murmelt:

AGNÈS ALS JUNGES MÄDCHEN Ich werde mich nie verlieben.

Sie nimmt die Puppe wieder auf, wirft sie auf den Boden und murmelt:

AGNÈS ALS JUNGES MÄDCHEN Ich werde mich nie verlieben.

Sie nimmt die Puppe wieder auf, wirft sie auf den Boden und murmelt:

AGNÈS ALS JUNGES MÄDCHEN Ich werde mich nie verlieben.

Sie nimmt die Puppe wieder auf, wirft sie auf den Boden und murmelt:

AGNÈS ALS JUNGES MÄDCHEN Ich werde mich nie verlieben.

Schließlich legt sie sich weinend über die Puppe. Polizisten haben den Raum bevölkert. Sie langweilen sich. Sie tragen Uniformen, aber man erkennt die Gesichter von Madeleine, Hélène, der Großmutter, der Chefin und des jungen Angestellten aus der Reinigung.

POLIZIST MIT DEM GESICHT VON MADELEINE Die beraten jetzt schon seit 'ner Ewigkeit ... ins Loch mit ihm; und dann Schluß damit!

POLIZIST MIT DEM GESICHT DER CHEFIN Er hat sich geschlagen wie ein Teufel.

POLIZIST MIT DEM GESICHT DER GROSSMUTTER Aber die Kleine hat nicht schlappgemacht.

POLIZIST MIT DEM GESICHT VON HÉLÈNE War auch besser so.

POLIZIST MIT DEM GESICHT VON MADELEINE Der hat vielleicht ein Mundwerk! Gestern hat er völlig rumgesponnen. Die ganze Welt hat er beschuldigt und konnte Mutter, Frau und Tochter nicht mehr auseinanderhalten.

POLIZIST MIT DEM GESICHT DER CHEFIN Und wenn er nun unschuldig ist?

POLIZIST MIT DEM GESICHT DES JUNGEN ANGESTELLTEN Der?

POLIZIST MIT DEM GESICHT DER CHEFIN Er hat nicht gestanden. Was haben wir denn für Beweise?

POLIZIST MIT DEM GESICHT DES JUNGEN ANGESTELLTEN Das Foto!

POLIZIST MIT DEM GESICHT DER CHEFIN Welches Foto?

POLIZIST MIT DEM GESICHT DES JUNGEN ANGESTELL-

TEN Die Aussage des Jungen! Das Foto! Aus der Reinigung!

POLIZIST MIT DEM GESICHT DER CHEFIN Dieses Foto habe i c h nie gesehen. Keiner hat es gesehen.

POLIZIST MIT DEM GESICHT DES JUNGEN ANGESTELLTEN Klar! Seine Chefin hatte es zerrissen.

POLIZIST MIT DEM GESICHT DER CHEFIN Behauptet er, dieser Junge. Das behauptet er ...

POLIZIST MIT DEM GESICHT VON MADELEINE Der übelste Witz ist ja wohl der Abgang der Großmutter. Drei Tage vor Prozeßbeginn macht das Herz nicht mehr mit ... Pech, sowas!

POLIZIST MIT DEM GESICHT DER GROSSMUTTER Die hat es wohl vorgezogen, sich aus dem Staub zu machen.

POLIZIST MIT DEM GESICHT DES JUNGEN ANGESTELLTEN Wer will ein Katjes?

POLIZIST MIT DEM GESICHT DER CHEFIN Das Foto, der einzige Beweisgegenstand, weg ... Die Großmutter, die als einzige gesehen hat, wie er versucht hat, sie zu erwürgen, gestorben ... Alles in allem liegt nicht viel gegen ihn vor.

POLIZIST MIT DEM GESICHT VON HÉLÈNE Fotos hätte man aber finden müssen ... Agnès hat doch erzählt, daß er ständig Fotos von ihr schoß.

POLIZIST MIT DEM GESICHT DER CHEFIN Und da war nichts! Da habt ihr's!

POLIZIST MIT DEM GESICHT DES JUNGEN ANGESTELLTEN Fotos beiseiteschaffen, das ist doch nun wohl einfach. Sehr einfach.

POLIZIST MIT DEM GESICHT DER CHEFIN Und wer, bitteschön, hätte die beiseitegeschafft?

POLIZIST MIT DEM GESICHT VON HÉLÈNE Der Vater, vor seiner Festnahme.

POLIZIST MIT DEM GESICHT DER GROSSMUTTER Die Großmutter! Denkt doch mal nach! Schmutzige Fotos von ihrer Enkelin, und ihr Sohn hatte sie aufgenommen ... Sie hat bestimmt alles durchgestöbert, die Fotos gefunden und verbrannt!

POLIZIST MIT DEM GESICHT DER CHEFIN Und dann ist sie abgekratzt, um ihre Ruhe zu haben. Was die Mutter angeht, die tritt als Nebenklägerin auf, stellt sich hinter ihre Tochter, und ihr findet das nicht ein bißchen faul?

POLIZIST MIT DEM GESICHT VON MADELEINE Faul? Eine Mutter, die ihre Tochter verteidigt?

POLIZIST MIT DEM GESICHT DER CHEFIN Bei solchen Prozessen stellen sich, statistisch gesehen, die meisten Mütter auf die Seite des Mannes.

POLIZIST MIT DEM GESICHT VON MADELEINE Ach, die Statistiken ...

POLIZIST MIT DEM GESICHT VON HÉLÈNE Warum willst du einfach nicht glauben, was Agnès sagt?

POLIZIST MIT DEM GESICHT DER CHEFIN Ich?

POLIZIST MIT DEM GESICHT VON HÉLÈNE Ja, du. Was regt dich denn so auf? Hast du etwa Angst davor?

POLIZIST MIT DEM GESICHT DER CHEFIN Angst? Das Wort kenne ich nicht!

POLIZIST MIT DEM GESICHT VON HÉLÈNE Und das Gefühl?

POLIZIST MIT DEM GESICHT VON MADELEINE Die Beratung ist zu Ende. Hören wir uns das Urteil an?

Die Polizisten verschwinden. Agnès als junges Mädchen liegt immer noch über ihrer Puppe.

6. Szene

Ohne Unterbrechung im Anschluß an das Vorhergehende. Agnès mit zwölf Jahren und Agnès als Erwachsene erscheinen und heben Agnès als junges Mädchen vom Boden auf. Sie halten sich alle drei eng umschlungen und bilden wieder den Chor. Die Puppe bleibt auf dem Boden liegen. Der Vater, Ludovic und Pierre erscheinen, jeder für sich allein. Pierre trägt einen Stadtanzug und liest aufmerksam in einer Akte.

AGNÈS ALS JUNGES MÄDCHEN mildernde Umstände
AGNÈS ALS ERWACHSENE sie verliert
AGNÈS ALS JUNGES MÄDCHEN mildernde Umstände
AGNÈS ALS ERWACHSENE sie weigert sich
AGNÈS ALS JUNGES MÄDCHEN mildernde Umstände
AGNÈS ALS ERWACHSENE sie lehnt ab

7. Szene

Ohne Unterbrechung im Anschluß an das Vorhergehende. 1974. Ludovic geht nahe an Agnès als junges Mädchen heran.

AGNÈS ALS JUNGES MÄDCHEN Mildernde Umstände? Nein. Ich war zwölf Jahre alt. Ich wußte von nichts. Ich kannte nicht mal die Worte. Inszest. Vergewaltigung.
LUDOVIC Ich bin da.
AGNÈS ALS JUNGES MÄDCHEN Hau ab.
LUDOVIC Agnès!
AGNÈS ALS JUNGES MÄDCHEN Mein Name ist beschmutzt.
LUDOVIC Du brauchst Ruhe.
AGNÈS ALS JUNGES MÄDCHEN Was heißt hier Ruhe? Kannst du machen, daß ich neu geboren werde?
LUDOVIC Ich liebe dich.
AGNÈS ALS JUNGES MÄDCHEN Du wirst dich immerzu an meinen Alpträumen verletzen.
LUDOVIC Wir werden sie bezwingen.
AGNÈS ALS JUNGES MÄDCHEN Jedesmal, wenn du mich anfaßt, schiebt sich mein Vater dazwischen.
LUDOVIC Hab Geduld.

Agnès als junges Mädchen hat sich von den beiden anderen Agnès-Figuren gelöst. Sie steht nah bei Ludovic.

AGNÈS ALS JUNGES MÄDCHEN Du wirst die Geduld verlieren.

LUDOVIC Nein.
AGNÈS ALS JUNGES MÄDCHEN Wetten?

Sie gehen zusammen hinaus. Agnès als Erwachsene entfernt sich von Agnès mit zwölf Jahren, die unbeweglich stehenbleibt. Pierre schaut von seiner Akte auf und sieht Agnès als Erwachsene an.

8. Szene

Ohne Unterbrechung im Anschluß an das Vorhergehende. 1992, am Arbeitsplatz. Während Pierre ihr von fern zusieht, zieht Agnès als Erwachsene einen eleganten Mantel über, den man bisher noch nicht gesehen hat. Sie legt sich sorgfältig einen Schal um, setzt einen Hut auf, zieht Handschuhe aus ihrer Tasche. Pierre nähert sich ihr.

PIERRE Agnès?
AGNÈS ALS ERWACHSENE Ja?
PIERRE Können wir nochmal über den Prozeß Delassouche sprechen?
AGNÈS ALS ERWACHSENE Nein.
PIERRE Ich verstehe Sie nicht, das ist doch ein interessanter Fall.
AGNÈS ALS ERWACHSENE Interessant! Was ist daran interessant? Die politischen Beziehungen und die Moneten von Herrn Delassouche?
PIERRE Das Vergehen, das man ihm zur Last legt, die komplexe Situation.
AGNÈS ALS ERWACHSENE Ich bin nicht in der Lage, diesen Fall zu übernehmen.
PIERRE Der Chef ist nicht dieser Meinung. Und ich auch nicht.
AGNÈS ALS ERWACHSENE Sie wollen mich doch nur, weil ich eine Frau bin.

PIERRE Wir schätzen Sie.

AGNÈS ALS ERWACHSENE *ruhig* Ja, das wäre doch delikat. Eine junge Rechtsanwältin, die sich abrackert, Herrn Delassouche zu verteidigen, diesen armen Mann, der ganz aus Versehen seine Tochter vergewaltigt hat ...

PIERRE Die Vergewaltigung ist nicht nachgewiesen.

AGNÈS ALS ERWACHSENE Ein Inzest mit einem vierzehnjährigen Mädchen, glauben Sie etwa, daß es da um eine Romanze geht?

PIERRE Sie sind plötzlich so blaß geworden ... Agnès?

AGNÈS ALS ERWACHSENE Ich hab in letzter Zeit nicht genug Schlaf gehabt.

PIERRE Agnès ...

AGNÈS ALS ERWACHSENE Lassen Sie mich!

PIERRE Ich wollte Sie nicht verletzen.

AGNÈS ALS ERWACHSENE Guten Abend, Pierre, bis morgen.

Sie gibt ihm die Hand und geht hinaus.

PIERRE Agnès!

Der Vater ist immer noch zu sehen, er bewegt sich nicht. Agnès mit zwölf Jahren, die unbeweglich dagestanden hatte, geht an Pierre heran und klettert in seine Arme, scheinbar ohne daß er das wahrnimmt. Der Kontakt zwischen den beiden ist sehr sanft.

PIERRE Eine merkwürdige Frau!

Er geht hinaus und trägt Agnès mit zwölf Jahren in seinen Armen. Der Vater bleibt allein, in seinem Gefängnis. Am Boden noch immer die zerstochene Puppe.

Dunkel.

5. AKT

1. Szene

1977, nachts. Agnès als junges Mädchen, sie ist auf, im Nachthemd, sie bekommt keine Luft. Ludovic erscheint, er ist verschlafen.

LUDOVIC Was treibst du denn heute nacht?

AGNÈS ALS JUNGES MÄDCHEN Ich ertrage es nicht mehr, daß du schläfst, das macht mich verrückt. Ich liege dicht neben dir, und du schläfst. Du merkst überhaupt nichts.

LUDOVIC Du redest zu viel.

AGNÈS ALS JUNGES MÄDCHEN Du schläfst. Ich könnte in deinen Armen sterben, du würdest nicht aufwachen. Morgen früh würdest du meinen Körper streicheln und nicht spüren, daß ich tot bin.

LUDOVIC Du sagst mir da ja schreckliche Dinge.

AGNÈS ALS JUNGES MÄDCHEN Ich muß reden.

LUDOVIC Du wirst immer schwieriger.

AGNÈS ALS JUNGES MÄDCHEN Wo gehst du hin?

LUDOVIC Schlafen.

AGNÈS ALS JUNGES MÄDCHEN Wenn du mich berührst, bist du dir dann sicher, daß du mich berührst? Bist du dir sicher, wer ich bin? Daß ich es bin, die du berührst? Und deine Hände? Bist du dir sicher, wem sie gehören? Sind das wirklich deine Hände?

LUDOVIC Du machst mich verrückt. Komm, leg dich hin, ich fall tot um vor Müdigkeit.

AGNÈS ALS JUNGES MÄDCHEN Er kommt raus, gut erholt.

LUDOVIC Wer?

AGNÈS ALS JUNGES MÄDCHEN Er. Genau dasselbe sagte er zu mir. Wort für Wort. »Du machst mich verrückt.«

LUDOVIC Dein Vater, dein Vater... Was ich auch mache, ich stoße mich immer an deinem Vater.

AGNÈS ALS JUNGES MÄDCHEN Er kommt raus, jeden Tag kann er jetzt rauskommen, er geht auf der Straße und pfeift sich eins, völlig frei.
LUDOVIC Denk nicht dran.
AGNÈS ALS JUNGES MÄDCHEN Wie soll ich das denn machen?
LUDOVIC Rede nicht drüber, dann denkst du auch nicht dran.
AGNÈS ALS JUNGES MÄDCHEN Er kommt raus.
LUDOVIC Er hat dafür bezahlt.
AGNÈS ALS JUNGES MÄDCHEN Nein.
LUDOVIC Vier Jahre!
AGNÈS ALS JUNGES MÄDCHEN Aus dem Gefängnis, in dem ich bin, komme ich nie wieder raus.
LUDOVIC Kannst du ihn nicht vergessen und mit mir leben?
AGNÈS ALS JUNGES MÄDCHEN An Françoise hätte er sich beinahe auch vergriffen.
LUDOVIC Spinn nicht rum.
AGNÈS ALS JUNGES MÄDCHEN Ich hab's doch selber gesehen.
LUDOVIC Spinn nicht rum.
AGNÈS ALS JUNGES MÄDCHEN Daß er's bei Françoise auch versucht hat, was ist daran denn erstaunlich?

Agnès mit zwölf Jahren und Agnès als Erwachsene erscheinen.

LUDOVIC Aber hast du es wirklich gesehen?
AGNÈS ALS JUNGES MÄDCHEN Ja.
LUDOVIC Und du hast nie was davon gesagt?
AGNÈS ALS ERWACHSENE
Zeugin
Voyeurin
voller Schmerz
und Zweifel an meiner Scham

AGNÈS ALS JUNGES MÄDCHEN *zu Ludovic* Ich habe mir gewünscht, daß er sie auch vergewaltigt ...
AGNÈS MIT ZWÖLF JAHREN sie auch
AGNÈS ALS JUNGES MÄDCHEN *zu Ludovic* Daß sie das auch zu spüren bekommt ...
AGNÈS MIT ZWÖLF JAHREN sie auch
LUDOVIC Agnès!
AGNÈS ALS JUNGES MÄDCHEN Ich bin ein Ungeheuer, mein Schatz. Du schläfst mit einem Ungeheuer.
LUDOVIC Agnès!
AGNÈS ALS JUNGES MÄDCHEN Welchen Sinn hat die Liebe, wenn du mir liebevoll zuhörst und gar nichts verstehst?
LUDOVIC Agnès!
AGNÈS ALS ERWACHSENE gevögelt, vier Jahre lang
AGNÈS MIT ZWÖLF JAHREN mehrmals im Monat
AGNÈS ALS JUNGES MÄDCHEN *zu Ludovic* Ich habe das ja mitgemacht? Denkst du das etwa?
LUDOVIC Agnès!
AGNÈS ALS ERWACHSENE *zu Ludovic* Agnès! Deine Heilige ...
AGNÈS MIT ZWÖLF JAHREN *zu Ludovic* Agnès! Deine Jungfrau ...
AGNÈS ALS JUNGES MÄDCHEN *zu Ludovic* Agnès! Deine Märtyrerin ...
LUDOVIC Du gehst mir auf den Geist!
ALLE DREI AGNÈSFIGUREN *zu Ludovic* Ich bin Agnès, sieh mich genau an.
LUDOVIC Hör mal!
ALLE DREI AGNÈSFIGUREN *zu Ludovic* Agnès!
LUDOVIC Paß auf, ja!
AGNÈS ALS JUNGES MÄDCHEN *zu Ludovic* Agnès, erinnerst du dich?
LUDOVIC Laß mich Luft holen.
AGNÈS ALS JUNGES MÄDCHEN Agnès! die, die vier Jahre lang Freudenmädchen gewesen ist, für einen Mann, der ihr Vater war. Das mußt du dir schon irgendwie reinziehen, Mann. Ich war seine Nutte.

AGNÈS MIT ZWÖLF JAHREN Seine Nutte.
LUDOVIC Ich kann nicht mehr.

Er geht hinaus. Agnès als Erwachsene und Agnès mit zwölf Jahren verschwinden. Agnès als junges Mädchen bleibt allein, sie bekommt keine Luft und versucht, ruhiger zu atmen.

2. Szene

1992, am Arbeitsplatz. Agnès als Erwachsene und Pierre.

PIERRE Agnès ...
AGNÈS ALS ERWACHSENE Ja?
PIERRE Ich möchte Ihnen schon seit langem sagen ...
AGNÈS ALS ERWACHSENE *schneidet ihm das Wort ab* Pierre! Ihnen wird es leid tun, wenn Sie jetzt weiterreden, mir wird es leid tun, wenn ich Ihnen zuhöre, und wir werden alle beide jämmerlich dastehen. Was wissen Sie über mich?
PIERRE Nichts. Oder alles. Ich weiß nichts über Ihre Herkunft, Ihre Vergangenheit, Ihr Leben, wir arbeiten seit Monaten Seite an Seite, und Sie erzählen nichts über sich, aber ich sehe Sie. In Ihnen steckt eine natürliche Würde, eine unbeugsame Lebendigkeit, ein brennender Stachel, und all das zieht mich an und hält mich zugleich auf Abstand. Sie umgeben sich mit einem schützenden Zauber. Lassen Sie mich ausreden! In jeder Ihrer Bewegungen spüre ich Feingefühl und zurückgehaltene Gewalt, und eine ebenso zurückgehaltene Sanftheit. Sie sind außerordentlich anders, Agnès, und Sie gefallen mir außerordentlich.
AGNÈS ALS ERWACHSENE *lächelnd* Was plappern Sie denn daher!
PIERRE Und wie Sie lächeln ...
AGNÈS ALS ERWACHSENE *hält sich zurück, um nicht noch stärker zu lächeln* Mal so, mal anders.

PIERRE Trotz all Ihrer Kraft, Sie überfordern sich selbst unendlich, indem Sie sich weigern, sich einzulassen.

AGNÈS ALS ERWACHSENE Mich einzulassen?

PIERRE Ja.

AGNÈS ALS ERWACHSENE Erklären Sie mir jetzt vielleicht auch noch, warum ich Ihnen überhaupt zuhöre?

PIERRE Weil ich Ihnen etwas über Sie erzähle.

AGNÈS ALS ERWACHSENE Ja, Sie reden wie ein Buch.

PIERRE Wie ein Mann. Gibt es in Ihrem Leben irgendwelche Liebhaber?

AGNÈS ALS ERWACHSENE Eine direkte Frage. Wollen Sie eine Antwort darauf?

PIERRE Na los.

AGNÈS ALS ERWACHSENE Ich frage mich, warum ich immer noch allein mit Ihnen hier im selben Raum bleibe.

PIERRE Ist das Ihre Antwort?

AGNÈS ALS ERWACHSENE Aber nein! Meine Antwort... Liebhaber... Ja, mein Herr, ich hatte welche. Männer, sogar eine ganze Menge. Aber ich habe keinen mehr, und ich werde auch keinen mehr haben.

PIERRE Solange das Leben weitergeht, soll man nie sagen: »Brünnlein, Brünnlein, niemals werd ich aus dir trinken.«

AGNÈS ALS ERWACHSENE Kann man das auch dann nicht, wenn man viel getrunken hat, und es hat einem nie geschmeckt?

Kleine Pause.

PIERRE Nächsten Monat machen Sie Urlaub, nicht?

AGNÈS ALS ERWACHSENE Ja.

PIERRE Ich habe ein Haus gemietet, am Meer, da bin ich ganz allein ... mit Ihnen, wenn Sie Lust haben.

AGNÈS ALS ERWACHSENE *lächelt vage* Ein Haus am Meer, das klingt ein bißchen nach Klischee, oder?

PIERRE Gerade das ist reizvoll an der Sache, unter anderem.

AGNÈS ALS ERWACHSENE Sie müßten eine Frau einladen, die besser schwimmen kann.

PIERRE Ich lade nur Sie ein.

AGNÈS ALS ERWACHSENE Sagen Sie nicht: »Brünnlein, Brünnlein ...«

PIERRE Kommen Sie mit, wenn es Ihnen Spaß macht, ich gebe Ihnen die Adresse.

AGNÈS ALS ERWACHSENE Was ist das für ein Spiel?

PIERRE Sie sind viel zu schlau.

Er küßt sie, sie geht darauf ein. Ein langer leidenschaftlicher Kuß.

3. Szene

1977, Paris. Nachts auf der Straße. Ein junger Ausländer raucht eine Zigarette. Agnès als junges Mädchen erscheint, beladen mit Gepäck. Sie wendet sich an den jungen Mann.

AGNÈS ALS JUNGES MÄDCHEN Sie können mir auch nicht sagen, wo ich vielleicht schlafen könnte?

Der junge Ausländer antwortet in seiner Sprache: »Entschuldigen Sie bitte, ich spreche kein Französisch.«

AGNÈS ALS JUNGES MÄDCHEN Ich bin erst seit drei Tagen in Paris. Aus der Jugendherberge bin ich rausgeschmissen worden. Weil ich schreie. Ich mach das nicht extra. Ich schlafe schlecht. Sobald ich einschlafe, fange ich an, Schreie auszustoßen, ganz wilde Schreie, daß einem das Blut in den Adern gefriert. Haben sie mir gesagt. Ich höre das ja nicht. Aber ich wache mehrmals in der Nacht auf, so mit einem Ruck, und sobald ich dann wieder einschlafe, dann schreie ich. Ludovic hat gesagt, es wäre schwer, sich daran zu gewöhnen. Er hatte sicher recht. Die Mädchen, mit denen ich in einem Zimmer geschlafen habe, in der Jugendherberge, die haben sich auch nicht dran gewöhnt, sie haben mich rausgeschmissen.

Der junge Ausländer antwortet in seiner Sprache: »Wirklich, beim besten Willen, ich verstehe nicht ein Wort von dem, was Sie mir erzählen, Fräulein.«

AGNÈS ALS JUNGES MÄDCHEN Du siehst irgendwie wie 'n Engel aus. Vielleicht bist du sogar 'n Engel.

Der junge Ausländer antwortet in seiner Sprache: »Gute Nacht!«

AGNÈS ALS JUNGES MÄDCHEN Nein! Geh nicht weg! Warte! Ich hab begriffen. Okay. Jetzt weiß ich, daß du weggehen willst. Ich werd mich an den Gedanken gewöhnen, und dann kannst du gehen. Laß mir ein klein bißchen Zeit. Um die Angst loszuwerden, fehlt mir immer ein klein bißchen Zeit. Die Schreie nachts, das kommt von der Angst. Von der Angst einzuschlafen, von der Angst, daß mich einer im Schlaf überrascht und mich wegholt. Die Männer und die Frauen, die suchen einander, und sie sagen, sie suchen nach Liebe. Ich bin froh, daß ich dich kenne. Ich suche nichts. Ich will einfach nur aus allem raus. Ich bin nach Paris gekommen, weil ich aus allem raus will.

Der junge Ausländer hält ihr einen Flachmann hin und sagt in seiner Sprache: »Wollen Sie etwas trinken?«

AGNÈS ALS JUNGES MÄDCHEN *nimmt die Flasche* Du bist der erste, der mit mir redet, seit ich hier bin.

Sie gibt ihm den Flachmann zurück, nachdem sie getrunken hat. Er trinkt, dann streckt er ihr die Hand hin und sagt in seiner Sprache: »Möge das Leben angenehm für Sie sein.«

AGNÈS ALS JUNGES MÄDCHEN *schüttelt ihm die Hand* Ich muß sehen, wie ich durchkomme. Alles ist vorbei. Seit Ludovic weg ist, will ich keine einzige Visage aus meiner Vergangenheit mehr sehen. Das habe ich beschlossen. Ich muß Arbeit finden, hier. Mit dem Studium hab ich aufgehört. Ich fühl mich so festgenagelt. In meinem Kopf ist ein völlig verfranster Faden. Klar bin ich total am Boden, aber ich werd nicht mein Leben lang andauernd um Hilfe rufen. Das sage ich nur dir, denn für mich bist du mein Engel. Verstehst du?

Der junge Ausländer antwortet in seiner Sprache: »Noch einen kleinen Schluck?« Er hält ihr den Flachmann hin.

AGNÈS ALS JUNGES MÄDCHEN Ja, noch einen kleinen Schluck.

Sie trinkt und gibt dann den Flachmann zurück. Der junge Ausländer sagt ihr in seiner Sprache: »Ich muß zurück ins Hotel. Wir haben uns gestritten, meine Freundin und ich. Aber es ist kein sehr schlimmer Streit. Ich bin nur mal eben rausgegangen, um eine Zigarette zu rauchen. Wenn ich länger draußen bleibe, wird der Streit größer. Ich wünsche dir Glück. Bestimmt gibt es irgendwo Glück für dich.«

AGNÈS ALS JUNGES MÄDCHEN Jaja.

Der junge Ausländer ist verschwunden. Agnès keucht unruhig, sie versucht sich zu beruhigen, nimmt dabei aber schon ihr Gepäck wieder auf. Sie geht.

4. Szene

1992, am Meer. Morgens. Agnès als Erwachsene und Pierre.

PIERRE Hast du gut geschlafen?
AGNÈS ALS ERWACHSENE Oh ja! So gut wie noch nie. Kein Alptraum, lange wachgelegen hab ich auch nicht ...
PIERRE Ich hab auf der Terrasse Frühstück gemacht.

AGNÈS ALS ERWACHSENE Pierre! Ich möchte dir was sagen, aber ich weiß nicht wie ... Mit dir bin ich gestern zum allerersten Mal dahingelangt, wo ... ich hatte längst allen Mut verloren, darauf zu hoffen.

5. Szene

1979, Paris. Ein Mann mit Hut, der gerade seine Kreditkarte und Geld in der Brieftasche verstaut. Agnès als junges Mädchen taucht auf. Sie packt den Mann beim Arm.

AGNÈS ALS JUNGES MÄDCHEN Komm! Ich hab noch nie mit 'nem Typ Spaß gehabt. Keine Panik! Dein Geld will ich gar nicht. Ich will nur den Rausch. Du fühlst dich überfordert? Du ekelst dich vor mir? Bist du stumm? Oh, der Mann mit dem weichen Hut. Wo gehst du denn hin? *Er versucht, sich loszumachen, Agnès schwenkt eine Schnapsflasche, sie bedroht ihn* Gib mir die Knete. Deine Knete!

Er gibt ihr Geld, dann läuft er weg. Agnès trinkt in einem Zug die Flasche leer. Sie läßt sich auf den Boden fallen. Sie betrachtet die neuen Geldscheine. Sie brennt einen der Scheine an, die Großmutter erscheint.

AGNÈS ALS JUNGES MÄDCHEN Großmutter! Aber du bist doch tot.
DIE GROSSMUTTER Ich komm nur mal eben, um dich ein bißchen in den Arm zu nehmen. Wo es hier doch gerade so schön dunkel ist.
AGNÈS ALS JUNGES MÄDCHEN Ich muß zuviel leiden, ich kann nicht mehr. Nimm mich mit. Ich zerschlage jetzt einfach diese Flasche, ich schneid mir die Pulsadern auf, und das Blut, das da drin erstickt, kann dann endlich raus ... Großmutter! Großmutter, wo bist du denn?

Sie brennt einen weiteren Schein an, die Großmutter erscheint wieder.

DIE GROSSMUTTER Warum willst du dir was antun?

AGNÈS ALS JUNGES MÄDCHEN Es passiert mir einfach nichts. Ein Tag folgt dem anderen, und die Nächte genauso, und die Männer auch. Nichts kommt an mich ran. Ich scheure mich an allem, ohne Scham, ohne Angst, und ich fühle nichts, nichts, gar nichts, außer daß ich verdammt Lust habe, sie bezahlen zu lassen für das, was sie mir klauen, all die Typen, die mich nicht mit zu sich nehmen wollen. Großmutter?

Sie brennt einen weiteren Schein an, die Großmutter erscheint wieder.

AGNÈS ALS JUNGES MÄDCHEN Ich verbiete dir, daß du ohne mich abhaust!

DIE GROSSMUTTER Papperlapapp ... Einem alten Gespenst gibt man keine Befehle.

AGNÈS ALS JUNGES MÄDCHEN Ich bin eine totale Niete.

DIE GROSSMUTTER Steh auf! Mach dich an die Arbeit! Du hast doch mal davon geträumt, Rechtsanwältin zu werden, willst du dem jetzt nur noch verbittert nachtrauern?

AGNÈS ALS JUNGES MÄDCHEN Mein Studium hab ich sausen lassen.

DIE GROSSMUTTER Bist du nicht am Leben? Kannst du nicht alles werden?

AGNÈS ALS JUNGES MÄDCHEN Was werden? In meinem Alter? Damit ist es aus! Ich bin 22!

DIE GROSSMUTTER Nun hab mal ein bißchen Vertrauen! Dein Boot kommt schon noch auf's freie Meer.

AGNÈS ALS JUNGES MÄDCHEN Laß mich nicht hier allein, mit lauter Rätseln um mich rum! Großmutter!

Agnès brennt ihren letzten Geldschein an. Die Großmutter erscheint wieder.

DIE GROSSMUTTER Leben ist eben schwierig. Trau dich. Trau dich, mit all deiner Kraft. Deinen Vater, den holt der Tod. Du darfst dir das Leben nicht von sowas Vergänglichem vergiften lassen. Du darfst den Unsegen nicht ewig verlängern. Ich rede zu dir von weit weg, und ich sage dir ins Ohr: In deinen Händen liegen alle Schlüssel zur Welt. Schüttel nicht den Kopf. Ich bin doch nicht extra als Gespenst hierhergekommen, um mitanzusehen, wie du den Kopf schüttelst. Der Tag bricht an, ich muß weg. Lebe. Denk daran: Die Freude ist wie der Tau am Morgen.

Die Großmutter verschwindet und läßt Agnès als junges Mädchen allein.

6. Szene

1992, am Meer. Pierre und Agnès, ohne Gläser und ohne Flasche.

AGNÈS ALS ERWACHSENE Eines Tages habe ich die Wörter für Liebe alle in einen Schuhkarton getan und vergraben.
PIERRE Wirklich?
AGNÈS ALS ERWACHSENE Ja. Ich hatte sie auf kleine gelbe Zettel geschrieben. Alle Wörter, die ich für Liebe kannte. Je eins auf einen Zettel. Und alle vergraben.

Pause.

PIERRE Du erzählst mir zum ersten Mal von Deiner Vergangenheit.
AGNÈS ALS ERWACHSENE Ja.
PIERRE Komisch, du siehst plötzlich so traurig aus! Kommt das, weil die Ferien zu Ende sind? Morgen fahren wir von hier weg, aber ein Ende ist das ja nicht, weil wir zusammen wegfahren. Wir fahren doch zusammen weg, oder? *Pause*

Was ist los? *Pause* Agnès? *Pause* Was verstört dich denn so? Du bist still ... so voller Sorge ... Einen Monat lang habe ich keinen Schatten auf deinem Gesicht gesehen.

AGNÈS ALS ERWACHSENE Einen Monat ...

PIERRE Ich hol uns jetzt eine Flasche Wein, und dann mach ich dir einen Heiratsantrag.

Er geht hinaus. Agnès bekommt keine Luft, sie versucht, ruhig zu atmen, faßt sich wieder und fängt an, vor sich hin zu singen. Pierre kommt mit einer Flasche und zwei Gläsern zurück.

PIERRE Na, hast Du 'n Blues?

AGNÈS ALS ERWACHSENE *kann ein Lächeln nicht unterdrücken* Ach, das stammt von meiner Schwester! Als sie klein war, wollte sie unbedingt 'n Schlagerstar werden, sie hat selber Lieder komponiert, mit Schwung, auf ihrer Gitarre, die Melodien und die Texte. Eins geht mir plötzlich im Kopf rum. Willst du's hören?

PIERRE Ja.

AGNÈS ALS ERWACHSENE *trällert und macht pantomimisch das Gitarrenspiel von Jugendlichen nach*

»Wer weiß schon wann, ja wer weiß schon, wann
Du plözlich vor mir stehst,
Auf meinem Weg, da auf meinem Weg
Durchs Leben?
Ich glaub nicht dran, nein ich glaub nicht dran,
Daß du mich auch verstehst
Zuviel steht im Weg, zuviel ging mir schon daneben«

Sie hört auf zu singen, sichtlich ein wenig bewegt. Pierre macht sich daran, die Flasche zu entkorken.

PIERRE Und was ist aus deiner Schwester geworden, mit so einer Begabung?

AGNÈS ALS ERWACHSENE Ich weiß es nicht. Bitte frag mich nicht aus! Ich muß jetzt fahren. Ich fahre ab. Sofort. Ich habe Angst, ich könnte verlieren. Ich hätte die Mauer nicht durchbrechen dürfen. Du kannst nichts dafür. Ich fühle mich wie tot.

PIERRE Du bist am Leben.

AGNÈS ALS ERWACHSENE Völlig wehrlos.

PIERRE Du bist am Leben. Und ich möchte bei dir sein.

AGNÈS ALS ERWACHSENE Ich muß hier weg.

PIERRE Nein.

AGNÈS ALS ERWACHSENE Ich muß weg. Schnell. Ich will daran glauben. Glauben, mit kindlicher Einfalt glauben. Es gibt kein Liebeswunder. Letzte Nacht hab ich von dir geträumt. Ein dämlicher Traum. Du bist gekommen und hast mich befreit.

PIERRE Wovon? Von wem?

AGNÈS ALS ERWACHSENE Ich fahre. Nicht, daß ich mir wünschte, Dich nicht zu kennen. Aber ich muß hier weg.

PIERRE Agnès!

AGNÈS ALS ERWACHSENE Laß mich fahren!

PIERRE Ich meine, du kannst jetzt unmöglich wegfahren.

AGNÈS ALS ERWACHSENE Soviele Dinge geschehen, die man für unmöglich hält.

PIERRE Hast du denn wirklich Lust wegzufahren?

AGNÈS ALS ERWACHSENE Lust?

Er berührt ihr Gesicht. Sie lacht unvermittelt.

PIERRE Um deiner selbst willen, komm raus aus deinem Schweigen. *Pause* Ich bin kein Traum. *Pause* Wo hast du den bloß vergraben, diesen verdammten Schuhkarton.

AGNÈS ALS ERWACHSENE Welchen Schuhkarton?

PIERRE Den mit den gelben Zetteln.

Agnès lacht, seufzt, geht im Zimmer auf und ab, schüttelt mit dem Kopf. Sie bleibt stehen, sie ist völlig entsetzt.

AGNÈS ALS ERWACHSENE *murmelt* Hilfe!

Sie lacht. Pierre entkorkt die Flasche, es ertönt das bekannte »Pok«. Er füllt die beiden Gläser, hält eines Agnès hin. Sie stoßen an. Agnès lacht.

AGNÈS ALS ERWACHSENE Oh! Worauf man im Leben so alles anstößt ... und woran! *Pause. Pierre betrachtet sie* Du, verschluck mich nicht mit den Augen!

Sie lacht unsicher.

PIERRE Du mußt jetzt reden, die Liebe verlangt das. Vor dem Unausgesprochenen löst sich die Liebe auf und stirbt.
AGNÈS ALS ERWACHSENE Ich soll dir mein Leben erzählen?
PIERRE Ja.

Sie lacht.

AGNÈS ALS ERWACHSENE Ist aber lang, die Geschichte von so 'nem kleinen Mädchen.
PIERRE Wir haben Zeit.
AGNÈS ALS ERWACHSENE Lang und nicht immer sehr komisch. *Lachen* »Das Leben eines jungen Mädchens ohne Familie«, so 'n Roman ist, verglichen damit, geradezu zum Totlachen. *Sie trinkt einen Schluck* Bei mir müßte es eher heißen »mit Familie«.

Sie trinkt einen langen Schluck und verliert sich dann in der Betrachtung ihres Glases. Pierre sieht sie an, er wartet.

AGNÈS ALS ERWACHSENE In vino veritas... Seit Jahren sind diese ganzen Erinnerungen weggesperrt. Zutritt verboten ... Wo soll man da anfangen, es ist schwierig ...
PIERRE Da war ein kleines Mädchen ...
AGNÈS ALS ERWACHSENE Das hieß Agnès.

Oktober 1991 – Oktober 1993

Philippe Minyana

Sechs Zellen

Aus dem Französischen von Frank Heibert

Personen

Zelle 1: Kos

Zelle 2: Elisabeth

Zelle 3: Arlette

Zelle 4: Suzelle

Zelle 5: Tita

Zelle 6: Latifa

Originaltitel: Chambres

KOS

J'avais lu ça que les pieds étaient gelés éclatés! Gelés éclatés j'avais vu dans le dictionnaire que dans le pied il y a le tarse les métatarsiens les orteils et puis je me suis dit aussi que les pieds de Boris c'étaient encore des veines des muscles de la peau alors je me suis dit qu'est-ce qu'on a retrouvé de ses pieds les pieds de Boris Kos le jeune Boris Kos ils écrivent ça dans le journal »le jeune Boris Kos«! Qu'est-ce qu'on a retrouvé des pieds de Boris ?

Des tarses ou des métatarsiens ou des petits bouts de tarses des petits bouts de métatarsiens ou une bouillie d'orteils de veines de muscles de peau! J'avais lu qu'il y avait du sang sur le matelas qu'on avait retrouvé du sang sur le matelas le sang qui venait des pieds alors j'ai pris le train! Les pieds de Boris je ne pensais plus qu'à ça les pieds de Boris les pieds de Boris à force de lire ça les pieds éclatés gelés du jeune Boris Kos ils écrivent ça dans le journal »le jeune Boris Kos« Boris c'était plus personne c'était pas le Boris que j'avais bien connu le Boris avec qui j'avais pêché des ablettes comme si Boris ce n'était pas du tout celui des ablettes le Boris qui m'avait appris à pêcher des ablettes non ce n'était pas celui des ablettes et de la Kawasaki. Donc j'ai pris le train pour aller voir ses pieds! Comme s'ils y étaient ses pieds! Personne ne se rappelait de lui je disais vous savez où il est le hangar où il vivait Boris Kos et je montrais l'article de journal et j'ai fait chier tout le monde à Sochaux avec ce Boris Kos et son hangar je disais vous vous souvenez pas de Boris Kos et ils me disaient : Boris Kos non et je montrais l'article et je l'ai montré comme ça cent cinquante fois je disais vous savez où il est le hangar ? Sur le journal il y avait la tête de Boris et pas le hangar alors ils ne savaient pas de quel hangar je parlais je disais regardez sa tête ils regardaient sa tête et ils disaient non non!

Kos

Das hatte ich gelesen daß die Füße erfroren waren aufgeplatzt! Erfroren aufgeplatzt ich hatte im Lexikon nachgeschaut zum Fuß gehören die Fußwurzel die Mittelfußknochen die Fußzehen und dann habe ich mir gesagt Boris' Füße das waren doch auch Adern und Muskeln und Haut da hab ich mich gefragt was haben sie noch von seinen Füßen gefunden von den Füßen des Boris Kos des jungen Boris Kos so schreiben die das in der Zeitung »des jungen Boris Kos«! Was haben sie von Boris' Füßen gefunden? Fußwurzeln oder Mittelfußknochen oder kleine Stückchen von der Fußwurzel kleine Stückchen von den Mittelfußknochen oder ein Brei aus Zehen Adern Muskeln Haut! Ich hatte gelesen daß Blut auf der Matratze war daß sie Blut auf der Matratze gefunden hatten Blut von den Füßen da habe ich mich in den Zug gesetzt! Boris' Füße ich dachte an nichts anderes mehr Boris' Füße Boris' Füße ich hatte es so oft gelesen die erfrorenen aufgeplatzten Füße des jungen Boris Kos so schreiben die das in der Zeitung »des jungen Boris Kos« so oft gelesen daß Boris schließlich kein Mensch mehr war er war nicht der Boris den ich so gut gekannt hatte der Boris mit dem ich Weißfische geangelt hatte als wäre Boris gar nicht mehr der von den Weißfischen der Boris der mir beigebracht hatte wie man Weißfische angelt nein er war nicht mehr der Boris von den Weißfischen und der Kawasaki. Ich hab mich also in den Zug gesetzt um seine Füße zu sehen! Als wären sie noch da seine Füße! Keiner erinnerte sich an ihn ich fragte wissen Sie wo der Schuppen ist wo er gelebt hat Boris Kos und ich zeigte ihnen den Artikel ich habe alle Leute in Sochaux genervt mit diesem Boris Kos und seinem Schuppen ich fragte erinnern Sie sich nicht an Boris Kos und sie antworteten: Boris Kos nein und ich zeigte ihnen den Artikel ich hab ihn hundertfünfzig Mal so vorgezeigt gefragt wissen Sie wo der Schuppen ist? In der Zeitung war Boris' Kopf zu sehen aber der Schuppen nicht da wußten sie nicht von welchem Schuppen ich redete ich sagte schauen Sie sich seinen Kopf an sie schauten sich seinen Kopf an und sagten nein nein! Ich ich hatte ihn mir hunderttausend Mal angesehen seinen Zeitungskopf den Kopf des »jungen Boris Kos« und ich hatte ihn auch nicht erkannt ich hatte seine Füße nicht erkannt ich hatte seinen Kopf nicht erkannt das war ein anderer Kopf von einem hageren Mann mit Bart kein Backenbart ein gepflegter korrekter Bart ein Beamtenbart wo war er denn nun hinter diesem Bart in dieser Zeitung mein Boris Kos meiner und dann hat Madame Baumgartner zu mir gesagt der arme Boris er hatte schrecklich abgenommen ja er mochte meinen Kalbsbraten ich weiß von der Geschichte mit Boris und sie hat angefangen zu weinen und ich ich habe an die Weißfische und an die Kawasaki gedacht ich habe auch geweint und sie gefragt: Und der Schuppen? Sie hat geantwortet: Reden Sie nicht von dem Schuppen oh nein dieser Schuppen sich in einen Schuppen legen zum Sterben dieser Boris der sich in einen Schuppen gelegt hat zum Sterben sie hat mir gesagt daß der Schuppen zwischen der Kirche und den Peugeot-Fabriken liegt zwischen der Kirche und Peugeot ich habe gelacht sie hat zu mir gesagt das bringt Sie wohl zum Lachen wie sie weinte noch ich hatte das schon hinter mir! Und da da hab' ich ihn gehaßt diesen Boris mit seinem Tod der uns zum Weinen brachte und er hatte ihn einfach so hingenommen seinen Tod ohne einen Finger zu rühren ich habe ihn zum ersten Mal gehaßt und ganz zufällig guckte ich auf das Fenster der Kneipe da stand mit großer Schrift Chez Baumgartner und mit kleiner Schrift Butterbrote Billard ich saß also im Profil von Madame Baumgartner aus gesehen die hinter ihrer Kasse saß und sie hat gesagt: Sie sind sein Bruder und ich habe ja gesagt der gleiche Zinken im Gesicht und ich habe ihn gehaßt diesen Boris Kos zum zweiten Mal weil ich sein Bruder war weil er mich nicht angerufen hatte weil er nicht ein einziges Mal an mich gedacht hatte ich habe versucht mich an die Zeit der Weißfische und der Kawasaki zu erinnern.

Ich habe nur noch das Foto in der Zeitung gesehen den Bart einen hageren Mann und den Text darunter: »Freitod eines Peugeot-Angestellten: Erfroren mit aufgeplatzten Füßen«! Die Weißfische die Kawasaki nichts mehr Schluß ich hab nur noch das Kinn von Madame Baumgartner gesehen es glänzte sie war immer noch nicht fertig mit dem Weinen! Da habe ich zu Madame Baumgartner gesagt: Und das Hotel Nr. 1? Sie hatten nämlich auch geschrieben daß er vor dem Schuppen im Hotel Nr. 1 gewesen sei und sie hat zu mir gesagt das ist für die Jugoslawen die Araber und die Junggesellen und ich darauf das ist also gar kein richtiges Hotel das Hotel Nr. 1 und sie nein hat sie gesagt es gibt das Hotel Nr. 1 das Hotel Nr. 2 das Hotel Nr. 3 und so weiter in Sochaux ist das so da ist eins und da und da sie zeigte mit dem Finger hinter sich hinter ihren Haaren neben ihren Schultern vor ihr waren welche und mit ihrem Kinn auf einen anderen Punkt der noch weiter weg lag und das sind keine Hotels nein ich habe durch die Fensterscheibe gestarrt auf der stand Billard Dingsbums und ich habe all die Straßen gesehen Straßen und nochmal Straßen... Ich habe einen Muscadet getrunken ich habe vier hintereinander getrunken und Madame Baumgartner hat eine Fleppe gezogen da habe ich gesagt gut ich gehe jetzt zum Schuppen sie hat geantwortet machen Sie doch was Sie wollen und da mußte ich fast wieder weinen weil ich vier Muscadet getrunken hatte davon kriegt man weiche Knie und ich dachte an Boris' Füße nichts anderes an seine Fußwurzeln an seine Mittelfußknochen an sein Blut auf der Matratze ich habe den ganzen Artikel nochmal durchgelesen um ganz sicher zu sein daß ich ihn haßte na also ich haßte ihn. Madame Baumgartner hat mir erklärt Sie laufen bis zur Kreuzung nach Mulhouse dann die Avenue du Général Leclerc rauf und dann rechts Straßen und Straßen und nochmals Straßen sie sagte mir die Namen und dann die Kirche und dann die Fabrik und dann der Schuppen ich habe die Tür des Schuppens aufgestoßen und da sehe ich seine Füße die beiden Füße meines Bruders und ich mußte fast wieder weinen mir fielen die Sätze aus der Zeitung ein da stand daß Boris elfmal unentschuldigt nicht zur Arbeit erschienen war daß Einschreibebriefe für Boris angekommen waren daß Boris nie mehr aufgetaucht war weder in der Fabrik noch im Hotel Nr. 1 noch beim Arbeitsamt weg aus dem Verkehr gezogen ich habe mir den Schuppen angeschaut und ich habe ihn zum dritten Mal gehaßt da lag die Matratze in der Zeitung stand daß Blut auf der Matratze war ich bin nahe rangegangen an die Matratze und da war Blut da habe ich mir gesagt das ist der richtige Schuppen. Er war die reinste Müllkippe es gibt ja ganz ansprechende Schuppen aber der war eine Müllkippe genauso wie er in der Zeitung beschrieben worden war die Matratze das Blut der verrostete Lastwagen und leere Schachteln Schmierkäse Zeitschriften »Angewandte Elektronik« sie hatten geschrieben daß der Schuppen genauso geblieben sei und er war genauso. Ich glaubte nichts davon als wäre ich nicht wirklich da als wäre Boris nicht Boris der Besitzer der Füße sondern ein anderer Boris dicker und ohne Bart der mit 120 auf seiner Kawasaki fuhr und dabei sang »que je t'aime que je t'aime... comme un cheval mort... ». Er war vor ungefähr zehn Tagen gestorben er hatte sich in der Fabrik schnell nach oben gearbeitet zuerst hatte er Bleche in so besondere Säurebäder geschmissen er hatte Asthma er konnte bald nicht mehr an den Blechen arbeiten wegen dem Asthma er wurde befördert mit seinem gepflegten korrekten Bart das hat er uns geschrieben die Säurebäder die Bleche das Asthma daß er befördert wurde er überprüfte Teile an den Motoren weil er befördert worden war! Er schrieb nicht daß er sich einen Bart hatte wachsen lassen! Danach hat er nicht mehr geschrieben ich habe Fotos gemacht. In aller Ruhe. Da lag ein T-Shirt mit einem Löwen drauf einem schönen Löwen da lagen verrottete Socken und Kippen und Bücher von Boris Vian und seine Motorradjacke die Zeitschriften »Angewandte Elektronik«! Und seine Füße! Als wären sie da seine Füße die Mittelfußknochen die Zehen das Blut Fuß-

brei als wäre all das da ausgestellt mit einem Schild drunter: »Füße von Boris Kos«.
Ich habe die Matratze fotografiert und dann sah ich das Blut auf einer Zeitung die neben der Matratze lag eine Ausgabe des »Est Républicain« aber es war nicht die ganze Zeitung es war eine Art Beilage wie diese Beilagen die manchmal in der Mitte von Zeitungen liegen! Es war kurz nach Weihnachten und diese Beilage war wirklich eine vom »Est Républicain« das stand drauf »L'Est Républicain« eine Werbebeilage mit Weihnachtsgeschenken und es war Blut genau auf dem Foto eines Kipplasters zu 320 Francs ein kleiner Kipplaster das war das Blut von den Füßen da habe ich mir das Foto von dem Kipplaster zu 320 Francs angeschaut und die anderen Fotos von Spielsachen in der Werbebeilage mit Weihnachtgeschenken und ich habe es zusammengefaltet ich falte immer alles zusammen es muß immer alles zusammengefaltet sein besonders auf dem Foto von dem Kipplaster war Blut aber auch woanders es war eigentlich überall auf der Beilage Blut. Ich habe seine Motorradjacke angezogen ein Ärmel fehlte und ich habe erst hinterher kapiert: das Blut auf der Beilage die Beilage schützt vor der Kälte die Beilage um die Füße gewickelt aber die Füße platzen trotzdem auf in der Beilage!
Ich habe das T-Shirt mit dem Löwen drauf mitgenommen weil der Löwe schön ist die Zeitschriften »Angewandte Elektronik« das kann man immer brauchen den Boris Vian und die Beilage die berühmte Beilage vom »Est Républicain« mit dem Blut darauf als Erinnerung an Boris.

ELISABETH

Ich bin glücklich ich bin glücklich mich kann so leicht nichts erschüttern ich sage mir wieder und wieder daß ich mit einem großen Handikap antrete jede Miß Amerika ist kräftiger gebaut als die französischen Schönheitsköniginnen die Auswahlkriterien sind in Frankreich andere als in den Staaten Miß Minnesota die hat eine imposante Brust sie spielt klassische Harfe sie sammelt Seifen sie macht täglich Jogging über die Hügel von Minnesota Miß Utah macht auch täglich Jogging über die Hügel von Utah ich habe das Foto von Sharlene aus Atlantic City gesehen sie ist Miß Utah sie gibt an daß sie schüchtern ist daß sie Rhabarberkonfitüre mag und klassische Musik na klar wo sie doch Harfe spielt ach je leider habe ich keine imposante Brust ich habe überhaupt keine das ist mein großes Handikap! Falls ich zur Schönheitskönigin gewählt werden sollte würde ich folgende Erklärung vor der Presse abgeben: Ich betrachte den Titel als eine weitere Chance die ich so gut wie möglich nutzen werde aber nicht als einen Zweck an sich! Deshalb sagt Michel auch daß mich anscheinend nichts so leicht erschüttern kann weil ich es nämlich fertigbringe solche Sätze zu formulieren ohne zu stocken Mama hat immer betont wie wichtig der linke Oberschenkel ist deshalb habe ich jetzt andauernd den Reflex meinen linken Oberschenkel so zu plazieren wie sie es wollte etwas schräg vor den rechten Oberschenkel wobei die Füße v-förmig stehen sogar wenn ich auf den Bus warte plaziere ich meinen linken Oberschenkel im Verhältnis zu meinem rechten und den rechten Fuß im Verhältnis zu meinem linken ich muß mehr an meinen Busen denken ich höre sie ständig wiederholen den Ansagerinnen-Busen Lisbeth bitte! Ich weiß ich muß die linke Schulter vorstrecken die rechte Schulter senken den Kopf leicht nach links legen den Busen raus und lächeln. Michel versteht mich nicht er will nicht verstehen manchmal frage ich mich ob ich Michel genug liebe ich glaube ich habe ein bestimmtes Bild von Michel im Jules-Ferry-Schwimmbad und das hat mich immer getäuscht! Seit ich mit Mario in der Trattoria geredet habe geredet wie ich noch nie mit einem Mann geredet habe seitdem stelle ich meine Liebe zu Michel in Frage nicht daß ich in Mario verliebt wäre Mario ist nicht in mich verliebt sagen wir ich liebe Michel weil ich die meiste Zeit mit ihm verbringe ich habe mich an Michel gewöhnt und bisher habe ich diese Gewohnheit nie in Frage gestellt es gibt ja gute Gewohnheiten er ist fuchsteufelswild seit ich wieder in mein Zimmer gezogen bin diese Sache mit dem Zimmer erlebt er als faktische Trennung aber ich ich muß mich wieder finden ich muß nachdenken lesen arbeiten nach meinem Rhythmus dieses Zimmer ist meine Autonomie tja und von meiner Autonomie will Michel nichts hören ich glaube er leidet seit ich mich auf den Wettbewerb vorbereite ich halte mich nicht zurück wenn ich von Mario reden will ich erzähle ihm wie aufmerksam Mario ist neulich habe ich ihm gesagt: Mario ist so ein feinfühliger Mensch aber vor mir zeigt Michel ja nie eine Reaktion ich bin manchmal so weit daß ich mich frage ob er mich wirklich liebt wenn er mich wirklich liebte wäre er eifersüchtig es sei denn er verbirgt mir seine wahren Gefühle aber die Eifersucht läßt sich nicht verbergen ich habe ihn gefragt: Und wenn ich dich betrüge was passiert dann? Er hat geantwortet: Ich würde dich verlassen und ich würde darunter leiden aber ich würde dich vergessen er versichert mir ständig daß es diese Sache mit dem Zimmer ist die ihm den Schlaf raubt und vielleicht auch der Schönheitswettbewerb er sagt er kann nicht mehr schlafen aber ich bin sicher wenn er schlecht schläft dann hat der Wettbewerb bestimmt nichts damit zu tun es liegt am Bier er trinkt sehr viel Bier das ist ungesund Bier er kommt aus dem Elsaß es ist wirklich außergewöhnlich daß Patenonkelchen keinen dicken Bauch hat aber guck dir mal Papa an! Wenn ich recht darüber nachdenke hat mich ein bestimmtes Bild getäuscht das ich mir von Michel gemacht hatte ich habe ihn im Sommer getroffen und vielleicht wenn ich ihm im Winter begegnet wäre dann wäre ich jetzt nicht in der gleichen Lage mit Michel ich blinzelte nicht nur mit den Augen wegen der Sonne und wegen des gechlorten Wassers ich finde das Wasser im Jules-Ferry-Schwimmbad ist viel zu stark gechlort sondern ich war auch noch halb taub wegen der vielen Kopfsprünge die ich nacheinander gemacht hatte ich war dreimal gesprungen und beim dritten Mal war das rechte Ohr zu ich glaube gerade mit meiner Haltung habe ich Eindruck auf Michel gemacht ich hatte etwas gerötete Augen wegen dieses gechlorten Wassers also habe ich meine Sonnenbrille aufgesetzt einfach verrückt wie sich die Welt verändert wenn man sie durch so eine Sonnenbrille betrachtet Sochaux ist nicht mehr Sochaux und ich habe Michel gesehen in der prallen Sonne aber mit dem Rücken zum Licht und alle Unvollkommenheiten die Michel so hat und an die ich mich übrigens gewöhnt habe waren völlig unsichtbar dank der Sonnenbrille und wegen meiner vorübergehenden Benommenheit! Mir sind übrigens vor allem seine berühmten goldbraunen Borstenhaare aufgefallen von denen ich immer noch hingerissen bin diese Haare die vom Hinterkopf ausgehen und ihm in die Augen fallen ich liebe Männer mit Borstenhaaren dabei ist Mario lockig jetzt wo ich's sage weil er Italiener ist aber Mario ist eben Mario man stelle sich vor wie aufgeregt ich war im Jules-Ferry-Schwimmbad als ich Michel sah wie er vor mir stand mit einem Helm aus goldbraunem Haar – dieses verstopfte Ohr und meine roten Augen störten mich und ich habe Michel gar nicht richtig gesehen – mit brauner Haut was überhaupt nicht stimmt denn normalerweise hat Michel eine ganz weiße und empfindliche Haut er hat oft Schuppenflechte ich glaube ich mag ganz grundsätzlich Jungen mit getönter Haut lieber aber das ist eine Nebensache und so eine Nebensache wird nicht meine Beziehung zu Michel in Frage stellen obwohl Michel überhaupt nicht der Vorstellung entspricht die ich mir vor einem Jahr im Jules Ferry von ihm gemacht hatte ich bin eher romantisch als raffiniert das hat Miß Utah vor der Presse gesagt ich bin eher romantisch als raffiniert! Ich weiß genau wenn ich ein Problem mit der Installation habe oder feuchte Flecken auf den Wänden Michel kümmert sich drum subito und presto ich liebe Michels moralische Stärke aber er redet nicht ich denke schon daß er intelligent ist aber er weigert sich zu diskutieren und ich liebe es zu diskutieren die Dinge zu analysieren Michel versteht vieles es reicht schon wenn man sich ansieht wie er verstanden hat was sich zwischen Mario und mir abspielt wo ich selber noch nicht ganz verstanden hatte was sich zwischen Mario und mir abspielt er hat zu mir gesagt: ich dachte du magst Teigtaschen lieber als italienische Pasta ich war schon zweimal in derselben Woche in die Trattoria gegangen und die Trattoria das stimmt schon die steht für Mario nicht für italienische Pasta er weiß wohl wenn ich wirklich ausgehe dann heißt das im Prinzip auf ins vietnamesische Restaurant an der Straße nach Belfort und nicht in eine Trattoria aber jetzt gibt es Mario und Mario hat Klasse! Mario hat zu mir gesagt: die Leute hier sind letztlich erschütternd er hat »erschütternd« gesagt das ist ja wohl eher ungewöhnlich aus dem Mund eines Mannes man stelle sich Papa oder Patenonkelchen vor wie sie von jemand oder von etwas sagen es ist »erschütternd« und ganz bestimmt war Mario aufrichtig er fühlte was er sagte er war bewegt und wenn er bewegt ist hat er so eine Art die Lippen zusammenzukneifen die ihn noch exotischer macht sie ziehen sich zusammen sie werden dunkelbraun ein völlig anderer Mario ein Mario mit anderen Lippen also mit einem anderen Blick einem anderen Gesicht seine Mutter ist Neapolitanerin! Ich muß mich aber auf den Wettberwerb konzentrieren statt auf diese Probleme die gar keine wirklichen Probleme sind weil ich Michel liebe und Mario nur bewundere ich müßte mal ernsthaft mit Michel reden ich mag keine kleingeistigen Menschen die hinter meinem Rücken über mich herziehen und die engstirnig sind ich liebe die Schönheit des Herzens die moralische Gesundheit! Wenn Mama sagte: Ich werde in der Kiesgrube sterben habe ich mich immer gefragt wie man in einer Kiesgrube sterben konnte und wie so eine Kiesgrube genau aussah bis zu dem Tage als Papa und ich zur Kiesgrube gingen weil sie bis acht Uhr noch immer nicht nach Hause gekommen war ich habe den Wasserspiegel gesehen und da habe ich endlich begriffen daß man in einer Kiesgrube sterben kann die Feuerwehr war nicht da und kein Krankenwagen wir sind ans Wasser gegangen das Wasser war ganz grün Papa hat zu mir gesagt: deine Mutter mag meine Kneipe nicht deine Mutter träumt dann waren wir an der Bahnlinie wir sind daran entlanggegangen da war sie nicht das sagte sie nämlich auch oft: ich werde mich vor den Zug werfen. Als wir nach Hause kamen wusch sie sich die Haare mit Dop-Shampoo das weiß ich noch sie hat uns nicht gesagt wo sie war aber ich habe ihren Mund angesehen und da begriff ich daß sie gelitten hatte ihr Mund hatte alle Farbe verloren genau das Gegenteil von Mario seine Lippen werden dunkler wenn ihn etwas erschüttert sie werden dunkelbraun dann sieht er aus als käme er aus Martinique sie sah Tantchen Giselle ähnlich die hat immer solche Lippen sie ähneln sich Tantchen und Mama aber ihre Lippen und ihre Stirn sind viel schöner als die von Tantchen Giselle damals am Tag mit der Kiesgrube hatte sie die Lippen von Tantchen Giselle! Am nächsten Morgen hat sie zu mir gesagt: mach dir keine Sorgen es ist Sochaux es liegt nicht an euch. Ich möchte so gern Schönheitskönigin sein vielleicht kommt sogar Radio Europe 1! Ach vielleicht ist es überhaupt die Art wie Michel sich anzieht die mich an ihm so ärgert Michel legt überhaupt keinen Wert darauf wie er sich anzieht manchmal sage ich zu ihm: mach mal die Augen zu und sag mir was ich heute anhabe! Er ist nicht imstande mir zu sagen was ich anhabe ich finde das so wichtig wie man sich anzieht auch wenn man eher der klassische Typ ist ich bin eher der klassische Typ und im Büro fällt es immer auf daß ich mich gut anziehe meine Chefin sagt immer: Lisbeth und ihre Röcke! Michel weiß nicht ob ich ihm in Rock oder in Hosen besser gefalle er sagt bloß daß er geschminkte Frauen nicht mag Michel hat eine Art Hosen zu tragen die regt mich auf ich sage zu ihm: Kauf dir doch mal 'ne Hose die dir steht! Er hat immer Hosen die aussehen als gehörten sie jemand anders ich glaube es liegt an dieser Sache mit den Hosen daß mir Mario zum ersten Mal aufgefallen ist ich habe mir gesagt: Sieh mal einer an ein Junge dem seine Hose steht dank seiner Trattoria-Kleidung sieht man seine Schenkel und seinen

Hintern ich finde Männer haben auch Formen und die Hose sollte diese Formen herausstreichen solange es anständig bleibt ich sehe nicht ein wieso man nicht die Form von Michels Schenkeln bemerken sollte Michel hat nämlich ziemlich schöne Schenkel ich würde mir von ganzem Herzen wünschen daß er mal eine Hose hätte die richtig sitzt und nicht so einen Kordsack ewig dieser Kord er hatte doch Jeans und die standen ihm gut aber dann hat er mein Zimmer renoviert mit diesen Jeans statt daß er eine alte Hose von Papa anzieht und jetzt sind die Jeans voller Farbe das habe ich ihm vorgehalten die Farbe auf den Jeans er hat mir vorgehalten daß ich wieder in mein Zimmer zurückziehen wollte da habe ich zu ihm gesagt daß ich mein Zimmer dazu brauche um in Ruhe zu lesen und er darauf ich liebte ihn nicht als wenn das gleich bedeutete daß ich ihn nicht mehr liebe wenn ich bloß mal ohne ihn lesen will und dann ging es wieder mit dem Wettbewerb los er versteht nicht was mir das bedeutet Schönheitskönigin zu sein das ist ein Sprungbrett man weiß ja nie vielleicht habe ich auch mal eine Chance und darauf sagt er zu mir daß mich anscheinend nichts so leicht erschüttern kann aber in Wirklichkeit stimmt das nicht ich habe angefangen zu weinen er hat gesagt ich hätte keine Brüste und Schönheitsköniginnen hätten immer Brüste das hätte es noch nie gegeben eine Schönheitskönigin die keine Brüste hat und da habe ich zu ihm gesagt daß Mama die eine bescheidene Büste hat in Nancy Funkenmariechen gewesen ist und der »Est Républicain« hat sie fotografiert und sie hat die Wollpulloverkollektion von »Bergère de France« präsentiert er hat mir geantwortet daß das ihr Leben nicht geändert hat daß sie hinter der Theke einer Kneipe hängengeblieben ist und es mit den Nerven hat darauf ich daß sich die Dinge nach zwanzig Jahren ändern können schließlich kriegen wir demnächst Video! Schönheitskönigin das heißt erst mal dieses ganze Geld und dann warum nicht eine Reise nach Vancouver! Als wir nämlich von der Kiesgrube nach Hause kamen habe ich das Lexikon aufgeschlagen einfach so und bin auf das Wort »Vancouver« gestoßen kanadische Hafenstadt an der Meerenge von Georgia und da habe ich das Grün der Wasseroberfläche wieder vor mir gesehen so grün daß es unwirklich aussah das Grün der Wasseroberfläche von der Kiesgrube einen Augenblick lang hatte ich die Kiesgrube vergessen ich war ganz weit fort ich hatte dich auch vergessen Mama denn da war weder die Feuerwehr noch der Krankenwagen du warst nicht tot diesmal noch nicht als hätte mich jenes grüne Wasser an ein anderes grünes Wasser erinnert das ich damals noch nicht kannte den Pazifischen Ozean.

ARLETTE

Irgendwann ist das Faß übergelaufen das ist alles sie warfen mir ihre psychomotorische Entwicklung vor Kiki das warfen sie mir vor ihre psychomotorische Entwicklung und meine Kindheit meine! Sie wollten alles über meine Kindheit wissen na ja und ich: Sie wollen wissen wie das war?

Das kann denen doch scheißegal sein was sollte ich ihnen schon erzählen ein Bauernhof im Jura keine Erinnerungen ein einziger Graus das muß ein einziger Graus gewesen sein aber schwach. Irgendwie schwach. Die haben zu mir gesagt: Der Jura ist grün da gibt's Kühe! Ich hab ihnen ein Glas Senf in die Fresse gedonnert und im Kinderheim von Sochaux erzählste ihnen was von dir und sie erzählen dir was von Senfgläsern! Was das für mich bedeutet Jura? Kennst du den Jura etwa Kiki? Ist dir das klar du kennst nicht mal deine Eltern du weißt nicht und deine Mutter ha deine Mutter wenn einer zu mir sagt: Jura null keine Erinnerungen Jura Jura na und? Sie haben zu mir gesagt: und die Kühe hä die Kühe erinnern Sie sich nicht? Und all das weil ich ihr den Schnuller selber geben wollte meiner Lulu warum hätte ich ihr den Schnuller auch nicht selber geben sollen bin ich etwa nicht ihre Mutter? Ich bin keine Kindergärtnerin und was sagt die Kindergärtnerin die Marie-Jeanne sagt sie zu mir: Nein du kriegst deine Tochter nicht wieder! Und warum wegen ihrer psychomotorischen Entwicklung wo ich doch schon keine Kindheitserinnerungen habe hast du welche mein Kiki Kindheitserinnerungen? Nix außer den Schwestern von Lons nicht daß ich wüßte und über die gibt's auch nichts zu sagen die guten Schwestern von Lons Lons das ist schon wieder im Jura jetzt reicht's aber mit dem Jura ich hatte keinen darum gebeten bei den Nonnen zu sein die vom Bauernhof von meiner Gastfamilie die haben bestimmt gesagt: steckt Arlette doch zu den Schwestern! Na gut und dann war ich bei den Schwestern Punktum! Sollen sie doch die Schwestern fragen. In Lons. Dann haben sie mich gefragt: Und was ist mit dem Ferienlager von Moutiers? Woher wußten sie das schon wieder über mich die Herren Doktoren war das wieder der Richter oder die anderen Psychiater oder Gott weiß wer? Warum soll ich von dem Ferienlager in Moutiers erzählen daran erinnere ich mich gar nicht gern wegen David das muß man sich mal klarmachen da hat man endlich eine Erinnnerung und mag sie nicht weil davor ist nämlich Funkstille die Kühe die Schwestern ich weiß nicht mal mehr wie die aussahen und da sage ich zu ihnen: Und das Hotel? Hä? Das Hotel? Soll ich Ihnen was vom Hotel erzählen Sie wollen doch alles wissen Sie wissen doch daß ich im »Hôtel des Vosges« in Sochaux gearbeitet habe?! Nein sie kommen drauf zurück das Ferienlager in Moutiers und nochmal zack das Ferienlager in Moutiers ich weiß auch genau warum sie wollten daß ich ihnen was vom Ferienlager erzähle bestimmt nicht weil ich da Putzfrau war ich habe dermaßen oft geputzt das war nicht mehr sehr originell nein ich wurde schwanger im Ferienlager das interessierte sie! David? Was denn David habe ich nie mehr wiedergesehen er arbeitete im Ferienlager und dann pffft sie wollten den Ablauf wissen ach so den Ablauf was für einen Ablauf denn na den Ablauf wie man ein Kind macht ach nee dürfte ich mal lachen Kiki zum Kaputtlachen das habe ich ihnen gesagt: Sie wollen den Ablauf wissen? Ich werde Ihnen erzählen wie David mir ein Kind gemacht hat Mensch mußte ich lachen ich war fest entschlossen ihnen zu erzählen wie David mir ein Kind gemacht hat den genauen Ablauf also weißte Ablauf die Richter und die Psychiater die haben doch was ganz anderes abzulaufen und was ist das? Ablauf Ablauf da gibt's zum Beispiel den Ablauf im Waisenhaus bitte sehr! Schließlich habe ich geheult ich habe geheult wie ein Schloßhund wegen meinem David Junior weil so blöd wie das Mutterheim der Haute-Savoie na bravo hatten sie mich etwa in die Haute-Savoie gesteckt weil's da Kühe gibt? Warum in die Haute-Savoie weil das Waisenhaus mir meinen David junior nämlich weggenommen hat zu einer Amme ist er gekommen da hast du ihren Ablauf! Mütter ohne ihre Kinder die Kinder bei der Amme die Ammen die dir das Kind zu den Nonnen stecken ja die Amme sie hat mir meinen Junior gezeigt ich habe ihn immer besucht dabei war es bloß um zu heulen immer wenn ich ihn mit seiner Amme sah und er der gar nicht begriff daß ich seine Mutter war und ich weiß gar nicht wie sich einer erdreisten kann mir was von Ablauf zu erzählen vor allem wegen Gérard ich habe mir gesagt geschafft jetzt sind wir gerettet! Oh nein denen von Gérard erzählen niemals ich bin ganz abweisend geworden.

Liebst du mich Kiki? Wenn ich nur einen Garten hätte! Gérard war wie mein zweiter Traumprinz David war nämlich Numero Eins er hat mir das Blaue vom Himmel versprochen eine Dreizimmerwohnung er war schon Facharbeiter bei Peugeot ich hatte mir bei Conforama einen Schrank für 1200 Francs gekauft von dem Geld das ich im Ferienlager verdient hatte weil ich dachte so einen Schrank den können wir brauchen David und ich und Davidowitsch nicht daß das ein besonders außergewöhnlicher Schrank gewesen wäre das war so einer von denen wie sie bei Conforama im Schaufenster stehen oder anderswo ich habe eine irre Zeit dazu gebraucht den zusammenzubauen ich habe nichts kapiert die Gebrauchsanweisung war auf deutsch ich glotzte immer die Zeichnungen an die sie einem dazugeben und ich sagte mir: Warte doch bis David nach Hause kommt der baut dir das Ding in Nullkommanix zusammen nach der Zeichnung auch wenn er kein Deutsch kann. Dieser Schrank ist ja nichts wert es ist halt ein Schrank wie Schränke für 1200 Francs so aussehen schießlich fange ich an das Ding zusammenzubauen am Anfang war es noch ziemlich einfach und dann mach ich eine Pause und schau mir den Schrank an wie er dasteht halb zusammengebaut er sah schon wie ein richtiger Schrank aus obwohl er noch gar nicht fertig zusammengebaut war aus ziemlich dickem Holz kein Furnier die Rückwand ist aus Furnier aber die Türen sind aus Holz mit lackierter Maserung und es roch nach Holz das hat mich an den Jura erinnert und ich schau mir diesen Schrank an und ich liebe ihn ich schaue ihn mir richtig an und fange an zu weinen dabei ist es doch kein Stilmöbel aus Eiche oder so zwei Stunden habe ich davorgesessen und die Hände auf meinen dicken Bauch gehalten Davidowitsch gab mir nämlich ordentliche Tritte ich war im siebten Monat. Kein David in Sicht wo war er bloß? Willst du wissen wo David war? Der Vater des zukünftigen kleinen David dieser David der mir dieses Kind gemacht hatte willst du es wissen? Da muß ich dich leider enttäuschen ich habe nämlich selber keine Ahnung und die vom Ferienlager in Moutiers genausowenig! Ich habe vielleicht Schränke abgeschrubbt im »Hôtel des Vosges« in Sochaux als ich da arbeitete es war sehr sauber in diesem Hotel man kann nicht sagen daß Schränke für mich was Neues gewesen wären aber was ist bei diesem Schrank passiert rätselhaft ich glaubte ich würde glücklich sein ich fing an glücklich zu sein und dann Tränen nur Tränen als ich kapierte daß David sich aus dem Staub gemacht hatte in puncto Tränen war es der reinste Niagarafall zum Glück war da der Schrank der zusammengebaut werden mußte sonst hätte ich eine Dummheit gemacht ich konnte doch diesen armen Schrank da nicht einfach halbfertig stehenlassen ich habe ihn ganz alleine aufgebaut ohne ein Wort Deutsch innerhalb einer Stunde wurde ich intelligent länger als eine Stunde habe ich nicht gebraucht na da ist es doch wohl klar daß ich mich nie mehr von diesem Schrank trennen werde keine Frage und mit Gérard das war Numero Zwei genauso ein Schlappschwanz wie David da hatte ich mir gesagt mit Gérard ist es das große Los er war Handlungsreisender ich hatte ihn im »Hôtel des Vosges« kennengelernt Gérard hatte ich mir gesagt ein Haus die Kinder also Lulu ist nämlich von Gérard das war ja klar ein Garten und Himbeeren. Ich sah nichts als Himbeeren in meinem Garten im Jura gab es auch Himbeeren das weiß ich noch Himbeeren wir packen meine paar Sachen in Gérards Auto und fahren in Richtung Nîmes Nîmes wir fuhren nach Nîmes ich hatte nie einen Fuß nach Nîmes gesetzt wir kommen in Lyon an au weia Lyon niemals niemals Lyon nie wieder diese Stadt und ich das ist aus für alle Zeiten wenn ich Lyon höre seh ich Sternchen wir trinken einen Kaffee in Lyon sieh mal einer an nur wo ich jetzt »Lyon« sage fühle ich mich schon schlecht noch schwächer als vorher er sagt zu mir: Warte einen Augenblick Schnucki ich muß eben was erledigen bin gleich zurück. Und ich dachte an Davidowitsch der zu uns nach Nîmes kommen sollte da würde das Waisenhaus ihn mir nämlich zurückgeben müssen wo er doch einen neuen Vater hatte und Himbeeren im Garten ich sah schon die lange Fresse von der Amme vor mir wenn sie mir Davidowitsch zurückgeben mußte und Gérard tja auf den warte ich immer noch die Mütterheime die stehen mir bis hier die Erzieher die Kindergärtnerinnen die Gynäkologen die Psychiater die einen »autonom« machen wollen und dann kann man prima alleine zurechtkommen wenn man rausgelassen wird damit stopfen sie einem den Schädel voll und keine Chance meinen Schrank hierherzukriegen in der Zwischenzeit mußte ich ihn in eine Garage tun.

Sie haben gesagt ich schneide mein Kind von der Außenwelt ab ich schließe uns im Zimmer ein ich überwache mein Kind in übertriebenem Maße das haben sie gesagt daß Lulu eine unzureichende psychomotorische Entwicklung hat und schon ging es wieder los mit ihrem Psychomotor und dann als mein Fallschirmspringer zu uns ins Zimmer gekommen ist da haben sie gesagt: Jetzt haben Sie den Bock zum Gärtner gemacht das war mein korsischer Fallschirmspringer neulich die Sache mit den tausendzweihundert Fremdenlegionären vom zweiten Regiment der Fallschirmspringer da ging das Drama los sie haben mich angegriffen und ich zurück ich habe sie noch mehr angegriffen vor allen Dingen die Krippe ich habe alles gesagt was ich von der Krippe halte die war zum Kotzen und die Kindergärtnerin die besagte Marie-Jeanne von da an war ich nicht mehr zu bremsen sie haben einen Richter geholt ich hatte keinen Wohnsitz mehr keine Arbeit mehr ich hatte alles aufgegeben wegen Lulu der Richter hat Unterbringung angeordnet! Ab zur Amme mit Lulu! Ich habe mit einer Aufsichtsbeamtin gesprochen ich wollte die gleiche Amme die schon Davidowitsch hatte wo er Lulu doch noch nicht mal kannte sie haben nein gesagt ich wollte Lulu nicht mehr hergeben und am letzten Donnerstag will ich ihr den Schnuller geben da sagt die Kindergärtnerin nein und nimmt Lulu ich nehme mir Lulu zurück sie nimmt Lulu wieder weg ich nehme ihr Lulu wieder weg sie schreit und will sofort Lulu haben ich will aber nicht daß sie Lulu wieder nimmt und ich schmeiße Lulu aus dem Fenster dann gehört sie keinem und da schreit Marie-Jeanne los: Kindermörderin Kindermörderin! Ich habe drei Nervenzusammenbrüche hinter mir ich habe Barbiturate geschluckt ich habe die Pulsadern mit dem Messer von meinem Fallschirmspringer aufgeschlitzt er hatte sein Messer vergessen nein es gehörte seiner Mutter in Korsika sie kastrierte die Eber und die Ferkel mit diesem Messer und einer Regenschirmstange Schweine müssen unbedingt kastriert werden sie haben eine Magenspülung bei mir gemacht deine Gladiolen sind schön mein Kiki vielen Dank.

SUZELLE

Es handelt sich um die berühmte Geschichte von dem Stoff auf den Wänden diese Geschichte ist entscheidend Mama war krank sie wollte Stoff auf den Wänden und wer hat die Wände mit diesem Stoff überzogen? Das war eine langwierige Arbeit ich hatte sowas nie gemacht Wände mit Stoff überziehen und als ich damit fertig war ich glaube da geschah es in genau diesem Moment als ich diesen ganzen Stoff auf den Wänden anschaute ich muß wohl einen oder zwei der wesentlichen Muskeln entspannt haben die Beinmuskulatur mit der ich mich hätte vorwärtsbewegen können ich muß sie so endgültig entspannt haben daß mir auf einmal ein Teil meines Durchblicks fehlte ich habe mich hingesetzt und ich fand all diesen Stoff auf den Wänden schön von da an ging nichts mehr von all diesem Stoff wurde mir schwindlig und wenn ich ausging um einzukaufen kam ich so schnell wie möglich wieder heim um mir meinen Stoff auf den Wänden wieder anzusehen ich war besessen davon die ganze Zeit saß ich davor und ich hatte ein merkwürdiges Gefühl ein Gefühl als ob sich etwas in mir aufknöpfte und lockerte und später in Sitges an jenem berühmten Abend in Sitges war es genauso etwas in mir das ganz hell strahlte da geht man auf einmal ganz anders das tat mir gut durch den Staub von Sitges zu gehen ich war stolz auf nichts Besonderes ich bin stolz geworden als hätte ich etwas vollbracht den Stoff auf den Wänden den hatte ich da angebracht und er saß gut aber in Sitges was hatte ich da schon vollbracht überhaupt nichts ich lief herum und aß mein Eis und bestimmt ist das auch der Grund dafür daß mich das Eis nicht mehr zufriedenstellen konnte die Vanille schmeckte plötzlich anders und daran lag es an diesem Stolz die Vanille schmeckte plötzlich nach nichts mehr Edith! Und sogar dein Schmidt an jenem Abend fiel mir auf daß er eine schöne Nase hat normalerweise sah ich ihn als Ganzes deinen Schmidt aber in dem Moment sah ich seine Nase und er hat wirklich eine schöne Nase ich war fünfunddreißig. Ich denke oft an Sitges das heißt an diesen Abend der wie alle anderen Ferienabende gewesen sein muß man dreht nach dem Abendessen eine Runde durch die Stadt und dann geht's zurück zum Campingplatz. Ich habe mich sogar bestimmt gelangweilt an diesem Abend in Sitges. Eine angenehme Langeweile. Aber es war eben Sitges. Vorher sind wir immer in den Jura gefahren. Manchmal kneife ich mir ganz fest in den Arm und sage mir stell dir diesen Schmerz hunderttausendmal so stark vor und du hast eine Ahnung davon was echte Schmerzen sind denk an die Märtyrer die verbrannt wurden denk an die Iren denk an die Juden an die ersten Christen denk an unsere Mutter die sich neun Monate lang gequält hat denk an all die Menschen die nicht in den sicheren Hafen ihres Lebens eingelaufen sind wie du und dieser Abend von Sitges ist wie die Geschichte mit dem Stoff auf den Wänden eine entscheidende Geschichte ich hatte meine sechsunddreißig inneren und äußeren Panzer die mich immer abschirmen noch immer kein wesentlicher Gedanke augenscheinlich keine ernsten Sorgen aber die Verblüffung als der Gaumen und die Speiseröhre den Geschmack der Vanille nicht annehmen wollten wo ich ihn doch bis dahin immer gemocht hatte Vanille-Geschmack im Gegenteil er ist mir vertraut er beruhigt mich normalerweise Vanillepudding zum Nachtisch Geburtstag Weihnachten stattdessen dieses Vorgefühl daß sich an jenem Abend alles ändern würde trotz des grauenhaften Gefühls als löste ich mich auf wie ich dir eben sagte daß ich mich auflöse wenn ich mit euch bei Tisch sitze wenn ich die Wortwechsel mit deinem Schmidt höre diese Wortwechsel wenn man nicht richtig zuhört sind sie wie das Geräusch eines Autos das gleichmäßig fährt das beruhigt als ihr euch endlich auseinandergesetzt habt siehst du was ihr euch da alles sagen konntet du und dein Schmidt was man sich so im allgemeinen sagt und ich hatte oft das Gefühl mich aufzulösen als ob mein Unterleib sich auf euren Stühlen auflöste wo ich saß ohne einen Gedanken im Kopf nur ein ganz klein bißchen Lust darauf absolut nichts zu tun und nichts zu erleben und nichts entscheiden zu müssen und mich bald ganz aufzulösen und du hast mir vom Braten mit Püree vorgelegt und eure Wortwechsel darüber hinweg was ihr euch alles gesagt habt du und dein Schmidt als wäre ich gar nicht da ich fand euch oft unter Niveau zwei alte Kirschbäume die keine Früchte mehr tragen wieso na wegen des Wetters wegen ihrer Rinde wegen der Bakterien ob sie irgendwann anders hätten Früchte tragen können das weiß keiner mehr entschuldige wenn ich dir das sage es tat mir gut euch so nahe zu wissen mit all dem angenehmen Blattwerk immer dasselbe Blattwerk und ich brauchte nichts ich kannte den Zustand des Baches sehr genau er ist in einem sehr schlimmen Zustand aber man sagt immer noch: da ist der Bach hast du gesehen der Bach? ich bin zum Bach gegangen am Bach also ich war völlig kraftlos ein alter Bach mit allzu wenig Würde und sonntags kam deine Älteste und das war der Gipfel keiner holte mich mal aus meinem Stuhl! Ich habe mein Leben damit zugebracht mich aufzulösen das ist ein Skandal man hätte dieses Laster unterbinden müssen lieber eine Lokomotive sein die ihre Strecke abzufahren hat bei meiner Rückkehr aus Sitges war ich immer noch in einem eigentümlichen Zustand als hätte ich den Eiffelturm gebaut doch dann kam Oscar und mit Oscar war es eher eine Bügelgeschichte als eine Liebesgeschichte Oscar wollte eine Bügelei also hat er die von Mama übernommen und bei Mama war es nicht nur Rheumatismus es war mehr neun Monate lang hat sie sich gequält aber reden wir nicht drüber Oscar war glücklich in seiner Bügelei und ich ich dachte an meinen Stoff auf den Wänden und an die Zinnien in Oscars Garten im Sozialen Wohnungsbau in Béthoncourt schlimmer als Sochaux wenn du mich fragst: Und deine Ehe mit Oscar? dann kann ich dir bloß sagen: Ich konnte den Sozialen Wohnungsbau nicht leiden! Ich habe es Oscar immer übelgenommen daß er mir den Stoff auf den Wänden so schnell weggenommen hat das war meine Arbeit ich habe ihn verlassen er ist in seiner Bügelei geblieben ich strotze nicht so vor Undank daß ich nicht zu schätzen wüßte wie du mich bei deinem Schmidt aufgenommen hast als Papa seinen tödlichen Herzkranzzwischenfall hatte und wir mein geliebtes Haus verkaufen mußten das Haus der Hartmans! Ich werde dir niemals genug danken können Edith für das Zimmer das du mir im Haus der Schmidts gegeben hast ich bin kein bißchen unglücklich siehst du ich liebe dieses Zimmer schließlich paßt es zu mir dir ist nie aufgefallen wie ich deine Tischdecken berühre ich fange an deine Tischdecken zu mögen ich folge den Umrissen der Blüten mit dem Finger oder den Karos und einmal sind mir die Tränen in die Augen getreten als ich das tat es war deine Tischdecke die aus Sitges sie hatten sie mit anderen Tischdecken ausgelegt handbestickt von Spanierinnen aber du wolltest diese und ich aß mein Vanilleeis mir wurde ganz schlecht davon ich habe es auf die Erde geworfen da hast du übrigens zu mir gesagt: das ist typisch Suzelle wenn ich mit meinem Finger den Umrissen dieser Weintrauben folge die auf deiner Spitzendecke sind auf der aus Sitges dann fällt es mir wieder ein jener Moment nicht Sitges selber sondern der Staub der einen ganz eigenen Geruch hatte es war August! Diesen Abend habe ich im Gedächtnis als ein leichtes angenehmes Schaukeln als hätte ich in dem Moment weniger Falten gehabt aber ich muß wohl wie heute gewesen sein das ist eine schöne Erinnerung sogar dieses Eis ich erinnere mich daran und bin ganz gerührt Edith verstehst du sogar dieses Eis das ich auf den Boden geworfen habe. Und die Folge aus meinem Zustand von Sitges das war meine Tochter Colette das heißt Juanita du wirst gleich wieder sagen daß ich verrückt war zu glauben Colette sei meine Tochter aber ich habe es geglaubt noch heute sage ich mir: Colette ist meine Tochter als das Puzzle wieder zusammengesetzt werden mußte als alle Teile wieder zusammenpaßten da konnte sie nicht mehr meine Tochter sein mein Kopf hat das zugegeben aber ich will das nicht zugeben. Als ich ihr Bild in der Zeitung gesehen habe das werde ich nie vergessen da habe ich mich gefühlt wie nach der Geschichte von Sitges die nach der Geschichte vom Stoff auf den Wänden kam eine neue Frau lauter leuchtende Wege taten sich vor mir auf als ich zur Polizei sagte: das Mädchen in der Zeitung die Taubstumme das ist meine Tochter ich hatte ein Gefühl als stiege ich eine Leiter hoch du wirst mich fragen was für eine Leiter ich weiß es nicht ich stieg sie hoch ich war im Einklang mit den Geheimnissen des Seins und damit hing es auch zusammen nach den Erlebnissen mit dem Stoff auf den Wänden und dem Staub von Sitges! Colette ist die Folge meines Zustands von Sitges und ein Wink des Schicksals außerdem denn Colette vielmehr Juanita ist Spanierin und Sitges liegt in Spanien aber erstmal wußte keiner daß sie Spanierin war weil sie keinen Ausweis dabeihatte man fragte sich wo sie herkam sie hatte versucht die ESSO-Tankstelle zu überfallen die letzte an der Straße nach Etupes wenn man aus Sochaux rausfährt sie ist angeklagt worden aber nicht wirklich denn sie war eine Taubstumme ohne Ausweis ihr Foto war veröffentlicht worden damit jemand sie identifizierte und als ich gesagt habe: sie ist meine Tochter hat mir natürlich kein Mensch geglaubt der Kommissar war ein Bekannter von Oscar ich habe sie mitgenommen sie wohnte in dem Zimmer mit dem blauen Stoff ich habe zu ihr gesagt: du heißt Colette aber sie war taubstumm sie verstand nichts ich habe versucht die Taubstummensprache zu lernen das ist sehr schwer sie ist dann richtig angeklagt worden als sie ihr Kind getötet hat sie erwartete ein Kind es war mißgestaltet und zu dem Zeitpunkt wußten wir schon daß sie Juanita hieß! Sie kam aus Tarragona und Tarragona liegt ganz in der Nähe von Sitges als hätte ich schon an jenem berühmten Abend von Sitges gespürt daß ich eines Tages ein Kind haben würde wie vom Himmel gefallen und noch dazu ein Kind aus Spanien und ich war in Spanien nicht weit von Colette die noch gar nicht Colette hieß sondern Juanita ein Jahr hat es gedauert um das Puzzle richtig zusammenzusetzen ein Jahr lang durfte ich Colette lieben es waren Röntgenaufnahmen von ihren Unterarmen gemacht worden man hielt sie für ungefähr fünfundzwanzig in Wirklichkeit war sie neunzehn es hieß sie sei Prostituierte weil sie arm war aber das ist eine Unterstellung ich habe niemals daran geglaubt Colette war meine Tochter ich durchschaute sie voll und ganz Colette war keine Prostituierte sie hatte zwölf Kilo zugenommen als die Polizei sie endgültig mitnahm. Stell dir mal vor jemand bietet dir einen Apfel an und dieser Apfel hat eine faule Stelle dann stell dir vor du nimmst den Apfel und ißt ihn auch die faule Stelle und du fühlst dich einen Augenblick lang gar nicht wohl aber du hast alles aufgegessen Edith und die Person die dir den Apfel gegeben hat hätte es überhaupt nicht peinlich gefunden wenn du vor ihren Augen das faule Stück wieder ausgespuckt hättest oder gesagt hättest: iih wie eklig der Apfel ist faul stattdessen denkst du: ich trau mich nicht zu sagen daß der Apfel faul ist so denkst du und wem zuliebe frage ich dich sind wir denn dermaßen katholisch? Hartmans Schmidts alle katholisch! Also wenn du den faulen Apfel gegessen hast ohne irgendeine unangenehme Bemerkung zu machen ja was heißt das? Das heißt genau das was ich immer dachte wir sind völlig geistlos wir sind bereit alles hinzunehmen was von außen kommt im Idealfalle sollte man ja niemandem einen faulen Apfel anbieten aber abgesehen davon könnten die Leute ja sagen: nein ich mag keine faulen Äpfel oder sehen Sie mal ich biete Ihnen einen Apfel an er ist faul aber ich habe keinen anderen tut mir leid das muß man erstmal sagen können kannst du etwa über dein Leben reden? Den Mund waagerecht halten den Blick nach innen gekehrt mit verschränkten Händen so kann keiner sehen ob die Lippen zittern der Blick zittert die Hände zittern ich sehe alles so klar ich sehe uns wie zerstückelt und ausgebreitet vor uns zwei guten Frauchen der Suzelle Hartman und der Edith Schmidt die früher Hartman hieß ach Didi wir sind in der Sackgasse! das ist ein Mangel an Respekt vor einem selbst das ist die Gutheißung der eigenen Angst! Nehmen wir mal an du hältst deinen Arm zehn Jahre lang hoch du könntest ihn nicht mehr ohne Schwierigkeiten herunternehmen deine Schulter wäre angeschwollen sie täte dir weh ein Kalziumpanzer hätte sich um das Gelenk herum gebildet den man zerschlagen müßte damit der Arm von neuem funktionieren könnte nennen wir es doch beim Namen genau das ist uns passiert das heißt mir vor allem es bringt mich zum Zittern! Viel zu viel Angst meinen Kalziumpanzer alleine zu zerschlagen! Wer hat den Panzer schon zerschlagen wollen? Wir haben gelebt als wollten wir diese Pose für die Ewigkeit einnehmen wie Galionsfiguren bloß sind wir keine Galionsfiguren! Man wird zu einem Standbild das wird da oder da hingestellt und die Frau mit dem erhobenen Arm was tut sie sie bleibt da stehen. Ich bin ihr mit den Augen gefolgt durchs Küchenfenster bis nur noch ein kleines Stückchen von ihrem Ärmel zu sehen war ich konnte noch sechs oder acht Zentimeter von ihrem Ärmel sehen zwei Zentimeter Ärmel dann gar nichts mehr sie war verschwunden das Postamt hatte sie verschluckt und ich hatte Lust auf ein Bier ich die ich so selten Bier trinke aber es war August und das mit Colette die inneren Stürme Edith die inneren Stürme.

TITA

Den Schwanz seines Vaters zuallererst ist er *sein* Vater er steckte ihn mir an der richtigen Stelle rein in die Höhle normalerweise zog er mich an den Haaren mindestens vierzehn Jahre lang und du Jacquot vielleicht bist du sein Sohn ich glaube du bist sein Sohn nicht Josés du willst doch keinen Muckefuck-Namen du willst doch nicht genauso heißen wie Muckefuck er trank Mirabellenschnaps wir holten ihn immer sonntags in Villersexel in der Haute Saône bei Jules Marconnet das ist ein angeheirateter Vetter du müßtest eigentlich diesen Namen tragen den Muckefuck-Namen denn ich heiße so und vor allem er! José der heißt Guliez er ist Portugiese aber warum sollst du so heißen Guliez denn das ist doch der von José nicht meiner deinetwegen habe ich nicht gewollt und seinetwegen hat er mir seinen Schwanz reingesteckt während er mir an den Haaren zog vierzehn Jahre lang aus dem Mund stank er nach Mirabellenschnaps oder nach Blumenwasser das man lange nicht gewechselt hat und immer wenn es ein anderer Schwanz war oder der von José dann dachte ich im schönsten Moment an diesen Mirabellenschnaps aus Villersexel ich sehe sogar das Schild am Ortseingang von Villersexel vor mir da steht's drauf Villersexel und rechts von dem Schild auf der anderen Straßenseite stehen Häuser und Gärten mit Kapuzinerkresse drin ich kann nicht anders es fällt mir immer wieder ein das Gesicht von Vetter Jules Marconnet und ganz besonders der Geruch also ich habe ihn jedesmal in der Nase diesen Geruch von Mirabellenschnaps ach Jacquot so wirst du nicht heißen ich mache jetzt Schluß damit diese fixe Idee von Villersexel das ich früher als den Schwanz von meinem Vater kennengelernt hatte mit dem Schloß und dem Wald wo wir mit Mama picknickten es gab hartgekochte Eier Kaninchen ich mag Kaninchen Mama steckte ihre Kamee an das war ein ganz besonderes Villersexel als wäre es ein Villersexel das es heute eigentlich nicht mehr gibt dabei hat es sich gar nicht besonders verändert das Schloß ist heute ein Altersheim vorher war es ein Jagdmuseum und Mama träumte davon in Villersexel zu wohnen sie sagte es sei viel besser als Sochaux und ich sagte zu ihr keiner hindere sie dran auch Kapuzinerkresse in ihren Garten zu pflanzen darauf meinte sie es ginge doch nicht nur um Kapuzinerkresse und ich würde daraus eine Riesensache machen sondern vielmehr um etwas das sie nicht erklären konnte eine besondere Atmosphäre da gibt es das Haus von dem Doktor für die Füße das liegt mitten im Zentrum hinter dem Schloß und wir kamen immer dran vorbei wenn wir sonntags mit dem Auto nach Villersexel reinfuhren um bei Jules Marconnet Mirabellenschnaps zu holen sie sagte immer: Kommen wir am Haus des Spezialisten vorbei? Wir kamen vorbei im zweiten Gang im ersten wir fuhren ganz langsam am Haus vorbei um ihr eine Freude zu machen manchmal hielten wir sogar an er hatte einen Balkon aus Holz und das versetzte Mama in den gleichen Zustand wie wenn im Fernsehen diese Trancetänzer kommen sie sagte: das ist ordentlich schön sie sagte »ordentlich«! »Ordentlich« sie war die einzige die das damals sagte ich fand alle Wörter komisch auch unseren Namen genauso zu heißen wie Muckefuck ich sagte Spülstein oder Wurst oder Reisig und ich sah diese Worte vor mir sie hingen vor meiner Nase ich fragte mich was sollen diese Wörter ich zermarterte mir das Gehirn und er hatte schon angefangen mir seinen Schwanz reinzustecken Stück für Stück an der richtigen Stelle Mama war arm dran mit ihren Wangen komischerweise hatte sie eines Tages ganz plötzlich keine Wangen mehr sie war eine Frau früher mal blond mit einer gewissen Art von Koketterie und Wangen sie hatte bei Marti in Sochaux gearbeitet in der Fahrradherstellung und dann lief es bei Marti nicht mehr und sie saß in ihren vier Wänden meine Brüder dauerarbeitslos und mein Vater pichelte sich seine Mirabelle von Marconnet rein und dann die Peugeot-Fabrik da war's als hätte sie eine Wangenoperation gehabt wer sollte ihr denn die Wangen abnehmen sie aß Suppe mit Mondamin sie sagte ihr Magen ach ich weiß nicht mehr ihr Magen wäre ihr Problem Numero Eins aber von ihren Problemen Numero Zwei und Drei sprach sie nicht sie hatte nur keine Wangen mehr und wenn sie redete sah ihr Gesicht ganz anders aus als würde man sie schräg von der Seite angucken wo man sie doch von vorne ansah ich liebte meine Mutter sehr sie hat bestimmt immer gewußt daß er mir seinen Schwanz mit Gewalt reingesteckt hat und mit José ich sage zu ihm: streichle mich streichle deine Tita Josés Mund der riecht eher nach Lebkuchen aber was macht man nicht alles um den Mirabellengeruch aus dem Kopf zu kriegen! Ich sage mir das ist mein José seine Haare seine Schultern aber ich brauche eine Zeit um wirklich zu begreifen daß er mein José ist er ist so zartbesaitet seit seiner Operation er streichelt mich! Was tun wenn es nach Mirabelle riecht statt nach Lebkuchen wenn man es nicht schafft zu vergessen? Und meine Mutter die glaubte ihr Leben sei ein Geheimnis und dabei war es für niemanden ein Geheimnis alle Welt wußte daß Monsieur Leroux Leroux wie der Muckefuck von der Firma Leroux daß er sie rausschmiß in den Garten und alles wegen dem Mirabellenschnaps von Marconnet die Geschichte mit den Wangen meiner Mutter die hing auch damit zusammen mit meinem Vater mit dem Mirabellenschnaps mit Marti mit ihrem Magen sie schwieg sie erzählte keinem was und deshalb glaubte sie sie hätte ein Geheimnis aber es war kein Geheimnis zum Schluß hat sie überhaupt nichts mehr gesagt und an einem fünfzehnten August ist sie draufgegangen zuerst wollte sie sich mit einem Schlips von meinem Vater aufhängen sie wollte versuchen zu sterben aber der Schlips war nicht aus Hanf sondern aus Baumwolle und er ist durchgekracht meine Mutter muß sich wohl zu Tode erschreckt haben weil sie zwei Tage später im Koma lag Jacquot sag deiner Mutter daß du ihr nicht böse sein wirst wegen dem was sie tun wird deine Toxikose war's die hat mich so verändert habe ich da jetzt was hineininterpretiert? Vielleicht habe ich zuviel in die Toxikose hineininterpretiert noch so ein Wort das mir vor der Nase hing und dieses Wort Toxikose war ganz groß geschrieben von da an war alles im Eimer. Toxikose das war zuviel sie haben zu mir gesagt: Alle Kinder haben eine Toxikose ach Quatsch das war ein Zeichen war das damit ich begreife was Schicksal bedeutet nach meiner Rechnung war es möglich das war die Hölle nach meiner Rechnerei wäre ich am liebsten wieder in die Zeit von Villersexel zurückgeschlüpft ganz am Anfang vor den Verwüstungen durch die Mirabelle und das Schild sehen Villersexel ich liebte genau den Augenblick wo man die Schrift Villersexel erkennen konnte nur eine Minute ich war glücklich ich sah die Schrift Villersexel und ich war glücklich! José wird bald zum Facharbeiter bei Peugeot befördert als ob ich ihm die Wahrheit sagen könnte als ob ich sie ihm sagen könnte! Josés Mutter hatte ihm geschrieben daß es durch ihr Dach regnete und nur deshalb ist es so weit gekommen! Er ist zu seiner Mutter gefahren um ihr Dach zu reparieren und mein Vater hat mich angerufen ich habe zu ihm gesagt: Na gut ich koche dir deine Suppe wegen deinem Ödem er sagte er wollte seine Suppe in Wirklichkeit wollte er mich und wieder und wieder er wußte es noch ich habe zehntausendmal nachgerechnet nichts zu machen zwischen dem Tag mit der Suppe und der Toxikose sind neun Monate vergangen er hatte mir dermaßen am Arm wehgetan daß ich zu ihm sagte: Ödem oder nicht José ist achtundzwanzig er ist Portugiese also Vorsicht ja. José ist am nächsten Tag heimgekommen das Dach war repariert und wir haben nur noch im Bett gelegen die ganze Zeit am Nachmittag in der Nacht am Morgen und ein einziges Mal habe ich mehr an den Lebkuchen gedacht als an die Mirabelle nachdem ich das Ergebnis hatte den Bescheid daß ich schwanger war habe ich ihn rumliegen lassen damit José es kapierte ich konnte es ihm nicht sagen ich konnte es nicht ich hatte Angst ich hatte Angst aber nein sowas José der guckt sich doch keinen Bescheid an der nicht für ihn ist wo Mademoiselle Leroux draufsteht und als er kapiert hatte daß ein Kind unterwegs war da hat er seine Mutter stante pede angerufen er war ganz verrückt als du gekommen bist Jacquot da hat er geweint! José hat geweint also die Wahrheit das ist nichts für José man muß ihn in Ruhe lassen ein Bescheid den es niemals hätte geben dürfen. Man muß ihn in Ruhe lassen. Man muß ihn in Ruhe lassen.

LATIFA

Ja erstens das Jugendzentrum und zweitens meine Mutter oder umgekehrt erstens meine Mutter und zweitens das Jugendzentrum aber die Reihenfolge ist doch andersrum das Zentrum und dann meine Mutter weil die Geschichte mit dem Zentrum zuerst passiert ist und dann die mit meiner Mutter das war ein härterer Schlag aber jetzt mache ich Skandal ich erhebe Anklage!

Und zwar erstens die Rigipsplatten an der Decke das Ver-

miculit in den Wänden im Jugendzentrum also bei Vermiculit war ich mir ganz sicher daß es schrecklich werden würde schon das Wort Vermiculit ich habe Angst gekriegt als wenn plötzlich Blut auf meinem Rock wäre nicht meine Tage riesige Blutverluste und die Leute würden sagen: du hast da Blut auf deinem Rock!
Als sie gesagt haben: wir werden jetzt Vermiculit in die Wände injizieren habe ich gespürt daß nichts mehr wie früher sein würde der totale Horror und ich wußte gleich daß ich so weit kommen würde wie ich jetzt gekommen bin in einem Zustand als hätten sie mich die ganze Zeit an den Füßen aufgehängt ich schlafe ein ich wache auf ich erinnere mich voller Schrecken daran daß ich an den Füßen aufgehängt bin oder als ginge ich in eine Kirche ohne zu wissen daß es eine Kirche ist weil mich in dem Augenblick wo ich sie betrat irgendein verquerer Gedanke abgelenkt hat z.B. daß ich mein Wasser nicht halten kann in dem Augenblick wo ich es gleich schon nicht mehr halten kann und wenn ich abgelenkt bin stolpere ich und wenn ich ohne Grund stolpere wenn mir gar nichts im Wege war dann denke ich im Augenblick des Stolperns immer an den Tod als ob das Stolpern sein Vorbote wäre und in dieser Kirche ist gerade eine Messe und ich habe in dieser Messe nichts zu suchen ich frage mich was ich in der Messe verloren habe ich frage mich warum ich in diese Kirche gegangen bin und nicht in ein Kino als hätten sich die Sekunden bevor ich hineinging verflüchtigt und diese kleine Gehirnwäsche hätte mich ganz ohne Gedanken zurückgelassen da ist nur noch die Frage was ich da tue und wie lang diese Gehirnwäsche angedauert hat keine Ahnung! Ich fühle mich wie ein Kaninchen das gleich erschossen wird versteinert und leer innendrin vollkommen leer! Ich fahre mir mit der Zunge über die Lippen um mich zu beruhigen denn wenn ich mir mit der Zunge über die Lippen fahre habe ich eher positive Gedanken ich weiß auch nicht wieso aber durch diese Berührung komme ich wieder auf den Boden dadurch konzentriere ich mich auf meinen Mund

und auf das was in meinem Mund ist ich habe nämlich schon seit langer Zeit begriffen daß mein Mund sehr wichtig ist das Zentrum meines Gleichgewichts ich bin glücklich wenn ich eine normale Menge Spucke im Mund habe eine geschmeidige nicht schwere Zunge und eher glattpolierte Zähne das heißt wenn man nämlich im Gegenteil nicht drauf achtet und das das kann ja immer mal passieren daß man nicht drauf achtet also wenn ich nicht drauf achte was ich esse und trinke wenn ich mich so weit gehen lasse daß ich mich nicht mehr pflege und wenn eben meine Spucke und meine Zähne nicht in Ordnung sind dann heißt es Vorsicht Vorsicht! Mein Mund ist ein genauer Anzeiger er bringt mir zu Bewußtsein wenn ich gegen meine eigenen Interessen handele und wenn mein Mund nicht so wäre wie er ist dann hätte ich glaube ich noch mehr Mist gebaut das hängt vielleicht damit zusammen daß ich schon als kleines Mädchen Probleme mit dem Mund hatte es war immer viel von meinem Mund die Rede vor allem meine Mutter die hörte gar nicht mehr auf von meinem Mund zu reden zu allen Leuten als wäre mein Mund so wichtig wie der Präsident von Frankreich warum redeten sie von meinem Mund vielleicht weil er auf eine bestimmte Art geschwungen ist er beschreibt einen Bogen und das haben sie bewundert aber auch weil es in seinem Innern immer Unfälle gab mit Zähnen Aphten Füllungen ich habe immer mehr auf meinen Mund achten müssen als auf meine Knie nichtsdestotrotz hat das Vermiculit angefangen zu stinken und im Jugendzentrum war der Teufel los! Es war auch die Rede von Formaldehyd was angeblich im Gipskleister drin war in den Vereinigten Staaten ist diese Sorte Kleister verboten wo ein bißchen zuviel Formaldehyd drin ist was tun wir da wir lassen ein Gutachten machen nein nein es ist nicht zuviel Formaldehyd drin weniger als ein Milligramm nicht toxisch da müßte schon viel mehr als ein Milligramm drin sein damit es toxisch wäre dann ist alles abgerissen worden die Rigipsplatten das Vermiculit und all das bloß weil Madame Krück der Leiterin kalt war und es war von

Isolation die Rede und nach der Isolation dieses Unwohlsein der Geruch die Zerstörung und bitte sehr Monate und Monate nichts als Bauarbeiten Zerstörung und Wiederaufbau und es geht weiter es riecht es riecht wie riecht es denn das Vermiculit? Man kriegt Nasenbluten man kotzt die Leiterin nimmt Urlaub die Ärzte kommen daher im Osten ist's feucht ach so jetzt war's die Feuchtigkeit die dieses Zeug angezogen hat das da ausströmt ohne daß man was merkt warum strömt es aus keine Ahnung und von welchem Zeug ist überhaupt die Rede vom gleichen oder wieder von einem anderen also Analysen und noch mal Analysen die Luft wird analysiert kein Formol sie haben bloß nach Formol gesucht nichts nicht toxisch großes Rätsel den Einwohnern von Sochaux wird erzählt: das Jugendzentrum wird geschlossen wegen der Kinder übersetzt auf arabisch auf jugoslawisch auf türkisch denn danach hieß es dann doch ein gewisses Prickeln und noch mehr Prickeln also mir prickelte es bloß ein bißchen in der Nase und die Zeit verging! Und der Bürgermeister und der Präfekt und der algerische Konsul kommen an und hocken sich hin sie gehen auf allen Vieren herum und schnüffeln und halten eine Flasche mit Formol in der Hand und vergleichen die beiden Gerüche sie finden keinen Geruch oder vielmehr sie finden doch was und dann wird das Jugendzentrum endültig zugemacht ich denke ich werde an einem Baum aufgehängt weil es kein Jugendzentrum mehr gibt und ich habe doch im Jugendzentrum gearbeitet Madame Krück die ist sofort vom Betriebsrat in die Bibliothek versetzt worden und ich wohin werde ich versetzt? Und zweitens meine Mutter! Wo es sowieso alle Welt in der Zeitung gelesen hat der Skandal ist sowieso schon da mir wird schwindlig wenn ich auf meine Füße schaue meine Mutter war's doch nicht die gestohlen hat sie haben sie umgebracht sie haben sie umgebracht sie ist ermordet worden sie haben zu mir gesagt: wie sollte man denn ihren Blutzuckeranstieg vorhersehen? Einen Blutzuckeranstieg auf fünfhundert Milligrammprozent und ich habe gesagt: weil sie Angst gehabt hat sie haben zu mir gesagt: Ihre Mutter war eine Diebin und wir mußten sie zum Schweigen bringen ich sage: und das Tränengas? Ich habe den Autopsiebescheid gelesen der Autopsiebescheid ist vom zwanzigsten und ich habe ihn am vierundzwanzigsten gekriegt warum? Und ich sage zu ihnen: in welchem Zustand hat man ihre rechte Lunge vorgefunden Sie haben sie getötet in dem Bescheid steht Vergiftung durch Kohlenoxyd das waren Sie. Da stand die Lunge war leicht entzündet und zyanotisch da sagen sie zu mir: Über das Ödem Ihrer Mutter diskutieren wir nicht mit Ihnen sondern mit dem Gerichtsarzt und ich zu ihnen: Wer hat mir denn von dem zyanotischen Zustand erzählt der Gerichtsarzt doch na und? Und sie haben geantwortet: Glauben Sie das macht uns Spaß eine Tote infolge von Untersuchungshaft es hat wohl so kommen müssen und damit basta! Es war der dreizehnte um 18 Uhr 45 sie sind scheint's mit ihrer richterlichen Anordnung gekommen für eine Hausdurchsuchung wegen dem Diebstahl im Kaufhaus ›Printania‹ in Sochaux drei Autos sie haben nicht angeklopft sie sind reingekommen und haben rumgeschrien meine Mutter hat gefragt: Was ist denn los? Sie haben zu ihr gesagt: Schnauze. Ich dachte noch an das Jugendzentrum aber ich sage: und der Durchsuchungsbefehl? Da hat sich meine Mutter verdächtig verhalten sie hat hinter sich geschaut und weil sie hinter sich geschaut hat haben sie gedacht daß sie die Diebesbeute irgendwo hinter sich versteckt hätte denn sie haben sie angebrüllt: Was suchst du da hinten du bist die Diebin! Sie hat zu ihnen gesagt: Da ist nichts da hinten und sie ist an die Stelle gelaufen wo sie hingeschaut hatte einfach um ihnen zu zeigen wohin sie ganz mechanisch geschaut hatte das sagte sie ihnen auch: ganz mechanisch ganz mechanisch und sie zeigte ihnen die Butangasflasche: Hier bitte da ist die Gasflasche das ist Butangas ich habe nichts gestohlen sie ist richtig zugedreht ich hatte Angst sie wäre vielleicht nicht richtig zugedreht und dann hat sie sich noch verdächtig gemacht weil sie etwas auf Kabylisch zu mir gesagt hat: Latifa ich verstehe überhaupt nichts mehr. Sie haben geglaubt sie sagt mir wo sie die Diebesbeute versteckt hatte aber sie sagte einfach nur: Latifa ich verstehe überhaupt nichts mehr. Und die die fragten sie: Und diese Halskette? Sie reißen ihr die Halskette weg sie haben geglaubt es wäre eine von den Halsketten die im ›Printania‹ gestohlen worden waren als gäbe es Halsketten im ›Printania‹ so ein Quatsch es gibt doch gar keine Halsketten im ›Printania‹ und die durchsuchen alles verbreiten eine Panik und einer sagt: Wir haben nichts gefunden Chef und der Chef der die Halskette hatte sagt: Doch diese Halskette!

Meine Mutter sagt auf Kabylisch zu mir: Zeig ihnen meine Kassette die mit dem Schmuck da ist Schmuck drin der gleicht dieser Halskette dann werden sie verstehen daß es keine Kette aus dem ›Printania‹ ist sondern aus ›Constantine. Doch statt zu lächeln was sie hätte tun sollen versuchen beim Sprechen zu lächeln aber wie soll man auch lächeln können wenn man gar keine Lust dazu hat also statt zu lächeln hat sie geschrien ihre Unterlippe sah irgendwann nicht mehr wie eine Unterlippe aus sie wurde immer länger und länger es war neunzehn Uhr Tränengas Tränengas Tränengas auf meine Mutter Ouerdia danach werfen sie sie in Handschellen in den Streifenwagen wie einen Sack Kartoffeln ab zum Kommissariat drei meiner Brüder Omar Hocine Ahcène spielten Tennis auf dem Sportplatz verhaftet auch zum Kommissariat wo Hocine doch letztes Jahr schon ein Mofa geklaut hatte meine Mutter weint weint weint Handschellen und der Skandal ans Tischbein gefesselt Hocine geht zu ihr er läuft zu ihr und Tränengas meine Mutter lassen sie da Hocine nehmen sie mit er hat Verbrennungen sie lassen sie da in dem Raum mit dem ganzen Gas und sie hat doch nichts gestohlen es ist Anzeige erhoben worden Unterschiebung was weiß ich ich gehe weg sie schicken mich weg einundzwanzig Uhr Telefon meine Mutter Ouerdia hat sich mit der Schnur erdrosseln wollen was für eine Schnur weiß man nicht der Richter ruft den Arzt der Arzt kommt er bemerkt nichts Anomales nicht die Verbrennungen durch das Tränengas und nicht den kritischen Zustand meiner Mutter Ouerdia man läßt sie frei sie kommt zu Fuß nach Hause zurück ich höre sie ich sehe sie ihre Lippe immer noch genauso sie hängt herab und Übelkeit diabetisches Koma Tod emotionaler Schock Blutzuckeranstieg auf fünfhundert Milligrammprozent wegen einer Halskette aus ›Constantine‹ Autopsie nichts ein Skandal ich denke nach ich rede mit dem Richter der mit dem Gerichtsarzt redet und was ist mit dieser ersten Autopsie? Und mit dem zyanotischen Zustand der Lunge und den Verbrennungen und dem emotionalen Schock?

Gegenautopsie bitte sehr ich erhebe Anklage ich gehe hier nicht mehr raus ich habe einen ganz trockenen Mund ich warte.

Jean-Luc Lagarce

Ich war in meinem Haus und wartete daß der Regen kommt

Aus dem Französischen von Jarg Pataki

Personen

DIE ÄLTESTE

DIE MUTTER

DIE ÄLTERE

DIE ZWEITE

DIE JÜNGSTE

Das Schriftbild und die Interpunktion wurden dem französischen Original angepaßt, um dessen Rhythmus so weit wie möglich nachzuempfinden.

Originaltitel: J'était dans ma maison et j'attendais la pluie vienne

L'AÎNÉE J'étais dans ma maison et j'attendais que la pluie vienne.
Je regardais le ciel comme je le fais toujours, comme je l'ai toujours fait,
je regardais le ciel et je regardais encore la campagne qui descend doucement et s'éloigne de chez nous, la route qui disparaît au détour du bois, *là-bas*.

Je regardais, c'était le soir et c'est toujours le soir que je regarde, toujours le soir que je m'attarde sur le pas de la porte et que je regarde.
J'étais là, debout comme je le suis toujours, comme je l'ai toujours été, j'imagine cela,
j'étais là, debout, et j'attendais que la pluie vienne, qu'elle tombe sur la campagne, les champs et les bois et nous apaise.

J'attendais.

Est-ce que je n'ai pas toujours attendu ?

(Et dans ma tête, encore, je pensais cela : est-ce que je n'ai pas toujours attendu ? et cela me fit sourire, de me voir ainsi)

Je regardais la route et je songeais aussi, comme j'y songe souvent, le soir, lorsque je suis sur le pas de la porte et que j'attends que la pluie vienne,
je songeais encore aux années que nous avions vécues là, toutes ces années ainsi,
nous, vous et moi, toutes les cinq, comme nous sommes toujours et comme nous avons toujours été, je songeais à cela, toutes ces années que nous avions vécues et que nous avions perdues, car nous les avons perdues,
toutes ces années que nous avions passées à l'attendre, celui-là, *le jeune frère*, depuis qu'il était parti, s'était enfui, nous avait abandonnées,
depuis que son père l'avait chassé,

DIE ÄLTERE Ich war in meinem Haus und wartete daß der Regen kommt.
Ich schaute zum Himmel wie ich es immer tue, wie ich es immer getan habe,
ich schaute zum Himmel und schaute abermals auf die Landschaft die sanft abfällt und sich von unserem Zuhause entfernt, die Straße die an der Waldbiegung verschwindet, *da unten.*

Ich schaute, es war am Abend und es ist immer am Abend, daß ich schaue, daß ich auf der Türschwelle verweile und schaue.
Ich stand da, aufrecht wie ich immer dastehe, wie ich immer gestanden habe, ich stelle mir das vor,
ich stand da, aufrecht, und wartete daß der Regen kommt, daß er fällt auf die Landschaft, die Felder und die Wälder und uns befriedet.

Ich wartete.

Habe ich nicht immer gewartet?

(Und in meinem Kopf, abermals, bedachte ich das: habe ich nicht immer gewartet? und ich mußte lächeln, mich so zu sehen)

Ich schaute auf die Straße und dachte auch, wie ich häufig daran denke, am Abend, wenn ich auf der Türschwelle stehe und warte daß der Regen kommt,
ich dachte wieder an die Jahre die wir hier gelebt hatten, all die Jahre,
wir, ihr und ich, alle fünf, wie wir noch immer sind und wie wir immer gewesen sind, daran dachte ich,
all die Jahre die wir gelebt hatten und die wir verloren hatten, denn wir haben sie verloren,

all die Jahre die wir damit verbracht hatten auf ihn zu warten, auf ihn, *den jungen Bruder,* seit er fortgegangen war, geflohen war, uns im Stich gelassen hatte,
seit sein Vater ihn fortgejagt hatte,

heute, genau an diesem Tag, dachte ich daran, *genau an diesem Tage,* dachte ich daran,

all die Jahre die wir damit verloren haben uns nicht mehr zu rühren, zu warten also

(und da wiederum, vielleicht, fing ich an, einmal mehr, über mich zu lächeln, mich so zu sehen, mir mich so vorzustellen, und so über mich zu lächeln brachte mich an *den Rand der Tränen,* und ich bekam Angst in ihnen zu versinken)

all die Jahre die wir gelebt hatten um zu warten und noch dazu verloren nichts anderes zu tun als zu warten
und nichts erreichen können, nie, und kein anderes Ziel zu haben als dieses,
und ich dachte, *genau an diesem Tage,* ja, an die Zeit die ich bereits weit weg von hier hätte verbringen können,
ans Fliehen,
an die Zeit die ich in einem anderen Leben hätte verbringen können, einer anderen Welt, die Vorstellung die ich mir davon mache,
allein, ohne euch, die anderen, dort, ohne euch, alle,
all die Zeit die ich anders hätte leben können, einfach nicht zu warten, ihn nicht mehr zu erwarten, mich selber zu rühren.

Ich wartete auf den Regen, ich hoffte daß er fallen würde, ich wartete, wie ich, in gewisser Weise, immer gewartet habe, ich wartete und sah ihn,
ich wartete und dann sah ich ihn, ihn, *den jungen Bruder,* wie er um die Wegbiegung kam und zum Haus hinauf-

stieg, ich wartete ohne etwas Genaues zu erhoffen und sah ihn zurückkommen, ich wartete wie ich immer warte, seit so vielen Jahren, ohne Hoffnung auf irgendetwas, und genau in diesem Augenblick, wenn es Abend wird, genau in diesem Augenblick erschien er, und ich sah ihn.

Ein Wagen setzt ihn ab und er geht die letzten paar hundert Meter, seinen Sack über die Schulter geworfen, in meine Richtung.

Ich schaue wie er auf mich zukommt, auf mich und dieses Haus. Ich schaue ihn an.

Ich rührte mich nicht aber ich war sicher daß er es sein würde, ich war sicher daß er es war,
er kehrte zu uns zurück, nach so vielen Jahren, *genau das,* wir hatten uns immer vorgestellt daß er so zurückkäme ohne uns zu benachrichtigen, mir nichts dir nichts und er tat, was ich immer gedacht hatte, was wir uns immer vorgestellt hatten.
Er schaute vor sich hin und ging ruhig ohne sich zu beeilen und er schien mich dennoch nicht zu sehen,
und jenen da, *den jungen Bruder,* für den ich so lange gewartet hatte und verloren mein Leben
– ich habe es verloren, ja, ich zweifle nicht mehr daran, und das auf eine so unnütze Weise, *da,* von nun an, weiß ich es, ich habe es verloren –
jenen da, *den jungen Bruder,* zurückgekehrt von seinen Kriegen, ihn sah ich endlich und nichts veränderte sich in mir,
ich war erstaunt über meine eigene Ruhe, kein Schrei wie ich mir immer wieder vorgestellt hatte und wie ihr euch alle vorgestellt habt, immer, daß ich ihn ausstoßen würde, daß ihr ihn ausstoßen würdet, *unsere Fassung der Dinge,*
kein Geheul der Überraschung oder der Freude,
nichts,
ich sah ihn auf mich zugehen und ich dachte daß er zu-

rückkommt und daß nichts anders sein würde, daß ich mich getäuscht habe.
Keine Lösung.

(...)

DIE MUTTER Schläft er?

DIE ÄLTESTE Ich habe ihn in sein Zimmer gelegt, dort oben, das gleiche das er als Kind hatte. Die Mädchen haben mir geholfen, wir haben ihn nach oben getragen und er schläft. Er ist erschöpft angekommen, das glaube ich, er konnte nicht mehr laufen, ich sah ihm zu wie er die letzten Meter zurücklegte, er kam auf uns zu wie ein betrunkener Junge, ich verstand ihn nicht, er war erschöpft und schien dem Umfallen und Zusammenbrechen nahe.

DIE MUTTER Sagt er nichts? Dir, hat er dir nichts gesagt? Nur ein Wort noch vor dem Schlafen, dem Absinken, nicht ein Wort?
Ich hätte gewollt daß er spricht, daß er mir etwas sagt, fast nichts, immer dieselbe Geschichte, daß er spricht bevor er sich auf den Boden legt, vor dem Fallen,
ich hätte den Klang seiner Stimme gewollt
(*»Wie ich bin, wie ich immer gewesen bin...«*)
er machte mir Angst, daß er so still bleibt und daß er nicht mal ein Wort an uns richtet, das machte mir Angst und daß er sich dann hinlegt ohne um etwas zu bitten, daß er zu Boden fällt, ich kann es nicht sagen, ich hatte Schmerzen, der Anfang des Erstickens.
Ich habe mich getäuscht, so habe ich mir die Dinge nicht vorgestellt.

DIE ÄLTESTE In seinem Zimmer haben wir die Fensterläden zugelassen wie sie es immer sind, kaum das Licht, am Tag, und in der Nacht nur die Frische einlassend.
Er liegt in seinem Bett, wir hatten es immer behalten dieses Bett, nie kam in Frage es wegzuräumen
– *»Hatte ich nicht recht?«* Es wegzuräumen, hieß verzichten daß er zurückkommt –

dieses Zimmer, es war sein Zimmer, wir sprachen nicht davon, ich wischte es, räumte es unaufhörlich auf und nie hätten wir uns vorgestellt es auszuräumen und es neu zu streichen.
Von neuem, ist er in seinem Zimmer.

DIE MUTTER Er stand da vor mir, ich sehe ihn an, ich warte auf ihn seit vielen vielen Jahren, das bedeutet schon etwas, du kannst so tun als wüßtest du es nicht, aber das bedeutet schon etwas,
ein Sohn, der einzige Sohn, mein Sohn der zurückkommt, das bedeutet schon etwas,
und auch für dich bedeutet das etwas,
und für die Mädchen, jene da, du kannst sie sehen seit er zurückgekommen ist, seit er liegt und schläft, in seinem Zimmer, *da oben*, du kannst sie sehen, auch für die Mädchen, jene da, bedeutet das etwas.
Er steht da vor mir, all die Zeit verbracht damit auf diesen Augenblick zu warten, er steht da vor mir,
er hat sich verändert, sein Gesicht ist eingefallen, es ist ausgehöhlt und hat sich verhärtet, ich sah ihn an, ein Gesicht wie das eines Greises, eine Art sonderbares Greisengesicht oder der Körper eines jungen Mannes wie zu früh gealtert.
Habe ich geglaubt er käme ebenso zurück, genau so wie er fortgegangen war?
Hatte ich mir das immer vorgestellt?

DIE ÄLTESTE Er schläft wie er schlief als er ein Kind war. Er lag ohnmächtig zu meinen Füßen, ich hatte Angst, sogleich, daß er stirbt.
Ich schaute ihn an und ich sagte mir das: »*Er schläft wie er schlief als er ein Kind war*«.
Sonderbar. Wir haben ihn gepackt, eine unter den Armen, wie man das immer sieht, wie man immer annimmt, daß man die ohnmächtigen Körper tragen muß, ich weiß nicht, die Menschen die zu Boden gefallen sind, die Photographien, die Bilder,
wir haben ihn gepackt, die eine unter den Armen und die andere faßte ihn an seinen Füßen – ich war es die ihn an

seinen Füßen faßte – und haben ihn nach oben getragen.
Er ist leicht geworden, sein Körper ist abgemagert aber für uns, war es immer noch schwer.
Das ist Arbeit.
Die Kleine hat den Sack genommen, das war das einzige was sie interessierte. Wir haben ihn ihr gelassen.

DIE MUTTER Man muß ihn lange schlafen lassen, ich glaube er wird lange schlafen und wenn er so lange geschlafen haben wird, eines Tages, werden wir ihn aufwachen sehen und was uns heute nicht vergönnt war, *sogleich*, was uns heute nicht beschieden war, was wir erhofft hatten, so sehr erhofft all die Jahre,
daß er zurückkäme und kaum zur Tür herein zu uns sprechen und uns lieben und uns Dinge sagen würde, genau das,
daß er uns Dinge sagen würde die zu hören wir uns so sehr erhofft hatten,
daß er uns erkennen würde, nur das, daß er mich erkennen und daß er euch erkennen und daß er die Geschichte seiner Reise erzählen würde, all die verlorene Zeit,
was uns heute nicht vergönnt war, da, in dem Augenblick als er durch die Tür trat, werden wir endlich hören, ich brauche mir keine Sorgen zu machen,
er wird aufwachen, er wird so lange geschlafen haben, er wird aufwachen, er wird nicht einmal mehr wissen wo er ist, sein Zimmer, er wird es nicht erkennen, man wird es ihm sagen müssen, wir werden es ihm erklären müssen,
er wird aufwachen, genau das, wie er als Kind aufwachte und wir werden ihn sehen wie er uns sagt was er erlebt hat, wir werden ihn hören wir er uns sagt was er erlebt hat, wie sein Leben war, seine Reise, all die verlorenen Jahre, denn sie waren verloren,
all die verlorenen Jahre. Er wird sich wundern.

Sie lacht.

Wir werden mit unseren Klagen beginnen können und ihm unsere schönen und langen Vorwürfe machen.

DIE ÄLTESTE Und diese ganze Zeit, nun, von nun an, diese ganze Zeit, werden wir bei ihm bleiben, dem Schlafenden, um auf die Zeichen zu lauern, das meinst du doch?
Uns bei ihm ablösen die eine die andere, um auf die Zeichen dieses Erwachens zu lauern oder auf das immer leisere, immer langsamere Verfinstern,
sein Verschwinden ohne zu uns zurückzukommen, das Ertrinken im tiefsten Schlaf? Seinen Tod?
Du willst daß man ihn nie mehr verläßt?
DIE MUTTER Man muß auf ihn warten, die gleiche Geschichte, man wird bei ihm bleiben müssen, ja.
Wie wir auf ihn gewartet haben, seit dem Tag an dem er fortging, seit dem Tag an dem er uns verließ um vielleicht nie mehr zurückzukommen, seit dem Tag an dem sein Vater ihn fortjagte

– »*Was konnte ich denn tun? Ihr alle ihr wollt mir vorwerfen nichts getan zu haben, nicht den einen zurückgehalten zu haben, und auch nicht den anderen, was konnte ich denn tun?*« –

wie wir hier auf ihn gewartet haben,
und länger vielleicht, immer noch, nachdem sein Vater stirbt, nachdem sein Vater gestorben ist und die Gründe zu bleiben, *die heimlichen Gründe zu bleiben* erloschen sind,
wie wir auf ihn gewartet haben ohne je mehr zu glauben, vielleicht, niemand gab es zu aber wir dachten daran, alle,
du selbst, du sagst daß deine Haltung sich nicht verändert hat, daß nichts je deine Meinung ändern konnte, wer kann das glauben?
du selbst, du ließt dem Zweifel freien Lauf, du stelltest dir

vor, nach und nach stelltest du es dir vor, du stelltest dir vor daß du ihn nicht mehr sehen würdest bevor es mit dem Sterben an dir wäre,
du selbst, du kannst gern so tun als ob, du selbst, du entsagtest, nach und nach, wer sieht das nicht?
und jede dachte daran, alle, jene da ganz genau so,

wie wir auf ihn gewartet haben, vergeblich, ohne je mehr zu glauben daß er zurückkommt,
werden wir,
von nun an,
noch weiter warten müssen
– es wird niemals enden, und ich werde selber alt sein und du schon tot und ich werde immer noch warten –
wir müssen weiter noch warten daß er aufwacht und zu uns zurückkehrt, daß er die Augen öffnet und zu uns spricht und uns die Geschichte seiner Reise erzählt, es muß eine Reise gewesen sein,
wir haben uns sein Leben immer so vorgestellt, er wird uns nicht enttäuschen,
eine schöne und lange Reise, *nicht wahr?* eine schöne und lange Reise und auch noch so unvernünftig, durch die WELT,
daß er aufwacht und zu uns zurückkehrt und noch von all den Jahren erzählt, seine Geschichte
– hat Schlachten führen müssen, Kriege und Schlachten, nicht wahr? und Sieger, was anderes? nicht wahr? –
daß er aufwacht und zu uns zurückkehrt und daß wir, jede,
ihm endlich die unsere erzählen – alle gleich und verschieden.

Man muß auf ihn warten, auf die Geräusche horchen, die Ohren spitzen und sich ein wenig bemühen, und sei es nur ein klein wenig,
und sich bemühen, ein wenig, an seinem Bett, auf den Atem zu achten, die Anzeichen abzupassen, die kleinsten

Anzeichen die ihn uns ins Leben zurückbringen würden, den genauen Zeitpunkt,
exakt den gleichen Augenblick wie zu der Zeit als er ein Kind war, als er aufwachte und sogleich das Haus zu regieren begann, *der junge Sohn,* es um sich drehen zu lassen, denn immer drehte es sich um ihn

oder nach und nach endlos lauern, wenn es sein muß, das sagst du,
oder endlos lauern, und uns zerstören,
und ich glaube das nicht, ich kann mir das nicht vorstellen und du wirst mich nicht dazu bringen es mir vorzustellen, ich will nicht, auf seinen Untergang, seinen Abschied, lauern auf seinen Tod, ihn kommen sehen,
nie mehr seine offenen Augen und nie mehr ein Wort, keine Spur nach all den Jahren des Wartens, all den verlorenen Jahren des Wartens.

»Glaubst du das?«

DIE ÄLTESTE Nach all den Jahren, weitere Jahre, noch mehr, meinst du das? *hier,*
im Haus noch weiter auf ihn warten, an Ort und Stelle, regungslos, auf Zehenspitzen,
warten auf sein Erwachen wie man auf das Erwachen eines kranken Kindes warten würde in seinem Zimmer dort oben und wir, da, uns ablösend bis in die Unendlichkeit? Meinst du das?

DIE MUTTER Das werden wir tun, ja, ich werde meine ganze Zeit damit verbringen zu warten daß er aufwacht.
Das werden wir tun, und wenn ihr es nicht tut, wenn ihr es nicht mehr tun wollt, wenn jene da es nicht mehr tun wollen, wenn du selbst mich im Stich läßt, wenn du mir nicht hilfst, ja, werde ich es alleine tun, ich werde hier bleiben, und werde alleine warten, *was macht das schon?*

(...)

DIE ZWEITE An dem Tag an dem er zurückkommen wird, ich wiederhole mir das, all die Jahre habe ich mir das wiederholt, an dem Tag an dem er zurückkommen wird,
– habe nie gezweifelt daß er zurückkommt –
an dem Tag an dem er zurückkommen wird, werde ich mein rotes Kleid anziehen, jenes das ihr alle verabscheut, immer verabscheut habt, mein rotes Kleid in dem ich ordinär aussehe wie die Samstagabendmädchen, ich laufe und schlüpfe in mein rotes Kleid und er findet mich wieder wie er mich verlassen hat.
Es ist gut. Er lacht.

DIE ÄLTERE Als er über die Türschwelle trat, legt er seinen Sack ab,
als er über die Türschwelle tritt, tritt er ein in den Schatten des Hauses, man sieht ihn schlecht, ich sehe ihn schlecht, ich errate ihn,
im Gegenlicht, man sieht ihn schlecht, das Licht hinter ihm, ich war sicher daß man ihn schlecht sehen würde, und diese Augen, daß ich sie nicht würde erraten können, nur den Umriß der den Eingang des Hauses ausfüllt, und seine Augen in der Dunkelheit,

als er über die Türschwelle tritt und seinen Sack herabgleiten läßt, einen Seesack, einen Sack wie ihn die Seeleute benutzen
– habe ich das gedacht: »Habe ich je in meinem Leben einen Seesack gesehen?« das habe ich gedacht –
einen Seesack, oder auch einen Militärsack, diese runden länglichen Beutel in die sich die Kleider nie, das habe ich gedacht, nie ordentlich einräumen lassen,
habe das gedacht, und ich habe auch noch gelacht, ich glaube wirklich daß ich auch noch gelacht habe so etwas zu denken, diese Einzelheiten,
(und immer, *der Rand der Tränen*, der mich hinabzureißen sucht)

als er zurückkommt,
als er, endlich, zurückkommt, habe ich über mich gelacht, über die Wichtigkeit die ich den Einzelheiten beimesse, die törichte und zugleich erschreckende Wichtigkeit die ich den Einzelheiten beimesse,
als der junge Bruder, *jener da,* nach all den verlorenen Jahren des Wartens auf ihn,
als der junge Bruder, endlich, als der junge Bruder zurückkommt, was ich vielleicht in meinem Leben am meisten erhofft habe, all die Jahre, als endlich, der junge Bruder zurückkommt,
habe innerlich gelacht,
in diesem Augenblick an seinen Sack zu denken, den Gebrauch und die Form,
nichts besseres zu denken zu haben – ist es ein Seesack? oder auch ein Militärsack? – dies ließ mich innerlich lachen,

und während ich noch versuchte diesen idiotischen Gedanken von mir zu fernzuhalten, diesen unwürdigen Gedanken,
denn ich fand ihn unwürdig, das habe ich gedacht, es ist ein unwürdiger Gedanke, einem solchen Augenblick unwürdiger Gedanke,
kam mir auch, und habe gelacht, glaube ich, und habe darüber vielleicht noch mehr gelacht,
kam mir auch die Frage in den Sinn
– man möchte ja gern an edle Dinge denken, dieses Wort, *edle Dinge* und man läßt sich abgleiten zu Einzelheiten, die törichten Einzelheiten inmitten dessen was die wichtigsten Stunden seines Lebens sein sollten, man stellt es sich vor, immer hat man es sich vorgestellt, die wichtigsten Stunden seines Lebens –
kam mir noch die Frage in den Sinn zu wissen ob dieser Sack, da, zu meinen Füßen,
ob dieser Sack der jetzt von seiner Schulter zu Boden gleitet, ob dieser Sack, Seesack oder Militärsack, ob dieser

Sack der Sack ist den er hatte als er uns verließ, genau der gleiche,
und es gelingt mir nicht mich zu erinnern, ich entsinne mich nicht, und diese Frage beschäftigt mich weiter,
diese törichten Einzelheiten und ich habe unrecht, und ich lache, glaube ich, und ich lache, weil ich unrecht habe,
und weil ich dennoch nicht von dieser Idee wegkomme.

Er geht die letzten Meter die den Weg vom Hof des Hauses trennen, und er steigt die drei Stufen die direkt zu unserem Zimmer führen.

Er bleibt unbeweglich auf der Schwelle stehen und sagt nichts zu uns, er betrachtet das Innere des Zimmers und staunt.
Er hat seinen staunenden Blick,
diesen staunenden Blick den er als Kind hatte und diesen staunenden Blick den er wieder hatte als er fortging und als sein Vater ihn fortjagte,
als unser Vater ihn fortjagte und als er uns verlassen mußte, als er uns verließ, hatte er diesen staunenden Blick, damals schon.

In den heftigsten, den unvermitteltsten Augenblicken des Lebens, schien er immer überrascht,
erstaunt, ja, ich habe kein anderes Wort, erstaunt, *aufs Höchste erstaunt,*
und das Staunen schien für ihn immer der Ausdruck der Ungerechtigkeit, der Ausdruck des Entdeckens der Ungerechtigkeit,
sein Kindergesicht ist in diesen Augenblicken noch mehr das eines Kindes, erinnere ich mich.

Alsdann, er ist kaum eingetreten, steht er da, genau vor uns und die Erinnerung an diesen Blick fällt mir wieder ein und ich muß lächeln ohne daß ich weiß warum.
Er war es, ganz genau, *der junge Bruder,* er hatte diesen staunenden Blick.

Er sagt uns kein Wort, er erkennt das Zimmer wieder. Er lächelt kaum. Er lächelt kaum und ist erstaunt uns zu sehen, das Innere des Hauses zu sehen und uns zu sehen.
Das ist alles.

DIE ZWEITE In meinem roten Kleid bin ich die erste die er sieht, die einzige die er sieht und sogleich wiedererkennt,
in meinem roten Kleid, das denke ich, bin ich die die er am schnellsten wiedererkennt,
er lacht, ich sehe ihn lachen, er erinnert sich an dieses Kleid und an die mühsam nachmittagelang geübten Tänze,
die ersten Schritte,
wo jeder den anderen nach seinem Schritt führen wollte,
die Vorbereitung auf unsere Auftritte,
er lacht wie als er sich über mich lustig machte und ich bin ja schon glücklich ihn lachen zu hören.

DIE MUTTER Er lacht nicht.
Du hast keine Zeit gehabt dich umzuziehen, meine Arme, man stellt sich dich vor – *wie du immer sein wirst!* – man stellt sich dich vor die Treppen hinaufrennen und suchen, du fluchst wie ein Metzger, und suchen in deinen Schränken.
Muß furchtbar zerwühlt sein, zerwühlt und zerknittert, das rote Prunkgewand, das so vulgäre, man stellt sich dich vor,
er setzt kaum den Fuß auf die Schwelle da fällt er und wird ohnmächtig und sagt uns nichts, nicht ein Wort,
er bricht zusammen und ich sehe ihn kaum, seinen Blick, ich erahne ihn kaum, nur seinen zusammengebrochenen Körper, da, zu meinen Füßen.
Du stehst da, wie ich, wie wir alle, jene da, du stehst an meiner Seite, du hältst mir die Hand, und du hast nicht die Zeit gehabt irgendetwas zu tun, keine Geste, nichts.
Du schaust.

(...)

DIE JÜNGSTE Als er still in sich zusammengebrochen ist, habe ich mich nicht gerührt, glaube ich.

Ich habe ihn fallen sehen und habe gedacht daß er fiele und das ist alles.

Jede ist an ihrem Platz geblieben. Es ist als ob keine von uns ihn wirklich ausgleiten gesehen hätte

oder als ob wir, alle, ihn endlich hätten fallen sehen ganz langsam, mit großer Verzögerung, wie in Zeitlupe, ohne daß man etwas hätte tun können, ohne daß man sich hätte vorstellen können etwas zu tun. Er ist ganz sanft gefallen, so glaube ich.

Er liegt auf dem Boden, man schaut ihn an, ich halte niemanden an der Hand. Ich bin ganz allein, ein bißchen abseits. *Da.*

DIE ZWEITE All die Jahre, *indes,* erinnerte ich mich an den Ball, ich habe mir dies gesagt, wenn er zurückkommt, werde ich wieder auf den Ball gehen, gute Geschichte, *werdet es schon erfahren,*

der Bruder und die Schwester die zum Ball ins Tal gehen, widerliche Typen die uns anglotzen und es nicht fassen können, hätten nie geglaubt daß man ihn wiedersehen würde, den männlichen Erben, hätten nicht darauf gewettet!

– was wir nicht alles gehört haben, all die Jahre! Daß er tot sei und nicht mehr zurückkommen würde oder daß er sein Leben lebte, sein Leben nochmal von vorn begänne, am anderen Ende der WELT, und sich um uns nicht scherte, Die Verzweifelnden Idioten, ihn zu erwarten,

all diese Beleidigungen, was man so gehört hat! –

widerliche Typen die das beglotzen wie man die Züge anglotzt, mit schwachsinnig offenen Mäulern, der Bruder und die Schwester die zusammen den Festsaal der Gemeinde betreten,

man stößt sich an um zu lästern, man fragt sich woher sie den hat, den da, *diesen Fremden,*

und die Musik setzt ein, Glitzerkugel, ich mag das, habe immer einen Verkäuferinnengeschmack gehabt, Glitzerkugel,
man tanzt,
Tanz den ich nicht gelernt habe und den ich perfekt tanze, wir denken an nichts. Das ist ein herrliches Paar.
Alle haben sich immer über mich lustig gemacht, die Schweinereien die über ihn gesagt wurden, habe mich geprügelt, wirklich geprügelt, ich mußte mich prügeln,
all diese Lügen, all dies Feixen über sein Fortgehen, über unseren Vater der ihn verjagt hat,
die Verachtung für unseren Stolz, die erbärmliche Geschichte des Bruders der eines Tages zurückkehren sollte und der nie mehr seine Füße hierhersetzen wird und auf den fünf arme Verirrte dennoch nicht aufhören zu warten.

Heute, ist der Bruder da, er ist ein schöner Krieger – *was könntet ihr schon verstehen?* – der Bruder ist da und tanzt mit mir, es ist genau wie in meiner Geschichte.

Ich schaue ihn an, er ist auf den Boden gefallen, erschöpft, am Ende und ich denke daran daß ich mit ihm tanzen und in die Gesichter der Dummköpfe spucken wollte und das nichts geschehen wird, er ist wie ein Leichnam auf den man nicht zählen kann.

DIE JÜNGSTE Wir werden beide zusammen hingehen, ich werde mit dir tanzen, es wird nicht besonders gut sein, es wird ein bißchen albern sein, wie zwei arme häßliche Mädchen, aber wir werden beide zusammen hingehen.

(...)

DIE MUTTER Künftig, die ganze Zeit die er in seinem Zimmer sein wird, diese ganze Zeit die er sich nehmen wird um zu ermatten, von uns zu gehen, die ganze Zeit die er sich nehmen wird um zu sterben,
die Zeit des Todeskampfes,
diese ganze Zeit,

– wird es Wochen dauern, Monate? – diese ganze Zeit, werden die Mädchen, *jene da*, werden die Mädchen sich entfernen können, uns ihn hüten lassen, ihn pflegen,
uns ihn beschützen lassen und sich um seine Atmung sorgen, um seinen Atem, um ihn bangen...

DIE ÄLTESTE Du möchtest ihn für dich behalten, nur für dich.

DIE ÄLTERE Daß wir fortgehen?

DIE JÜNGSTE Daß wir ihn dir abtreten?

DIE MUTTER Ich weiß nicht. Ja, kann man das verlangen, daß andere die dem Tod bei seinem Werk genau so nahe sein möchten, daß andere sich entfernen und ein wenig Einsamkeit schenken?
Ich weiß es nicht.
Verstehst du, und auch jene da, ihr alle und auch jene da können sie es verstehen?

DIE ÄLTESTE Jede von ihnen, und ich, auch jede von ihnen wünscht sich das. Genau was sich jede von uns wünscht.
Nicht mehr teilen, ohne sich zu zerfleischen, nein, nicht mehr teilen müssen.
Das was du möchtest?

DIE MUTTER Nur das, ja. Und das bedeutet schon etwas, und das ist viel verlangt.
Nur das.
Den genauen Augenblick.

Sie werden sich zerreißen, ihre Tänze tanzen, die Liebe suchen, fordern, wollen daß er zu ihnen spricht, daß er aus seinem Schlaf tritt, sie wollen nicht verstehen,
sie werden uns das Leben zerstören, sie denken an nichts Böses, aber sie werden uns das Leben zerstören, den ganzen Tag lang, versuchen ich weiß nicht welche Wahrheit zu erfahren.
Sie wollen auch wissen ob sie sich getäuscht haben, ob all die Jahre für nichts verloren wurden. Sie zittern vor Schrecken, du kannst sie dir anschauen, sie zittern vor Schrecken vor dem Opfer.

DIE ÄLTESTE Du möchtest einfach, das verlangst du, du möchtest einfach daß man ihn dir läßt. Wie jede von uns, aber du noch mehr als die anderen. Allein sein und ihn behalten.
DIE MUTTER Ich werde ihn nicht kriegen, glaube ich.
DIE ÄLTESTE Nein, *wie zu befürchten war...*
DIE JÜNGSTE Sieht schlecht aus.

(...)

DIE ZWEITE Hast du Männer gehabt?
DIE ÄLTERE Männer? Ja. Zum Glück. *Habe ich Männer gehabt?* Ist das die Frage? Ja, ich habe Männer gehabt. Männer haben mich gehabt. Ich erinnere mich nicht mehr an die Worte des Liedes, aber ja, irgendetwas wie das,
»Ich habe Männer gehabt und Männer haben mich gehabt...«
Das war ziemlich vorhersehbar, glaube ich. Warum fragst du mich das?
Ich bin hier geblieben, mit euch, diese Landschaft, das Dorf da unten, ein oder zwei andere Dörfer, größer, weiter entfernt,
man schaut mich an wie ich auf der Straße gehe, ich gehe genau so wie sie wollen daß ich gehe, ich habe meinen straffen Gang eines ehrbaren Weibsstücks,
das Fräulein Lehrerin,
ich verachte die Bauern, was sie erwidern und sie haben nicht unrecht, und sie respektieren mich noch, müssen sie ja, denn ich bringe ihren dummen Gören Rudimente von gar nichts bei,
sie verachten und grüßen mich.
Ich nehme den Autobus, ich verbringe den Tag in der Stadt mit Schuhesuchen, so sage ich jedenfalls, und ich schlafe in einem schmutzigbraunen Hotelzimmer mit einem Verführer der nicht weiß was er mit mir anfangen soll.
Er erzählt, er spricht von seiner Frau und seinen Kindern,

immer tun sie das, er verkauft medizinische Enzyklopädien zum günstigen Subskriptionspreis.
Manchmal, weinen sie, *das sagt alles*.

Alle zwei oder drei Monate, wird man sich zufällig im *Großen Gasthaus zum Handelsreisenden* über den Weg laufen, man schummelt ein bißchen, man wird so tun als ob man sich nie gesehen hat und man wird wieder mit der Liebe anfangen, nennen wir es so, man wird wieder mit der Liebe anfangen im ersten Stock, ohne ein Wort zu sagen. Männer, ja, dann und wann, ohne sie zu kennen.
Was du wissen wolltest?

DIE ZWEITE Ist es gut? War es gut? Manchmal, *ab und zu*, war es gut?

DIE ÄLTERE Nein. Ich weiß nicht. Ich weiß es nicht. Ich habe mir die Frage nicht gestellt.
Es ist wie es sein muß. Welcher Mann auch immer, es ist immer ein wenig die gleiche Art es zu tun, die gleichen Lächerlichkeiten, die Kleinigkeiten die man besser nicht anschaut, ihre Socken, das entmutigt, die gleiche Lust in unbändiges Gelächter auszubrechen.
Und die ein wenig ärgerliche Überraschung gerührt zu sein, manchmal.

DIE ZWEITE Hast du manche geliebt? Das ist es was ich fragen wollte.

DIE ÄLTERE Bedauern?

DIE ZWEITE Ja, das, Bedauern...

DIE ÄLTERE Empfindsamkeit für mich selbst, *diese Dinge?*... Nein, glaube ich nicht. Hygienisch... Hygienikerin?... Gut. Mehr nicht, ich glaube nicht.
Ich habe der Traurigkeit immer nur ein wenig mißtraut, dieser egoistischen Traurigkeit,
diesem Vergnügen das es bereiten würde sich selbst zu beklagen, sich zu bedauern mit so viel Gefühl,
dem Selbstmitleid das dann sanft von mir Besitz ergreifen könnte, das ist es was zu vermeiden ich geachtet habe,
das ist wogegen man wach bleiben muß.

Es braucht Regeln und Prinzipien.

Ich stehe auf während der Typ noch schläft, er schnarcht wie die verheirateten Männer eben schnarchen, diejenigen die wissen daß die andere, die brave Gewohnheitsmäßige, aufgegeben hat,

ich stehe auf und ziehe mir auf dem Rand der Badewanne die Strümpfe vom Vortag an, das ist gut, die Stunde in der man die anderen verläßt ohne ihnen etwas zu schulden.

Am Morgen, früh, im Erfrischungsraum des Autobusbahnhofes – man muß sie sehen, die Schüchternen auf Freigang! –

am Morgen, so früh, könnte es, schleichend, anfangen weh zu tun,

mich nicht mehr loslassen während der ganzen Rückfahrt aber ich bin Expertin, Expertin geworden, ich habe eine echte schöne Abwesenheit von Gefühlen, ich habe trainiert, ich kichere innerlich und vermeide mir die Unannehmlichkeiten, die Sehnsucht, *all das,* die Abrechnungen und die Bilanzen.

Ich kann mich gut in acht nehmen.

DIE ZWEITE Was ich sagen wollte,

Männer, aber Männer, ich weiß nicht,

Männer die man liebgewinnt, nicht so flüchtig, Männer an die man sich ein wenig erinnert. Nicht diese da, andere Männer als die meinen, ein anderes Leben als das meine.

DIE ÄLTERE Geschichten? Männer aus denen man Geschichten macht?

DIE ZWEITE Ja, das ist es. Geschichten. Männer aus denen man Geschichten machen würde.

DIE ÄLTERE Der an dem man immer leiden wird? Der einem über den Weg lief und den man nicht wiedersah, dessen Spur man unter den anderen sucht,

jenen, nur ein wenig, der alles umstürzte und sich dessen nicht einmal bewußt war und den zu hassen dafür daß er mich verlassen hat ich mich, noch manchmal, überraschen würde?

Den Gleichgültigen?

Mein Geheimnis?
DIE ZWEITE So einen Mann, ja.
DIE ÄLTERE Ich weiß nicht, nein,
fürchte ich, ich erinnere mich nicht, oder ich will mich nicht erinnern.
Habe ich entschieden, oder geschah es ohne mein Beiwirken, natürlich, ja, ich weiß nicht.
Warum würde ich darüber sprechen, muß ich nicht verzichten, mich nicht mehr darum kümmern? *An einem Tag wie diesem?*

Nie spreche ich darüber?
DIE ZWEITE Nein, nie, ich habe dich nie gehört.

Zeit.

DIE ÄLTERE Ja.
Dieser Satz, ich ärgere die Schüler, dieser Satz da, immer:
»Sie hatte wie jede andere ihre Liebesgeschichte gehabt...«
Ist es das?

Zeit.

Und du?
DIE ZWEITE Ich?
Oh, ich, ich antworte nicht auf diese Fragen da.

Sie lachen, vielleicht.

(...)

DIE JÜNGSTE Als er fortging, war ich noch klein,
bin immer mehr oder weniger klein gewesen, Kind, *Göre*, unwichtiges Kind in meiner Ecke.
Ich zählte nicht, was ich sage, woran ich mich erinnere, ich zählte nicht. Habe nie, mehr oder weniger, ihr könnt nicht

das Gegenteil behaupten, euch verdanke ich es, habe nie wirklich gezählt.
Ich weiß nicht.

Als er fortging, uns verließ, uns unserem traurigen Schicksal überließ, das Haus ohne Hoffnung verließ, so sagt man, ohne Hoffnung auf Rückkehr,
als er fortging, achtete man nicht auf mich, habe keinerlei Erinnerung daß man je auf mich geachtet hätte,
und an jenem Tag weniger noch als an anderen Tagen,
und an jenem Tag, mehr noch als die anderen Tage,
als er fortging, erinnere mich gut daß man sich um mich nicht kümmerte.

Als der Vater ihn fortjagte, ihn vor die Tür setzte,
ihr sprecht das nie aus, ihr bewahrt euer Geheimnis, ihr glaubt es sei eins,
ganze Jahre habt ihr geflüstert damit ich es nicht höre, ihr seid verstummt wenn ich hereinkam, euer Geheimnis...
Als der Vater ihn fortjagte, in seinem Zorn, seinem gewaltigen Zorn,
einer dieser furchtbaren Zornesausbrüche der die Wände erzittern läßt, so die Redensart, ich wiederhole was man mir sagt,
einer dieser furchtbaren Zornesausbrüche der die Wände erzittern läßt, ein Zorn größer noch als jeder andere Zorn, ein Zornesausbruch mehr, an jenem Tag wie an allen anderen Tagen.

– denn ich erinnere mich nicht, ich war klein und zählte nicht, ihr wollt jenes Leben immer verschönern, jene Zeit, ich erinnere mich gleichwohl nicht daß es je Tage ohne diese Zornesausbrüche gegeben hätte und ohne diese Schreie und diese Gewalt,

denn es handelt sich um Gewalt und nichts anderes

und dann noch all diese Sätze, geschrien, gebrüllt, dieses ganze sich gegenseitig Anbrüllen, der Vater und der Sohn die aufeinander loszugehen suchen und sich ständig beleidigen und sich bedrohen,
denn es handelt sich um Drohungen, ihr wahrt euer Geheimnis, ihr streitet ab,
aber es handelte sich um Drohungen, Drohungen denen man glauben kann, die man sich vorstellt,
man ist noch ein Kind, ich war da, *dieser Schlupfwinkel*,

Sie zeigt.

Drohungen die man fürchtet und von denen man sich vorstellt, sie könnten wahrgemacht werden,
man ist noch klein, man ist noch ein Kind und man stellt es sich vor, und es wären nicht nur Worte, ihr wollt das auf Worte reduzieren,
sondern Drohungen und Schläge, und Verletzungen, Verletzungsdrohungen, *was sonst?*
Der Haß und der Schimmer eines Verbrechens, einen Augenblick lang.

Ich war noch klein und man kümmerte sich nicht um mich, aber ich verstand schon,
der Vater und der Sohn haßten sich,
ich war noch klein, ich zählte nicht, man beachtete mich nicht, man vergaß mich wie man mich immer vergißt, aber nie werde ich andere Erinnerungen an jene Zeit haben, glaube ich, ich kann es mir nicht vorstellen,
nie werde ich andere Erinnerungen an jene Zeit haben als diese Zornesausbrüche und dieses Geschrei und diese Gewalt, nein, und der Haß, und diese Angst vor dem Verbrechen die mir bleibt –

einer dieser furchtbaren Zornesausbrüche der die Wände erzittern läßt, und schlimmer noch, endgültiger und härter noch als alle anderen Zornesausbrüche die wir gekannt haben...

DIE MUTTER Daran erinnerst du dich, du? An all das erinnerst du dich, du hast es gesehen, du hast nicht geschlafen, warst weit weg von uns, du hast es gesehen und du erinnerst dich daran? Das denkst du dir aus.
Wo warst du?

DIE JÜNGSTE Und als der Vater ihn fortjagt, *an jenem Tag,*
verstand ich auch daß er ihn für immer fortjagte,
warum sollte ich nicht verstanden haben?
(Ihr alle, ihr habt verstanden, ihr wollt euch belügen aber auch ihr, ihr hattet verstanden.)
Als der Vater ihn fortjagte und befahl daß er niemals mehr zurückkehre, daß er das Haus verlasse und niemals, niemals mehr, zurückkehren dürfe,
als er ihn fortjagt, ihn verflucht,
jene Sätze, seltsam,
Der Fluch,
jene Sätze die mit der Stimme eines anderen, in einem Buch, dem Kino, uns vielleicht zum Lachen brächten, oder unwichtig wären, und die, an jenem Tag, wiederhallen und mir Angst machen,
als er ihn verflucht und ich ihm glaube, man ist ja noch ein Kind, diesen Fluch glaube,
was nie geschieht, oder nur bei den anderen, oder in anderen Ländern, noch, unverständlichen, oder in der fernen Vergangenheit, Tausende von Jahren vor uns,
die immer endgültigen Sätze, ein bißchen lächerlich und die mich dennoch,
ich verstehe das nicht,
und die mich dennoch, meinerseits – wie hast du gesagt? – *an den Rand der Tränen* bringen,
als der Vater ihn fortjagt, mit erhobener Faust, ich glaube sie gesehen zu haben, die erhobene Faust – *bild ich mir das ein?* –
als er ihn fortjagt und ihm noch nachbrüllt,
denn um nichts anderes als Brüllen handelt es sich,

als er ihn fortjagt, ihn verflucht, und ihm noch nachbrüllt daß er ihn nie mehr hierher zurückkommen lassen werde,

ich sehe ihn, jenen da, so jung, *der junge Bruder*, man sagt immer so, ich sage immer so, er ist älter als ich und auch ich, ich sage wie ihr, ich sage *der junge Bruder*,

Dabei müssen sie lächeln, vielleicht.

als er ihn fortjagt, *den jungen Bruder*, sehe ich ihn fortgehen, er dreht uns den Rücken zu, er geht,
er geht die Straße hinunter und entfernt sich vom Haus, dort unten, bei der Biegung oder jenseits des kleinen Waldes, verschwindet man, und nichts, ich weiß das, oder ich stelle mir das vor heute wo ich darüber nachgedacht habe, und nichts hält ihn zurück, keine von uns, weder die eine noch die andere die es tun könnte, die es hätte tun können und selbst ich nicht, zu klein, Kind, *Göre,* unwichtiges Kind, niemand hält ihn zurück.

Man wird ihn nicht wiedersehen.

Würde man auf mich hören wüßte man daß wir ihn nicht wiedersehen werden, würde man auf mich hören, würdet ihr ihn zurückhalten.

DIE ÄLTESTE Er geht nicht für immer fort.
Das ist leicht gesagt, heute, aber an jenem Tag, geht er fort wie er häufig fortgegangen ist und er wird zurückkommen.

Sie haben sich häufig gestritten, jeden Tag, ja, es waren Streitereien, sie haben sich häufig gestritten,
ich dachte es sei einmal mehr wie die anderen Male, kein größeres Verbrechen als die anderen Verbrechen.

Sein Vater schrie sehr laut, ja, so war es immer,
und verfluchte ihn, Worte ja, Worte

aber wie oft, schon, hatte er ihn fortgejagt und ihm befohlen nie zurückzukehren und wie oft, war der andere, jener, *der junge Bruder,*
war der andere zurückgekommen, einige Stunden oder einige Tage später, und hatte seinen Platz wiedereingenommen ohne daß sich etwas änderte?

Es war noch viel heftiger, heute ist das leicht gesagt, man erinnert sich nur an diesen einen Tag, und man vergißt all die anderen Tage, wir wollen nur diesen einen Augenblick behalten,
es war noch heftiger vielleicht, ich weiß nicht, ich bin durcheinander, es ist lange her,
sie sagten sich gegenseitig so harte Dinge, so haßerfüllte über ihr Leben daß ich dachte es wäre besser sie würden sich für ein oder zwei Tage trennen wie das manchmal vorkam. Das habe ich mir gewünscht. Ein bißchen Zeit.
Aber beim Fortgehen habe ich ihn mir nicht angeschaut als ginge er für immer.

Du klagst uns an, wir haben nichts getan, ich habe nichts getan und nichts getan zu haben, dessen kannst du uns anklagen,
aber ich habe mir das nicht vorgestellt, nein, ich habe nicht glauben können daß das der Anfang all dieser verlorenen Jahre war.
Du klagst uns an.
Ich hätte das nicht zugelassen, und jene da, *deine Mutter,* sie auch nicht, und die anderen, so schwach sie auch sind, und die anderen auch nicht, niemand, wir hätten es nicht zugelassen.
Wir hätten uns schlagen können schlagen mit dem einen oder mit dem anderen, uns wirklich schlagen, du klagst uns an, aber wir hätten uns geschlagen.
Wir wären auf den Hof hinausgelaufen, auf den Weg, wir hätten uns nicht sehr gut benommen, man hätte an den Jacken gerissen, Dinge die man so tut.

DIE MUTTER Er ist immer fortgegangen und immer ist er zurückgekommen. Wie konnte ich das denken? Wie hätte ich das denken können, der Anfang all dieser Jahre des Wartens?

DIE ÄLTESTE Sie schrien sich gegenseitig solch furchtbare Urteile über ihr Leben zu, jeder den anderen zerstörend, jeder den anderen zerstören wollend, in der Hoffnung ihm weh zu tun und ihn niederzuringen, jeder den anderen beurteilend nach dem was er war oder was er sein wollte, jeder im Versuch diesen Kampf zu gewinnen, ich hoffte daß er weggeht. Das habe ich gehofft.

Und ich verstand und hatte auch Angst daß sie nie mehr zueinander finden könnten und sich noch einmal vergeben, wie sie sich immer vergaben
– habe mir immer einbilden wollen daß sie sich vergaben, daß sie sich am Ende immer vergaben –
ich hatte Angst, aber ich sah nicht, ich glaube nicht, ich habe es mir eingebildet, diese ganzen Jahre habe ich mir etwas vorgemacht,
ich hatte Angst, ja, ich habe immer Angst gehabt vor der Gewalt zwischen ihnen
– Den Haß? Oh nein, das nicht, ich will nicht, nicht den Haß,
nein –
ich hatte Angst aber ich sah ihn nicht für immer fortgehen, fortgehen um nie mehr den Fuß in dieses Haus zu setzen, sich nicht mehr um uns zu kümmern, nichts mehr mit uns zu tun zu haben.
Ich habe das nicht gedacht.

DIE JÜNGSTE Und wann ist dir das klar geworden? Für immer, klar geworden?

DIE ÄLTESTE Wir haben auf ihn gewartet.

Man sagte nichts zu seinem Vater, man sprach nicht und auch sein Vater sagte uns nie ein Wort dazu,
sein Fortgehen,

seine Abwesenheit,
nie sagte er uns ein Wort zu diesem Verschwinden.
Er wurde älter, allmählich, ließ er sich ins Alter hinübergleiten, das war sein Wunsch, *jetzt,* wollte er mehr nicht, nichts als alt sein.
Er ging lautlos wenn er hierherkommen mußte,
das Geräusch seiner Schritte auf der Treppe, das Öffnen der Tür, ich spitzte die Ohren,
deiner Mutter, *jener da*, auch deiner Mutter sprach er nicht über dieses Verschwinden, ich glaube nicht, sie antwortet nicht, ich glaube nicht,
über dieses Verschwinden, die Abwesenheit, zu deiner Mutter, sprach er auch nicht,
und die übrige Zeit, am Tag, ging er draußen herum, die Wälder, die Landschaft, stelle ich mir vor, er ging am Morgen fort, er kam am Abend zurück und häufig, fast nichts, eine volle Woche, sprach er nicht zu uns, er verspürte nicht die Notwendigkeit dazu.

Man fragte nichts, man wartete auf diesen Jungen.
Man löste sich auf der Türschwelle ab um auf die Straße zu sehen, diese Straße die sich immer von uns entfernt und verschwindet, *dort unten*, am Wald,
man versuchte zu raten, man lauschte auf die Wagen die unten am Hügel vorbeifahren und die anhalten könnten,
man hörte auf Anzeichen, das Geräusch eines Schrittes in der Nacht.
Wir sprachen nicht darüber, wir blieben da und hofften, das ist das Wort, wir sprachen nie darüber, hofften, dieses Wort, noch ein Wort, *so*, ein bißchen lächerlich, nichts anderes.

All die Jahre, haben wir so verbracht, haben wir so verloren, ohne uns vorzustellen daß sie so lange dauern könnten, das wußten wir nicht, wir konnten es nicht wissen,
hätten wir es gewußt, was meinst du denn? hätten wir es gewußt dann hätten wir ihn daran gehindert, wir hätten

ihn zurückgehalten,
seinen Vater und ihn, wir hätten sie daran gehindert zu handeln, wir konnten uns das Leben auf diese Art nicht vorstellen, wer konnte sich das vorstellen.
Du scheinst,
verstehe ich,
du scheinst uns das vorwerfen zu wollen, uns anzuklagen als ob wir schuldig sein müßten, als ob wir nichts gesehen hätten, schuldig seien, du scheinst uns das vorzuwerfen, uns das vorzuwerfen zu wagen, und das ist nicht gut, das ist nicht gerecht, meine ich,
das ist keine gerechte Sache denn niemand konnte sich vorstellen daß er nie zurückkommen würde oder auch, daß er erst heute zurückkäme, in der Stunde seines Todes, denn er stirbt und wir wissen daß er stirbt,
niemand konnte sich vorstellen daß er uns so zurückläßt, daß er uns im Stich läßt, denn er ließ uns im Stich und daß er nie von sich hören läßt,
daß er nie, als sein Vater starb, aber konnte er es wissen? – hätte jemand es ihm sagen können? hätte er es erfahren können? –
selbst als sein Vater starb, nie ein Zeichen gab, das konnten wir uns nicht vorstellen, nein,
und daß er gerade, jetzt, heute, am Ende seines Weges, zu guter Letzt, zum Sterben kommt, als ob er etwas zeigen wollte, und noch etwas beweisen das weh tun kann, denn es wird uns wehtun,
niemand, keine von uns, du scheinst uns anzuklagen, aber niemand, keine von uns, konnte sich das vorstellen und es verstehen.

DIE MUTTER Laß sie. Sie will uns das vorwerfen. Sie wird nie etwas dafür können, sie wird immer unschuldig sein. Das möchte sie gern.

(...)

DIE ÄLTESTE Das war wirklich nicht der Tag des Abschiednehmens. Ist rücksichtslos gegangen, hat die Tür zugeknallt, hat seinen Vater beschimpft und sein Vater beschimpfte ihn, und hat die Tür zugeknallt.
Erinnere mich nicht daß er mich umarmt hätte, daß er sich die Zeit genommen hätte, daß er sich um mich gekümmert hätte oder um sie, *jene da*, seine Mutter, erinnere mich nicht, nicht mal um seine Mutter, erinnere mich nicht.
Und noch nicht einmal, nicht so wie ich mich erinnere, und noch nicht einmal ein Wort, oder ein Lächeln, er sieht uns nicht, er kümmert sich nicht um uns, und nie, was wir immer gedacht haben, seither, und nie schien er sich um uns zu kümmern, nie schienen wir von Wichtigkeit zu sein, von irgendeinem Interesse für ihn.

DIE ÄLTESTE Er verläßt uns, er läßt uns zurück, wir sind es die immer, *da,* alle fünf, wir sind es, alle, die auf ihn warten werden, all die Jahre
verloren, festgenagelt, erschöpft, *da*,
aber sein Vater ist es den er verläßt, das ist ihrer beider Geschichte,
ihre Trennung und die Gewaltsamkeit ihrer Trennung und wir zählten nicht und wir haben nie mehr gezählt, wir warteten, all die Jahre, warteten wir aber wir zählten nicht.

DIE ZWEITE Er hat sich nie um uns gekümmert, wir waren ihm gleichgültig.

DIE JÜNGSTE Man entdeckt das.

DIE MUTTER Seid still, sagt soetwas nicht, laßt das. Ich will das nicht hören.

DIE ZWEITE Diese ganze Zeit, läßt er nie von sich hören, diese ganze Zeit, sind wir ihm gleichgültig,
er schreibt nicht, nicht ein Wort, eine Nachricht, zählten wir nicht mehr? Bedeuteten wir nicht mehr, in seinem Leben?
nichts,
dachte er, diese ganze Zeit, niemals an uns, an unsere Bestürzung?

denn wir waren bestürzt und er kann nicht ignorieren daß wir verloren sind, und daß wir auf ihn warteten,

wenn er fortging, als er noch jünger war,
die anderen Male,
wenn er fortging und einige Stunden später wieder zurückkam oder, manchmal, nach mehreren Tagen,
konnte er sich nicht täuschen, er wußte, er sah uns, er sah unsere Gesichter als er, endlich, wieder zur Tür hereinkam, er sah unsere Gesichter,
er sah uns auf ihn warten, er wußte von unserer Unruhe.

DIE ÄLTESTE Selbst sein Vater, auf eine kaum wahrnehmbare Weise,
auch sein Vater sagte es ihm, selbst sein Vater gab es ihm zu verstehen, das glaube ich,
ich erinnere mich nicht sehr gut, aber ich glaube selbst sein Vater war beunruhigt wegen seines Verschwindens, und sagte ihm wie erleichtert er sei ihn zurück zu sehen,
er konnte es nicht ignorieren,
er sah wie wir feierten, das Glück das wir bei seiner Rückkehr empfinden konnten, er wußte das, und er konnte die Unruhe in der wir uns befanden nicht ignorieren, er konnte das nicht ignorieren,
ER wußte das, er weiß das, und er hat es immer gewußt,
wie sehr wir uns um ihn sorgten.

DIE ZWEITE Und diese ganze Zeit, all die Jahre, bis zum heutigen Tag, seiner Rückkehr, die Zeit die er fern von uns verbringt, kann er unsere Unruhe nicht ignorieren, das kann ihm nicht egal sein, ja, er weiß das,
er kann nicht ignorieren wie sehr wir verloren sind, und gefangen, *da*, in uns selbst, und verzweifelt vom Warten auf ihn,
er kann nicht nicht wissen
und nie von sich hören lassen, nicht eine Nachricht, nie,
das ist ein Verbrechen von ihm, das sage ich, *eine Art Verbrechen*, sich nichts aus dem Leben derer die einen lieben zu machen, das ist eine Art Verbrechen, ich weiß nicht, ich glaube das,

mir scheint plötzlich daß das eine Art Verbrechen ist, ich bin nicht sicher, ihr müßtet mir helfen,
ja, meine Unruhe, meine Bestürzung, all die verlorenen Jahre, die Zeit die ich, und ihr alle hier – ihr müßtet mir helfen – die Zeit die ich damit zerstört habe auf ihn zu warten und mich um ihn zu sorgen,
und ihn dann noch erst, im letzten Moment, zurückkommen zu sehen, nur diesen letzten Moment, zu sehen wie er zusammenbricht, seinen Sack zu Boden gleiten läßt, seinen Seesack oder Militärsack,
– zurückzukommen und sich auf den Boden fallen zu lassen und dann noch zu sterben ohne irgend etwas aus seinem Leben rechtfertigen zu müssen, und mich unwissend zu lassen, und mir nichts zu geben! –

uns diese ganze Zeit zurückzulassen,
das ist eine Art Verbrechen, das glaube ich, das glaube ich wirklich, plötzlich, glaube ich das wirklich, *eine Art Verbrechen*, ja, so schlimm wie ein Verbrechen.

DIE ÄLTERE Oder auch Verachtung für uns, das sage ich, oder auch die Verachtung für unser Leben, die Verachtung für das was wir sind, die Verachtung für das was ich bin, das was ihr seid,
die Verachtung für das was wir sind, *da*, alle, ihr antwortet nicht, aber ihr versteht, die Verachtung noch für das was wir sind.
Ablehnung, Abscheu.

DIE ZWEITE Wir waren ihm gleichgültig, das sage ich,
ihr habt Angst das zu hören,
wir zählten nicht für ihn und es ist ein großes Verbrechen uns die ganze Zeit ignoriert zu haben, das heißt schuldig sein. Und sterben, falls er stirbt, und sterben bedeutet nicht Vergebung.

(...)

DIE ÄLTESTE Und nicht mehr Gefühlsergüsse, nein, nicht mehr auch für die beiden da

– die Kleine ist unter der Treppe versteckt, *dieser Schlupfwinkel*, sie schaut zu und keiner kümmert sich um sie, sie zählt nicht – nicht mehr Gefühlsergüsse für die beiden da, mitten im Zimmer, auch für sie nicht mehr Gefühlsergüsse, voller Zärtlichkeit.

Abschiednehmen, nein.

DIE MUTTER Und sie waren dabei, man vergißt das nicht, dabei sehr wohl dabei, und alle schrien, was sie schon gut konnten, und heulten wie sie es erlernten, und versuchten den einen zurückzuhalten und versuchten den anderen abzuhalten,

und dazwischenzutreten in den Kampf...

DIE ÄLTERE Hat mich geküßt. Heimlich.

DIE ÄLTESTE Überhaupt nicht. Man hätte es gesehen.

DIE ÄLTERE Hat mich geküßt, ganz flüchtig, fast nichts, hat mich geküßt...

DIE ZWEITE Hat mich heftig an sich gezogen, kaum in die Arme geschlossen, kaum geküßt, und sogleich gewaltsam weggestoßen,

wollte mich entfernen und mich mit sich nehmen, beides auf einmal, gleichzeitig.

DIE ÄLTESTE Überhaupt nicht. Das habt ihr euch zurechtgelegt. Jedesmal erfindet ihr ein bißchen mehr.

DIE JÜNGSTE Jedesmal.

DIE ÄLTERE Wollte uns daran hindern ihm zu folgen.

Wie man sich schlägt, die gleiche Bewegung, wie man sich schlagen würde, das gleiche Gefühl, die gleiche Gewalt, er packt mich, zieht mich an sich und stößt mich wieder zurück.

DIE ZWEITE Wir kreischen. Wir kreischten. Der Vater gibt uns Ohrfeigen...

DIE MUTTER Er hat euch nicht angerührt, hat nie jemanden angerührt.

DIE ÄLTESTE Das war das Schlimmste, er sprach sehr laut und sonst nichts.

DIE MUTTER Hab ihn nie schlagen sehen.

DIE ZWEITE Wir kreischten. Er gab uns Ohrfeigen, er gab uns Schläge, er schwang seine Arme, mit voller Wucht und wir bekamen Schläge.

DIE JÜNGSTE Das gefällt ihnen heute: Erinnerungen an offene Schlachten. Haben eine schöne Phantasie, und fruchtbar.

DIE MUTTER Niemand hat das gesehen. Ihr legt euch das zurecht. Jene da, unter ihrer Treppe, *diesem Schlupfwinkel*, kann die Wahrheit sagen, jene da hat nichts gesehen. Das geschah im Ungestüm, ich will darüber nicht sprechen, das geschah im Ungestüm, ungestüme Worte, aber nur Worte und nichts anderes.
Niemand kann sagen daß er Schläge ausgeteilt hätte, das ist nicht war.

DIE ÄLTERE Er ohrfeigt uns und schlägt uns und wir können den jungen Bruder nicht zurückhalten, er verläßt das Haus, wir haben nichts getan.
Man trennt sich.

DIE ZWEITE Durch die Tür, sieht man nichts mehr, von neuem, es ist zu Ende, nur die Straße die zum Wald führt, *dort unten* und nach der Biegung verschwindet. Man hätte ihm hinterherlaufen sollen. Auf den Hof hinauslaufen, vor das Haus und sich gegenseitig packen, und nicht so würdig bleiben, wie wir es immer sein wollten.

DIE ÄLTERE Man konnte mit ihm fliehen, das wäre das Beste gewesen, all die Jahre auf den Straßen, das hätte mir gefallen.

Darüber müssen die drei Jüngeren lachen.

DIE ZWEITE Das war ihm egal, er hatte seinen Sack, er würde sich nicht mit noch mehr belasten.

DIE ÄLTERE In der Zeit die du brauchtest um dein rotes Kleid anzuziehen, war er schon im Zug.

DIE JÜNGSTE Diesmal, ist er es der uns Ohrfeigen verteilt hätte damit wir ihn loslassen!

(...)

DIE ÄLTERE Was wir machen, den Rest der Nacht, diese ganze Nacht, heute, die Nacht seiner Rückkehr, *der junge Bruder*, was man macht, man legt sich nicht schlafen, wir singen unser Lied, wir tanzen unseren ein wenig langsamen Tanz, alle fünf,
alle immer wie wir immer waren, wie wir immer es zu tun gelernt haben,
all die verlorenen Jahre,
unsere Pavane für den jungen Mann, diese Geschichte da.
Wir finden keinen Schlaf, wir bleiben in unserem Zimmer, dem Raum wo wir leben, dieser Ort hier,
wir lauern auf Geräusche die von seinem Bett kommen könnten, er ruht, so sagen wir, wir achten auf die geringste Bewegung, wir möchten so sehr daß er, nur ein wenig, sich bewegt, sich im Schlaf umdreht, oder in seinen Träumen spricht.
Man wartet, man bleibt da.

DIE MUTTER Ich horche, ich nähere mich, ich horche, wie ich an der Tür gehorcht habe als er ein Kind war, heute genauso. Ich suche zu erraten, man gibt mir nichts.

DIE ZWEITE Lange, habe ich das geglaubt, was weiß ich denn schon davon? etwas das ich gelesen habe, die Bücher die du mir vorliest oder mir erzählst, lange habe ich das geglaubt, die Vorstellung die ich habe,
lange habe ich gedacht nicht zu überleben und mich nach und nach vor Sorge und Schmerz zu verzehren,
daß ich alt sein werde, daß ich seinetwegen altern werde, auf ihn zu warten, lange habe ich das geglaubt, daß mich das zerstören wird,
lange, habe ich das geglaubt, was, heute, geschieht, diese Rückkehr, ich habe sie gefürchtet und ich hatte Angst davor,
lange, bildete ich mir ein daß sein Tod, der Tod des jungen Bruders, lange habe ich geglaubt, und wollte glauben daß sein Tod mich mit ihm wegraffen würde.

DIE ÄLTERE Nein?

DIE ZWEITE Nein.

Es ist nicht gut noch schlecht, oder gar tröstlich. Es ist nicht wahr, so ist es, es ist nicht wahr, man bildet sich etwas ein und man richtet sich ein mit dem was man sich einbildet, aber es ist nicht wahr.
Ich weiß nicht, ich glaube nicht, ich werde nicht vor Kummer sterben, ich bilde mir das schon nicht mehr ein, es scheint mir nicht so, ich bilde mir schon nicht mehr ein vor Kummer zu sterben.
Warum sollte ich lügen?
Man wollte die Tragödie, die schöne tragische Familie aber die wird es für uns nicht geben, nur den Tod eines Jungen in einem Mädchenhaus.
Du kannst lächeln, mehr nicht.
Es ist ein bißchen übertrieben, man hat geträumt, man möchte es, man hätte es gewollt, es wäre schön und schmerzhaft und auch noch edel und die Dummköpfe im Dorf ständen mit offenen Mäulern da
– *sie überlebte ihren Bruder nicht, sie liebte ihn so sehr daß sie mit ihm starb, aus Verzweiflung, einfach so*, die Kinnlade fällt ihnen herunter –
aber ich glaube das nicht, es ist eine Lüge, ich mag es noch so bedauern, es ist eine Lüge.

Ich weiß nicht einmal, auch das noch ist eine Lüge, ich weiß nicht einmal ob ich es aufrichtig bedaure, ob ich es aufrichtig bedauern werde.
Immer, sie hat recht, *jene da*, was sie immer sagt: unser Sich-etwas-Vormachen.
Ich glaube nicht daß ich bedaure nicht zu sterben,
sich schämen die die sterben zu überleben, ich glaube nicht daß ich mir das vorwerfe, oder Scham ein wenig, und nur kurze Zeit, so wenig Scham, mehr nicht.

Mein Körper wird mich nicht im Stich lassen,
man glaubt das immer, nein, du, du hast das nicht geglaubt? man möchte es sich vorstellen,
mein Körper wird mich nicht im Stich lassen, er wird sich

nicht gehen lassen, die Traurigkeit oder der Schmerz wenn er endgültig tot sein wird,
die Traurigkeit wird unermeßlich sein, und es wird weh tun, da, im Bauch und die Arme und die Beine,
es wird weh tun wie wenn man mich geschlagen hätte, ich werde das nicht mögen, geschlagen worden zu sein,
die Traurigkeit wird mich ganz vereinnahmen, sie wird meine Gedanken verzehren, sie wird mich verbrennen, ich weiß es und ich habe Angst, ich weiß es, ich sehe es kommen, ich fürchte mich so sehr davor, ich habe Angst, die Angst Schmerzen zu haben, und die Zeit in der ich Schmerzen haben werde, ich habe Angst,
man wird mir nochmals helfen müssen, ihr werdet mir helfen, in eurer Traurigkeit, müßt ihr noch an die meine denken, denn die meine wird noch größer sein, ich sage es, man wird mir helfen müssen, ihr seid mir das schuldig, meine Traurigkeit wird immer trauriger sein als die Eure

– als ich, noch, ein Kind war, als ich ein Kind war, tat schon der geringfügigste Kummer so weh,
es tat mir so weh, ich wollte sterben und nicht mehr darüber sprechen und ich meinte es ehrlich, ich wünschte es mir ganz ehrlich, ich wollte sterben,
ich sehnte mich nach dem Tod, ist es nicht so?
und zu meiner Überraschung, erlangte ich nichts, keine Antwort, ich litt und weiter nichts, dabei könnte es so einfach und so klar sein, aus dem Leben scheiden, die Lösung –

mein Körper wird mich nicht im Stich lassen, und es wird für mich keine Schande sein. Ich werde weitergehen und weitergehen wollen, ich werde weiteressen und weiteressen wollen und ich werde morgen auf die Straße gehen, ich werde mich fragen wie das Wetter wird und ich werde mich dementsprechend anziehn,
auch du, wirst das tun, du wirst dir Gedanken machen über den Regen oder die Hitze, und nächste Woche, werde

ich wieder in die Stadt fahren, ich werde meine Arbeit haben, und ich werde von hier weggehen.

Ich wage nicht es auszusprechen und ihr alle, besonders wir drei, und vermutlich alle, ihr wagt nicht euch das vorzustellen, ich habe nicht gewagt es auszusprechen aber wir werden wieder mit den alltäglichen Pflichten beginnen, mehr nicht, diese Dinge die nach dem Tod kommen, die alltäglichen Pflichten.

DIE ÄLTERE Und dann, später noch, werden wir uns schuldig fühlen?
Man wird sich sagen daß wir gar nicht so verzweifelt waren, die fünf stolzen Klagenden auf ihrem Hügel, wir werden uns das vorwerfen vielleicht,
wir werden von uns selbst enttäuscht sein,
und die anderen, jene da, werden sich über uns lustig machen, meine braven Schüler werden das ihren braven Eltern erzählen, sie werden sehen wie ich meinen Platz wieder einnehme und meine Rolle, als ob nichts geschehen wäre, ohne mir etwas anmerken zu lassen, meine Rolle spiele, nie mich meinem Kummer überlasse, ihn zurückhalte, kein Aufhebens davon mache.
Ich werde nicht freundlicher sein, das ist ein Zeichen, das wird mir meinen Charakter nicht weicher gemacht haben.

Sie werden uns bezichtigen uns über sie lustig gemacht zu haben, all die Jahre, diese Einsamkeit, das Leben von Einsiedlerinnen, unsere schönen Witwenmienen, nur so gelebt zu haben um sie zu meiden, so hochmütig und so stolz, daß wir uns fernhalten wollten von ihnen, den anderen, *den Leuten*, keinen Umgang mit den Dummköpfen wollten.
Sie werden uns der Lüge bezichtigen. Der Lüge und des Hochmuts.

DIE JÜNGSTE Und von nun an, sonntags, auf dem Dorfplatz, *jene da*, unsere Mutter, *jene da* vornweg und die Alte an ihrer Seite, und wir drei in einer Reihe, Rabenschar, so schön und verdrießlich in unseren Trauerkleidern, man wird uns flüsternd verurteilen.

DIE ÄLTERE Kommen wieder auf die Beine. Überstehen es. (So sagen sie).

DIE JÜNGSTE Kommen wieder auf den Geschmack.

DIE ZWEITE Sie werden von nun an unsere Reisen im Autobus überwachen,
und beim ersten Wiederauftauchen meines roten Kleides auf dem armseligsten Ball, werden wir von neuem das bäuerliche Feixen hören können. Wollen immer das endgültige Leid, die Zerstörung.
Jene, die nicht vor Kummer sterben, oder sich nicht noch Asche aufs Haupt streuen, oder in die Berge gehen und von Zweigen bedeckt verenden,
jene werden, sogleich, von ihnen verurteilt, verurteilt und verdammt, und warum würden sie sie schließlich verurteilen wenn es nicht das Verdammen wäre auf das sie hinsteuerten.

(...)

DIE ÄLTERE Das wird komisch sein, mein erster Sommer ohne mit einem Mann zu schlafen.
Letztes Jahr noch, muß ich ein paar Männer gehabt haben und seither nie mehr, diesen ganzen Herbst und diesen ganzen Winter, nein, nichts ist passiert, ich war allein und ich war nicht traurig allein zu sein und nach und nach, wurde das unwichtig, unwichtig oder belanglos, ich weiß nicht mehr und nach und nach, ist selbst der Gedanke verschwunden und ich habe verzichten müssen – *kannst du das verstehen?* – ich habe verzichtet.
Es ging mir gut.

Künftig, seit er da ist, *der junge Bruder*, mußte ich daran denken, seit er zurückgekommen ist und solange er leben wird und solange wir werden warten müssen,

künftig werde ich mich um niemand anderen mehr kümmern als um ihn, nicht mehr werde ich in meinem Leben suchen, glaube ich.
Wir werden ihn pflegen, wir werden für ihn sorgen und uns an seinem Bett ablösen, uns um ihn kümmern und ihn nie mehr im Stich lassen,

zu jeder Stunde, Tag und Nacht,
zu jeder Stunde, nur wenige Schritte entfernt sein, und wachen über Leben und Tod, den Kampf der sich abspielt.
Nichts anderes werde ich haben.

Wir werden nur da sein, angespannt, den Körper nach vorn gebeugt,
auf nichts anderes aufmerksam als den kaum wahrnehmbaren Moment verstreichen zu sehen, den genauen Zeitpunkt, nur die Atmung,
und wir werden dennoch erschöpft sein nichts zu sehen, zermürbt von den geringfügigsten Einzelheiten, der Besänftigung, dieser ganzen Stille in der man auf den Atem lauert,
diesen ganzen Tagen in denen man nur leise geht und sich über sein eigenes Ungestüm beunruhigt und zugrunde gerichtet schließlich von der Langsamkeit, zugrunde gerichtet schließlich vom langsamen Todeskampf.
Nichts anderes werde ich sein als das.

Und danach noch, werde ich leer sein.
Wenn alles zu Ende ist, werde ich leer sein.
Ich werde ohne Kraft sein, ich werde verloren haben und ich werde kein Begehren mehr haben, keinen Wunsch, die einfache gute Idee auf die große Straße zu gehen, in die Stadt zu fahren um einen Mann zu suchen und am nächsten Tag zurückzukommen,
ich glaube wohl das wird vorbeigehen, ich werde nicht einmal daran denken,
und wenn er sterben wird,

der junge Bruder,
wenn er tot ist,
werde ich in Trauer sein, das stelle ich mir vor, alle werden wir verloren haben, wir werden nichts mehr haben, ich werde grau und schwarz geworden sein,
in Trauer,
ja, genau das,
in Trauer,
ich werde jegliches Begehren verloren haben – *das ist es was ich dir sage* – ich werde jegliches Begehren verloren haben und selbst jegliches Begehren nach dem Beginn eines Begehrens.
Ich werde damit zu Ende sein.

Ich werde an nichts mehr glauben, ich habe oft gedacht, daß mich das eines Tages überkommen würde ohne daß ich es vorausgesehen hätte,
ich werde an nichts mehr glauben, ich werde endgültig in meiner Trauer sein, *da,* und diese Trauer wird mir genügen, sie wird meinem Leben genügen,
ich werde auch tot sein, und tot, das wird mir Ruhe geben, ich werde nicht kämpfen, und ich werde nicht leiden, meine Einsamkeit und mein Vergessen, schön und geheimvoll, ich werde eine stolze Erscheinung sein, ich möchte nichts anderes.

Ich werde Erinnerungen haben, das wird meinem Leben genügen, das müßte meinem Leben genügen, ich werde Erinnerungen haben und meine Erinnerungen werden mir ein friedliches Leben schaffen.

Und später, noch, viele Jahre später
– in meinem Alter –
und viele Jahre später, einige Jahre noch nach seinem Tod, *der junge Bruder,* seiner Rückkehr hierher und seinem Tod, nachdem dieser Bruder endgültig aus unserem Leben geschieden ist,

denn ihr wollt es euch nicht vorstellen, er ist noch nicht tot und ihr wollt es euch nicht vorstellen, in zu große Angst zu verfallen,
die schönen Klagenden,
besorgt um euren Schmerz und seine Vorzüge,
ihr wollt es euch nicht vorstellen aber er wird endgültig aus unserem Leben scheiden, wird man ihn vergessen, du kannst ruhig träumen, wird man ihn vergessen, du selbst wirst ihn vergessen,

und auch jene da, werden ihn vergessen,
wir werden uns damit abfinden, ihr könnt euch dagegen wehren, nicht vergessen die Geburtstage, nach und nach, das Grab pflegen,
den Fliesenfußboden im Zimmer wischen und nochmals wischen, und nichts anrühren wollen
und nichts, niemals, nichts umstellen wollen, nichts fortwerfen, nichts weggeben, das Museum, euer ländliches Mausoleum, wir werden uns damit abfinden, man wird vergessen.

Die eine wird ein Kind bekommen,
du, du wirst ein Kind bekommen, am Ende wirst du ein Kind nach Hause bringen, du lachst, wir kommen darauf zurück,
du wirst ein Kind bekommen, *meinen jungen Neffen,*
einer dieser Dummköpfe, die dich auf dem großen Platz beleidigen, einer dieser Dummköpfe wird dir ein Kind machen, wir kommen darauf zurück,
du wirst uns vom Ball zurückkommen das rote Kleid verkehrt herum an und du wirst uns ein Kind bekommen,
und das Zimmer des Kindes wird jenes Zimmer dort sein, das so schön instandgehaltene Zimmer des toten jungen Bruders, ein schöner Putznachmittag und die Fenster offen und die Luft die hereinkommt und der Geruch von Waschlauge auf dem Fußboden und der Geruch von Bohnerwachs auf den Möbeln – kannst du dich erinnern, auch

daran, *der Geruch von Bohnerwachs?* – und die letzten Spuren – der Seesack – auf den Hängeboden gebracht...

Ihr wollt es nicht zugeben, heute, an einem Tag wie diesem, ihr wollt es nicht zugeben, es ist zu früh,
zusehen wie seine Leiche, denn schon da war es seine Leiche, zusehen wie seine Leiche vor uns zu Boden gleitet,
da, zu unseren Füßen,
zu Boden fällt kaum zur Tür herein und es nicht zugeben wollen,
du willst nicht verstehen, es ist euch unmöglich, es geht über eure Kräfte, ihr weigert euch es zuzugeben aber wir werden uns damit abfinden.
Es muß sein.
Wir werden uns damit abfinden.

Und später noch
– *in meinem Alter* –
viele Jahre später,
im dem Alter wo ich meinerseits eine alte Frau sein werde,
wenn ich meinerseits ihr gleichen werde, *jener da*, der MUTTER, unserer so standhaften Mutter, wenn ich ihre Haltung, ihre Erscheinung angenommen haben werde,
wenn ich es sein werde dieses Standbild, jene da die nie weint und uns nichts sagt, nie, von dem was sie durchmacht, von dem was sie empfindet,
wenn ich es sein werde die Rechnungen mit den Lieferanten bespricht,
wenn ich am Anfang meines Alters stehen werde, diese wenigen ganz kurzen Monate, das Alter der Entsagung,
wenn es zu Ende sein wird,
später noch
– *in meinem Alter* –
viele Jahre später,
wenn das Begehren mich plötzlich wieder überkommen sollte,
wenn der Wille nach Liebe, der Wille zu lieben und geliebt

zu werden mich durchdränge, das Begehren das einer seinerseits käme, endlich, und mich mit sich nähme
– *ich werde es wirklich verdient haben, oder, meinst du nicht?* –

werde ich mir das vorstellen als einen solchen Schmerz, eine so grausame Katastrophe, ein solches Drama
und vor allem, vor allem, eine so böse Ironie, einen Scherz des Lebens, *nicht wahr?* daß ich fliehen werde, daß ich, so hoffe ich, die Kraft finden werde zu fliehen, einen Wutschrei auszustoßen und zu fliehen,
daß es mir gelingen wird mich davon fernzuhalten,

daß ich denjenigen fortjagen werde der da kommen wird, der sagen wird daß er mich liebt und der möchte daß ich ihn auch liebe und der ein so großes Verbrechen begehen wird so spät zu kommen.

(...)

DIE ÄLTERE Du wirst fortgehen?
DIE ZWEITE Ich weiß nicht. Kann ich entscheiden?
Wie jener dort sagte, unser guter kleiner junger Mann, in seinem Kinderbett, *der junge Bruder,*
wie sagte er und woher hatte er seinen Satz, er war ihm eine wichtige Lehre:
»Wer sein Land mit Dreißig nicht verlassen hat wird es nie mehr verlassen ...«
Ich weiß nicht.
Von der Altersgrenze betroffen, gerade eben. Könnte, wenn ich liefe, noch hoffen zu entkommen.
Er stirbt diese Nacht und in schöner Betrübnis, gehe ich fort bei Tagesanbruch, der erste Bus bis zum neuen Bahnhof, ich weiß nicht,
ich bräuchte Kraft.

Du?

DIE ÄLTERE Ich, wie hast du gesagt, die Zahl, gute dreißig Jahre, die Altersgrenze, das ist flegelhaft, du bist ein flegelhaftes Mädchen,

Sie lachen vielleicht die eine und die andere.

ich, ich werde bleiben, glaubst du das nicht? ich werde endgültig dableiben, um meine Stellung zu halten, mich um die beiden da zu kümmern, die beiden Ältesten und ich die ich mich ihnen anschließe,
werden unser Leben haben alle drei, zusammen,
werde, stelle ich mir vor,
werde ohne es je verhindern zu können, werde ganz sachte, ja ganz sachte, von der Gruppe der Mädchen zu der der Alten überwechseln, nein, ich weiß nicht
– sie müssen uns ja irgendwie nennen, die anderen, *die Leute*, müssen uns ja benennen –
ich werde alt werden, ganz sachte, ohne Auflehnung, meinen Frieden gefunden, das möchte ich,

und ich werde weiter meine Stunden geben, *das Fräulein Lehrerin*, mich vor dem Leben hüten, Dinge die man glaubt, Dinge die man sich verspricht.

Von nun an, werden sie keine Lust mehr haben, die beiden da, sie werden entsagen,
ich habe Angst daß sie mit ihm untergehen, ich habe Angst und ich werde mich um sie kümmern. Ich werde achtgeben.
DIE JÜNGSTE Ich weiß nicht, die Jüngste, ich weiß nicht,
sie, die einzige die noch ihre Chance haben könnte,
für die die Dinge endlich beginnen können,
ich weiß nicht, ich werde weggehen, vermutlich, stell ich mir vor, ich werde fortgehen.
Ihr habt mich nicht gefragt?
DIE ZWEITE Nein, man fragt dich nicht.
DIE MUTTER Sie fragen dich nicht, nein, aber sie machen sich deswegen Sorgen.

DIE JÜNGSTE Ich werde auf meine Stunde warten, und werde weggehen, vermutlich, was ich sagte, werde selber fortgehen und ein neues Leben beginnen, mein eigenes Leben führen, stell ich mir vor...

DIE ZWEITE Man fragt dich nicht, ja, stell dir vor, genau das, stell dir vor, man fragt dich nicht und du wirst weggehen, wie du sagst, stell dir vor,
aber man hat dich nicht gefragt...

DIE ÄLTERE Oder alle drei, immer noch,
auf der Schwelle des Hauses, immer noch wartend, alle drei, nichts mehr wissend, da, ohne sich je zu verlassen....
eine von der anderen abhängig, und unsere Geschichte erzählend.
Alle drei, immer noch.
Das sah ich, auch.

Oder alle fünf, möglich, war um nicht? auch alle fünf, ist gut...

(...)

DIE ÄLTESTE Was hast du?

DIE MUTTER Nichts, ich hatte gedacht ich hätte ein Geräusch gehört.

9. Juli 1994

Bio-Bibliographien

Catherine Anne

Geboren 1960 St. Etienne. 1979–1980 Ausbildung an der Schauspielschule der Rue Blanche in Paris, anschließend am Conservatoire National d'art dramatique (1981–1984). Als Schauspielerin arbeitet sie mit Jean-Christian Grinevald, Pierre Chaussat, Claude Régy, Jacques Lassalle und Jean-Louis Martinelli. Im Kino arbeitet sie mit Tavernier (*Une semaine de vacances*, 1980).
Nach mehreren frühen Dramatisierungen und Regiearbeiten (Golding, Rilke, Copi) beginnt Catherine Anne 1987, vor allem ihre eigenen Stücke zu inszenieren.
Die Autorin lebt in Paris.

Stücke

1980 ***Demain le Soleil*** – Inszenierung durch Pierre Chaussat, Festival d'Avignon Off, mit Catherine Anne u. a.

1986 ***L'Attaque du Train postal*** – Inszenierung durch Daniel Znyk, Théâtre Gérard Philipe de St. Denis (1987)

1987 ***Une Année sans Eté*** [1] – Inszenierung durch die Autorin, Théâtre de la Bastille und Festival d'Automne, Paris, Tournee (1988) – Ausstrahlung auf Radio France Culture (1991) – zahlreiche weitere Inszenierungen in Frankreich – Übersetzung ins Deutsche (Corinna Frey, *Ein Jahr ohne Sommer**, 1987) – Übersetzung ins Englische, Inszenierung in Australien (1992) – Übersetzung ins Niederländische und Inszenierung (1993), Übersetzung ins Englische, Inszenierung in England (1994)

1988 ***Combien de Nuits faudra-t-il marcher dans la Ville*** [1] – Inszenierung durch die Autorin, Théâtre de la Bastille, Paris, Tournee (1989) – Inszenierung durch Valentine Cohen, La Balle au Bond, Paris (1994) – Ausstrahlung auf Radio France Culture (1989) – Übersetzung ins Niederländische und Inszenierung (1991) – Übersetzung ins Italienische (1994)

1989 ***Eclats***[1] – Inszenierung durch die Autorin, Festival d'Avignon, Théâtre Paris Villette und Théâtre de la Ville de Paris, Tournee, Ausstrahlung eines Live-Mitschnitts aus Avignon auf Radio France Culture – Inszenierung in Belgien (1992) – Übersetzung ins Deutsche (Corinna Frey, *Sternensplitter**, 1989) und ins Englische (1992).

1991 ***Tita-Lou***[1] – Inszenierung durch die Autorin, Théâtre des Amandiers, Nanterre, Tournee (1992) – eine weitere Inszenierung in Frankreich, eine in der Schweiz (Genf) – Übersetzung ins Griechische und Inszenierung (1993) – Übersetzung ins Englische (1993)

1911–1991 – Catherine Anne schreibt zusammen mit Roland Fichet und Eloi Recoing einen dritten Akt für das unvollendete Stück *Cent millions qui tombent* von Georges Feydeau

1993 ***N'être*** Auftragstext für das Théâtre de Folle Pensée als Beitrag zum Projekt »Récits de naissance« (»Berichte über Geburten«), Inszenierung durch Annie Lucas, St. Brieuc

Le Temps turbulent[1] – Inszenierung durch die Autorin, Théâtre Sorano, Toulouse, Centre Dramatique d'Orléans und Théâtre des Amandiers, Nanterre

Ah! Anabelle[1, 2] – Inszenierung durch die Autorin, St. Denis, alternative Spielorte, Tournee (1994–95)

1994 ***Agnès***[1] – Inszenierung durch die Autorin, Théâtre Gérard Philipe de St. Denis, Tournee (1995–96) – deutsche Übersetzung durch Klaus Gronau (*Agnès***, 1996)

Ah la la! Quelle Histoire[1] – Inszenierung durch die Autorin, Théâtre Gérard Philipe de St. Denis, Tournee (1995–96)

L'Impromptu de bord de l'eau – 15-Min.-Stück für das Festival von Saint-Herblain, Inszenierung durch die Autorin

1995 ***Surprise***[1] – Inszenierung durch die Autorin, Théâtre de l'Aquarium, Vincennes, Tournee

1996 ***Une Etape africaine***, geschrieben für die Abschlußklasse der Ecole Nationale Supérieure des arts et techniques de théâtre (ENSAT), Lyon, Inszenierung der Autorin mit den Schauspielschülern, Théâtre de la Commune d'Aubervilliers

Aseta[3] – szenische Lesung eingerichtet von der Autorin, Théâtre de l'Odéon, Paris

1997 ***Nuit pâle au Palais*** – im Auftrag von Philippe Faure, Daniel Znyk und Henri Texier, Text für »théâtre/jazz«, Théâtre de Poitiers und Théâtre de la Bastille, Paris

1998 ***Le Crocodile de Paris*** – Inszenierung durch die Autorin, Théâtre des Jeunes Spectateurs de Montreuil, Tournee

1 Erschienen im Verlag Actes Sud – Papiers, Arles *Agnès* und *Ah! Anabelle* sind in einem Band erschienen.

2 Erschienen bei L'Ecole des loisir, Paris, (Reihe für Kindertheater)

3 Erschienen im Verlag Actes Sud – Papiers, Arles in der Anthologie »Théâtre contre l'oubli«, Texte für Amnesty International

* Texte in deutscher Übersetzung beim Hunzinger Bühnenverlag, Bad Homburg

** Text in deutscher Übersetzung bei Theaterverlag Desch, München

Weitere Inszenierungen von Catherine Anne

1987 ***Chaleur*** von Ewa Pokas, Bearbeitung und Inszenierung, Théâtre Gérard Philipe de St. Denis

1992 ***La Ralentie*** und ***Chaines*** von Henri Michaux, Théâtre Gérard Philipe de St. Denis

1998 ***Les quatre morts de Marie*** von Carole Fréchette, Théâtre Gérard Philipe de St. Denis

Xavier Durringer

Geboren 1963 in Paris. Dramatiker, Drehbuchautor und Filmregisseur. Seit 1989 leitet er die freie Theatergruppe »Compagnie La Lézarde«, für die er schreibt und inszeniert. Mit seinen Aufführungen in verlassenen Fabrikgeländen der *banlieues* von Paris erschloß Durringer ein neues, dem traditionellen Theater gegenüber äußerst kritisches Publikum. Xavier Durringer gehört wohl zu den radikalsten Vertretern seiner Spezies; er hat den Jugendlichen aus der *cité* aufs Maul geschaut und thematisiert in seinen Stücken die Suche nach ihrem Platz in der Gesellschaft – Argot und Verlan gehören fest in den Wortschatz des Autors.
In Deutschland wurden Durringers Stücke bisher in Erlangen, Berlin, Oberhausen und Paderborn gespielt.
Der Autor lebt in Paris.

Stücke

1988 ***Une Rose sous la Peau*** – Inszenierung durch den Autor, Festival d'Avignon Off

1989 ***La Nuit à l'envers*** – Ausstrahlung auf France Culture (1990)
Angèle-Box
22/34 – Inszenierung durch den Autor, Théâtre Marie Stuart, Paris, Wiederaufnahme 1996 am Centre culturel de Terrasson, Frankreichtournee (1997) und Festival von Rom.

1990 ***Bal-Trap*** [1] – Inszenierung durch den Autor, Théâtre du Guichet Montparnasse, Paris, Tournee. Tournee im Ausland (USA, Ungarn, Deutschland) mit Unterstützung der AFAA – Übersetzung ins Spanische, Ungarische und Deutsche (Peter Theiler, *Ball-Trap**, Szenische Lesung in deutscher Sprache, eingerichtet von Heinz Schwarzinger, Baracke des Deutschen Theaters, Berlin 1996; Inszenierung durch Maya Fanke, Westfälische Kammerspiele Paderborn, 1998)

1990/91 ***Une petite entaille*** [1] – Inszenierung durch den Autor, ANPE du spectacle (Arbeitsamt für Bühnenberufe), Théâtre du Rond-Point und Festival Paris-Quartiers d'été, Paris – Übersetzung ins Ungarische, Holländische, Spanische, Italienische, Griechische und Deutsche (Ina Schott, *Schnitt ins Fleisch**)

1991 ***Une envie de tuer sur le bout de la langue*** [1] – Inszenierung durch den Autor, Théâtre 13, Paris, und Tournee – Übersetzung ins Englische, Amerikanische, Polnische, Spanische, Holländische und Deutsche (Frank Heibert, *Eine Mordswut im Hals**) – Lesungen am Ubu Repertory Theater, New York, und am Royal Court, London

1993 ***La Quille*** – Auftrag des Théâtre Jeune Public, Straßburg, geschrieben im Rahmen eines Arbeitsaufenthaltes an der Scène Nationale d'Aubusson, Inszenierung durch den Autor, Théâtre 13, Paris (1994)

1994 ***Quand le père de mon père de mon père*** – Textcollage in vier Sprachen: Französisch (Xavier Durringer), Cajan, Kreolisch und Amerikanisch, Inszenierung durch Xavier Durringer in New Orleans, Tournee durch Louisiana (USA) mit Unterstützung der AFAA, anschließend beim Festival International des Francophonies, Limoges

1996 ***Chroniques, des jours entiers, des nuits entières*** [1] – Inszenierung durch den Autor unter dem Titel *Polaroïd*, Théâtre de St-Yrieix, Tournee in Frankreich und Europa (1996–98) – Übersetzung ins Deutsche (Ina Schott, *Ganze Tage – Ganze Nächte**) szenische Lesung in deutscher Sprache eingerichtet von Christoph Roos, Baracke am Deutschen Theater, Berlin (1997) – Inszenierungen in Deutschland durch Stefan Otteni, Theater Erlangen (1997), Rhys Martin, Theater zum westlichen Stadthirschen, Berlin (1998) und durch Michael Neuwirth, Theater Oberhausen (1998)

1998 *Surfeurs* [1] – Inszenierung durch den Autor, Centre Dramatique National de Limoges, Festival d'Avignon und Théâtre National de la Colline

1 Erschienen im Verlag Théâtrales, Paris
* Texte in deutscher Übersetzung bei Felix Bloch Erben, Berlin

Filme

1993 ***La nage indienne*** – Langfilm, 90 min., frankreichweite Ausstrahlung
1994 ***Le flic*** – Kurzfilm im Rahmen von »3000 contre le virus«
1995 ***Panier de crabes et langoustines*** – mittellanger Film für die Ecole régionale d'acteurs de Cannes.
1997 ***J'irai au paradis car l'enfer est ici*** – Langfilm, 115 min., frankreichweite Ausstrahlung, Festival AFI Los Angeles, Offizielle Auswahl bei folgenden Festivals: San Sebastian, Namur, London, Montreal, Court-Mayeur, Accapulco
1998 ***Audit*** – Videoclip zum gleichnamigen Song von Bernard Lavilliers
Debout – Videoclip zum gleichnamigen Song von Johnny Hallyday

Joël Jouanneau

Geboren 1946 in Cellé (Loire et Cher). Im Alter von sechs Jahren zieht Jouanneau mit seinen Eltern in den Pariser Arbeitervorort St. Denis. Vorstadtkarriere als Halbstarker und Bandenmitglied. 1970 gründet er die Amateurgruppe 'Collectif du Grand Luxe', inszeniert Genet, Pinter, Fassbinder, Gombrowicz, Borgès, Artaud und schwört, niemals das Theater zu seinem Beruf machen zu wollen.
Journalistische Tätigkeit als Theaterkritiker bei der Zeitschrift »Révolution« und u.a. als Korrespondent im Libanon. Insbesondere die Erfahrungen im Ausland sind ausschlaggebend für seine Rückkehr zur Theaterpraxis und seine Karriere als Dramatiker: »Worte sind Raketen der Phantasie, die dem Unglück der Welt zu entfliehen helfen.«
Jouanneau ist Regisseur, Autor und Pädagoge: er unterrichtet an der Staatlichen Schauspielschule des Théâtre National de Strasbourg.
Seit 1985 arbeitet er regelmäßig mit dem Bühnenbildner Jacques Gabel und mit dem Lichttechniker Franck Thévenon zusammen und ist seit 1989 ständiger künstlerischer Berater des Théâtre de Sartrouville (Scène Nationale) westlich von Paris.
Der Autor lebt in Montsoult (Vorort von Paris).

Stücke

1985 ***Nuit d'Orage sur Gaza*** – Inszenierung durch den Autor (1987) – Übersetzung ins Deutsche (Alain Jadot und Judith Kees, *Gewitternacht über Gaza**)

1987 ***Le Bourrichon, comédie rurale***, 1. Teil einer Trilogie über Heimatlosigkeit und Utopie – Inszenierung durch den Autor, La Tour d'Haigues, Tournée im Hérault (1989, Preis der Theater- und Musikkritik)

1988 ***Kiki l'Indien, comédie alpine***, 2. Teil der Trilogie – Inszenierung durch Michel Raskine, Théâtre de Sartrouville

(1989) –Übersetzung ins Deutsche (Alain Jadot, *Kiki der Indianer**)

1990 ***Mamie Ouate en Papoâsie, comédie insulaire***, letzter Teil der Trilogie (Joël Jouanneau und Marie-Claire Le Pavec) – Inszenierung durch den Autor, Théâtre de Sartrouville

1991 ***Gauche Uppercut, comédie urbaine*** – Inszenierung durch Stéphanie Loïk, Théâtre Populaire de Lorraine, Thionville

1992 ***Le Marin perdu en mer, comédie pirate*** – Inszenierung durch den Autor, Théâtre de l'Athénée – Louis Jouvet, Paris

1993 ***Allegria opus 147, pièce pour alto, piano et homme seul*** Inszenierung durch den Autor (1996, Théâtre Vidy-Lausanne E.T.E., Schweiz, und Théâtre National de la Colline, Paris, mit Heinz Bennent, Preis der Theater- und Musikkritik für die beste Inszenierung des Jahres in französischer Sprache) – Übersetzung ins Deutsche (Heinz Schwarzinger, *Allegria op. 147**)

1994 ***Le Condor*** – Inszenierung durch den Autor, Théâtre de la Bastille, Paris – Übersetzung ins Deutsche (Heinz Schwarzinger, *Der Kondor**)

1998 ***Les Dingues de Knoxville*** – Inszenierung durch den Autor, Théâtre du Gymnase, Marseille (1999)

Alle Theaterstücke von Joël Jouanneau sind im Verlag Actes Sud – Papiers, Arles erschienen. *Nuit d'orage sur Gaza/Le Bourrichon, comédie rurale* und *Allegria op. 147/Le Condor* sind jeweils in einem Doppelband erschienen. Von *Gauche Uppercut* wurden die Originalversion sowie eine neue Fassung getrennt veröffentlicht.

* Texte in deutscher Übersetzung bei Thomas Sessler Verlag, Wien

Weitere Inszenierungen von Joël Jouanneau

1984 *La Dédicace (Die Widmung)* von Botho Strauß, Dramatisierung und Inszenierung

1987 *L'Hypothèse* von Robert Pinget, Inszenierung und Verfilmung (La Sept/INA, ausgezeichnet mit dem Sonderpreis der Jury des Festivals von Riccione, Italien)

1988 *Minetti* von Thomas Bernhard, Inszenierung und Verfilmung (La Sept/INA)

1990 *Les Enfants Tanner* **(Geschwister Tanner)** von Robert Walser, Dramatisierung und Inszenierung, Théâtre de la Bastille, Paris – Verfilmung (La Sept/INA)

1991 *En attendant Godot* von Samuel Beckett, Théâtre des Amandiers, Nanterre

Poker à la Jamaïque und *L'Entretien des Méridiens* von Evelyne Pieiller, Festival d'Avignon

1992 *Le Banc de touche* von Jacques Probst und *L'Inquisitoire* von Robert Pinget, Théâtre Vidy-Lausanne E.T.E. (Schweiz)

Au cœur des ténèbres von Joseph Conrad, Dramatisierung und Inszenierung, Théâtre de l'Athénée – Louis Jouvet, Paris

1993 *L'Institut Benjamenta (Jakob von Gunten)* von Robert Walser, Dramatisierung und Inszenierung, Théâtre Vidy-Lausanne E.T.E. (Schweiz)

1994 *La dernière bande* von Samuel Beckett, Théâtre de l'Athénée – Louis Jouvet, Paris

Le Rayon vert nach Eric Rohmer, Bearbeitung und Inszenierung des Drehbuchs

Par les villages (Über die Dörfer) von Peter Handke, Bearbeitung und Inszenierung, Théâtre Vidy-Lausanne E.T.E. (Schweiz)

1995 *Compagnie* von Samuel Beckett, Petit Odéon – Théâtre de l'Europe, Paris

Fin de partie von Samuel Beckett, Théâtre Vidy-Lausanne E.T.E. (Schweiz)

L'Idiot von Fjodor Dostojewski, Dramatisierung und Inszenierung, Théâtre Vidy-Lausanne E.T.E. (Schweiz)

1996 ***Lève-toi et marche*** von Fjodor Dostojewski, Dramatisierung und Inszenierung, Théâtre de la Bastille, Paris

1997 *Les Reines* von Normand Chaurette, Comédie Française – Théâtre du Vieux Colombier, Paris

La Main bleue, 3 Meeresgeschichten von Jules Supervielle, Serge Richez und Joël Jouanneau, Inszenierung im Rahmen der 1. Biennale für Jugendtheater in Sartrouville, Le Scarabée in La Verrière

Montparnasse reçoit von Yves Ravey, Les Gémeaux – Scène Nationale de Sceaux

1998 *Rimmel* von Jacques Séréna, Théâtre Ouvert, Paris, und Théâtre National de Strasbourg

Coriolan von William Shakespeare, Inszenierung zur Wiedereröffnung des Théâtre de l'Athénée – Louis Jouvet, Paris

Pit-Bull von Lionel Spycher, Inszenierung im Rahmen des Projektes »Vingt ans: chapitres 1 et 2« des Théâtre Gérard Philipe de St. Denis

Diverses

1993 *Chœur final* (**Schlußchor**) von Botho Strauß, Übersetzung mit Nicole Roethel

1994 *Les Exclus* (**Die Ausgeschlossenen**) von Elfriede Jelinek, Dramatisierung des Romans, Inszenierung durch Stéphanie Loïk, Théâtre Populaire de Lorraine, Thionville

1997 Künstlerische Koordination der »Odysées 78«/Heyoka – erste Biennale für Jugendtheater, Sartrouville

1999 *Roi Lear* von William Shakespeare, Bearbeitung für Kinder, Inszenierung durch Cécile Garcia-Fogel im Rahmen der 2. Biennale für Jugendtheater in Sartrouville

Jean-Luc Lagarce

Geboren 1957 in der Region Haute-Saône. Nach dem Abitur beginnt er an der Universität von Besançon mit dem Studium der Philosophie. Parallel zu seinem Universitätsstudium ist er Schauspielschüler am Conservatoire National de Région. Mit Kollegen des Konservatoriums gründet er die Amateurtheatergruppe 'Théâtre de la Roulotte', benannt nach der ersten Truppe von Jean Vilar. Er zeichnet seine ersten Inszenierungen und beginnt zu schreiben.
1980 Abschluß des Philosophiestudiums. Titel seiner Magisterarbeit: »Theater und Macht in der westlichen Welt«. Eine begonnene Doktorarbeit über de Sade schließt er nicht ab, weil er sich dem Schreiben und seiner Theatertruppe widmet, die inzwischen professionell arbeitet.
Zwischen 1991 und 1993 schreibt Jean-Luc Lagarce nicht, nachdem sein Text *Juste la fin* großes Unverständnis hervorgerufen hat. Diesen Text, den er während eines Arbeitsaufenthaltes in Berlin verfaßt hat, übernimmt Lagarce 1995 praktisch in Gänze im dritten Teil seines letzten Textes, *Le pays lointain*. Zwei Wochen nach der Fertigstellung dieses Textes stirbt Jean-Luc Lagarce im Alter von 38 Jahren an Aids.
Jean-Luc Lagarce hat sein Leben dem Theater und der zeitgenössischen Dramatik gewidmet. Mit seiner Theatertruppe gründete er den Verlag *Les Solitaires Intempestifs,* um andere junge Autoren zu fördern. Der Name des Verlages ist Peter Handkes *Über die Dörfer* entlehnt: »Spielt also nicht zur Unzeit die einsamen Menschen (...)«.
Schwer krank begleitete Jean-Luc Lagarce noch seine Produktionen auf Tournee. Am Vorabend seines Todes probte er *Lulu*.

Stücke

1977 *La Bonne de chez Ducatel* – Inszenierung durch den Autor (Amateurtheatergruppe)

1978 *Erreur de Construction* – Inszenierung durch den Autor (Amateurtheatergruppe)

Carthage encore [1] – Ausstrahlung auf Radio France Culture (1979)

1980 *La Place de l'autre* – Ausstrahlung auf Radio France Culture (1980) und Radio Suisse Romande (1980, 1989)

1981 *Ici ou ailleurs* – Inszenierung durch den Autor, Compagnie 'Théâtre de la Roulotte'

Les Serviteurs – Lesung für Radio France Culture durch Bérangère Bonvoisin (Festival de Hérisson)

1982 *Voyage de Madame Knipper vers la Prusse Orientale* [1] – Inszenierung durch Jean-Claude Fall für die Comédie Française (Aufführung im Petit Odéon) – Übersetzung ins Englische, Veröffentlichung und Lesung in New York, Ubu Repertory Theater (1984)

Noce – Inszenierung durch Ghislaine Lenoir, Compagnie 'Théâtre de la Roulotte', Espace Besançon Planoise – Ausstrahlung auf Radio France Culture

1983 *Vagues Souvenirs de l'Année de la Peste* [1] – Inszenierung durch den Autor, Compagnie 'Théâtre de la Roulotte', Centre Dramatique National de France Comté, Besançon

Histoire d'Amour (repérages) – Inszenierung durch den Autor, Compagnie 'Théâtre de la Roulotte', Espace Besançon Planoise – Ausstrahlung auf Radio France Culture

1984 *Retour à la Citadelle* [1] – Inszenierung durch François Rancillac, Théâtre du Binome/ACB (1990)

1985 *De Saxe, roman* [2] – Inszenierung durch den Autor, Compagnie 'Théâtre de la Roulotte', Printemps du Théâtre de Paris

1986 *Sans Titre 1, janvier 1986* [1] – Text für eine Choreographie von Hideyuki Yano

1988 *Derniers Remords avant l'Oubli* [1] – szenische Lesung eingerichtet von Hans Peter Cloos, Théâtre Ouvert, Paris (1990) – Inszenierung durch Sophie Duprez, Théâtre de Beauvais (1998)

1990 ***Music-Hall*** [3] – Ausstrahlung auf Radio France Culture, Inszenierung durch den Autor, Compagnie 'Théâtre de la Roulotte', Espace Besançon Planoise und Théâtre Ouvert, Paris

1990/1 ***Les Prétendants*** [3] – Auftragstext für den Espace Besançon Planoise

Juste la Fin [3]

1991 ***Histoire d'Amour (derniers chapitres)*** – Inszenierung durch den Autor, Compagnie 'Théâtre de la Roulotte', Espace Besançon Planoise

1994 Les Règles du Savoir-vivre dans la Société moderne [3] – Ausstrahlung auf Radio France Culture – Inszenierung durch den Autor, Compagnie 'Théâtre de la Roulotte', Théâtre Granit, Belfort – Übersetzung ins Italienische, Inszenierung in Italien durch Barbara Nativi, Festival Intercity, Florenz (1998) – Übersetzung ins Portugiesische

Nous, les Héros[1] - Ausstrahlung auf Radio France Culture – Übersetzung ins Deutsche (Jürgen Fischer, Wir, die Helden*)

1997 ***Nous, les Héros*** (2. Fassung ohne den Vater)[3] – Inszenierung durch Olivier Py, Compagnie 'Les Solitaires Intempestifs', La Coursive, La Rochelle (1997) – Übersetzung ins Japanische, Inszenierung in Japan durch Oriza Hirata, Festival de Printemps de Toga

J'étais dans ma Maison et j'attendais que la Pluie vienne[1, 3] – Auftragstext für Théâtre Ouvert, Paris, szenische Lesung eingerichtet von Robert Cantarella – Inszenierung in der Schweiz durch Joël Jouanneau, Théâtre Vidy-Lausanne E.T.E. (1997) – Inszenierung in Frankreich durch Stanislas Nordey, Théâtre Ouvert, Paris (1997) – Inszenierung in Belgien durch Philippe Sireuil, Théâtre de l'Ancre, Charleroi (1997) – Übersetzung ins Deutsche (Jarg Pataki, *Ich war in meinem Haus und wartete, daß der Regen kommt**, szenische Lesung eingerichtet durch den Übersetzer in der Baracke am Deutschen Theater, Berlin, 1997) Übersetzung und Veröffentlichung in Uruguay (1997) – [2] Übersetzungen ins Spanische, Abdruck in der Zeitschrift ›Escena‹ – Übersetzung ins Katalanische, Lesung im Rahmen des Festivals von Sitgès (1998) – Übersetzung ins Italienische (1998)

1995 ***Le Pays Lointain***[3] – Auftrag des Théâtre National de Bretagne, Rennes – Übersetzung ins Spanische und Italienische

Berichte (Monologe)

1993 ***L'Apprentissage***[4] – Auftragstext für das Théâtre de Folle Pensée als Beitrag zum Projekt »Récits de naissance« (»Berichte über Geburten«) – Inszenierung durch Annie Lucas, St. Brieuc

1995 ***Le Voyage à La Haye***[3] – Inszenierung durch François Berreur (1997)

1 Erschienen bei Théâtre Ouvert in der Reihe 'tapuscrit'
2 Erschienen in der Zeitschrift 'L'Avant-Scène Théâtre'
3 Erschienen im Verlag Les Solitaires Intempestifs
4 Erschienen in der Zeitschrift 'Les Cahiers de Prospéro'

* Texte in deutscher Übersetzung bei Felix Bloch Erben, Berlin

Weitere Inszenierungen von Jean-Luc Lagarce

1981 ***Turandot*** nach Gozzi
1982 ***Phèdre*** nach Jean Racine
1984 ***Préparatifs d'une noce à la campagne (Hochzeitsvorbereitungen auf dem Lande)*** nach Franz Kafka
Les Egarements du cœur et de l'esprit nach Crébillon fils
1986 ***Instructions aux domestiques*** nach Jonathan Swift
1987 ***Dommage qu'elle soit une putain*** von John Ford
1988 ***Chroniques maritales*** nach Marcel Jouhandeau

1990 *On purge bébé!* von Georges Feydeau
1991 *La Cantatrice chauve* von Eugène Ionesco
1992 *Les Solitaires Intempestifs* Collage von Texten verschiedener Autoren, die Jean-Luc Lagarces Parcours geprägt haben
1993 *Le Malade Imaginaire* von Molière
1994 *L'Ile des Esclaves* von Marivaux
1995 *La cagnotte* von Eugène Labiche
Lulu nach Frank Wedekind

Diverses

1989 *Quichotte* – Opernlibretto für eine Komposition von Kate und Mike Westbrook, Inszenierung durch Charlotte Nessi
1992 *Retour à l'Automne* – Drehbuch in Zusammenarbeit mit Gérard Bouisse
Journal 1 – Film (50'), Centre International de Création Vidéo de Montbéliard-Belfort, Ausstrahlung in Montbéliard, Riga, Luzern, Berlin, Arnheim, Genf, Montreal, Sao Paulo, Montevideo u.a.
1993 *Portrait Kurzfilm* (1'), Centre International de Création Vidéo de Montbéliard-Belfort für das Festival de Sao Paulo (Brasilien), wo der Film ausgezeichnet wird. Wettbewerbsauswahl in zahlreichen weiteren Festivals.

Weitere Informationen zu Jean-Luc Lagarce:
http://www.intempestifs.asso.fr

Philippe Minyana

Geboren 1946 in Besançon. Spanischer Abstammung. Lebte viele Jahre in der ostfranzösischen Industriestadt Sochaux, Sitz der Peugeot-Werke. Seine Stücke basieren häufig auf wahren Begebenheiten, so auch *Chambres*, für das Fälle aus der Sensationspresse als Vorlage dienten. Alle sechs Fälle aus *Chambres* haben sich tatsächlich in Sochaux ereignet.
1988 wird Minyana mit dem Preis der SACD für neue Talente ausgezeichnet; im gleichen Jahr wird er mit *Inventaires* für den Prix Molière in der Kategorie Bester Autor nominiert. Für die Reihe »Dramatiques de minuit« auf Radio France Inter hat Philippe Minyana zahlreiche Hörspiele geschrieben. Der Autor lebt in Paris.

Stücke

1979 ***Premier Trimestre*** – Inszenierung durch den Autor, Comédie de Metz

1980 ***Cartaya*** – Inszenierung durch Viviane Theophilides, Théâtre Ouvert und Centre Georges Pompidou, Paris

1983 ***Ariakos*** – Inszenierung durch Jean-Claude Grinvald, Théâtre du Quai de la Gare, Paris
Titanic – Inszenierung durch Robert Cantarella, Festival d'Avignon

1984 ***Le Dîner de Lina*** [1] – Inszenierung durch Stéphanie Loïk, Théâtre de Douai und Théâtre Gérard Philipe de St. Denis – Ausstrahlung in der Reihe »Nouveau Répertoire Dramatique« auf Radio France Culture

1984 ***Quatuor*** [2] – Inszenierung durch Jean-Gabriel Nordmann, Théâtre du Lucernaire, Paris

1985 ***Exposition*** – Inszenierung durch den Autor, Théâtre Essaïon, Paris (1986) – Drehbuchbearbeitung und Verfilmung unter dem Titel *Madame Scotto* durch Claude Mourieras, La Sept (1987)
France et Akim – für Hélène Vincent, Festival d'Avignon

Fin d'été à Baccarat [2 3] – Inszenierung durch Carlos Wittig, Théâtre de l'Athénée, Paris – Inszenierung durch Isa Mercure und Gilles Guillot, Théâtre 14, Paris (1996/97) – Ausstrahlung in der Reihe »Nouveau Répertoire Dramatique« auf Radio France Culture

1986 ***Chambres*** [2 4] – szenische Lesung durch Alain Françon, Théâtre Ouvert, Paris – Inszenierung durch Hans-Peter Cloos, Théâtre Paris Villette (1992) – Inszenierung durch Jean-Vincent Brisa, Espace 600, Grenoble (1993) – Inszenierung durch Michel Didym, Théâtre d'Epinal und Metz (1994) – Übersetzung ins Deutsche (Frank Heibert, *Sechs Zellen**, Ausstrahlung auf Radio Bremen, 1992)

1987 ***Inventaires*** [1 4] – Inszenierung durch Robert Cantarella, Théâtre de la Bastille, Paris, Tournee in Frankreich und im Ausland, Wiederaufnahme am Théâtre Paris Villette, zahlreiche Inszenierungen in ganz Frankreich – Ausstrahlung in der Reihe »Nouveau Répertoire Dramatique auf Radio France Culture – Inszenierungen im Ausland: Spanien (1990), Deutschland (Bühnen der Hansestadt Lübeck 1991, Ausstrahlung auf Radio Bremen 1992, Übersetzung Frank Heibert, *Bestandsaufnahme**), Kanada (1991, 1997), Italien (1992), Schweiz (1992/93), Luxemburg (1996), Uruguay (Lesung, 1997), Belgien (1997/98) – Verfilmung durch Jacques Renard, La Sept, Ausstrahlung März 1991 auf FR 3

1989 ***André*** [4] – Verfilmung durch Jacques Renard, mit Hanna Schygulla, ARTE

1989/90 ***Les petits Aquariums*** [5] – Inszenierung durch Robert Cantarella, Centre Dramatique de Calais, Wiederaufnahme am Théâtre National de la Colline, Paris

1990 ***Ruines romaines*** [2] – Inszenierung durch Michel Didym, Centre Dramatique National de Vandœuvre und Grande Halle de la Villette, Paris – Ausstrahlung in der Reihe »Nouveau Répertoire Dramatique« auf Radio France Culture

Boomerang ou Le Salon rouge [4] – Inszenierung durch Michel Didym, Théâtre de la Bastille, Paris

1990/91 ***Jojo*** Musikstück, geschrieben für Georges Aperghis, Festival Musica Straßburg und Théâtre Paris Villette, ausgezeichnet mit dem Preis der Musikkritik, Nominierung für den Prix Molière in der Kategorie Bestes Musikstück

1991 ***Les Guerriers*** [2] [4] – Inszenierung durch Robert Cantarella, Centre Dramatique National de Reims und Théâtre Ouvert, Paris – Ausstrahlung in der Reihe »Nouveau Répertoire Dramatique« auf Radio France Culture – Übersetzung ins Deutsche (Frank Heibert, *Die Krieger**, Ausstrahlung auf Radio Bremen, 1991) – weitere Inszenierungen in Kanada (1998), Belgien (1999) und der Schweiz (1999)

1993 ***Où vas-tu Jérémie*** [4] – Inszenierung durch Edith Scob, Festival d'Avignon, Wiederaufnahme 1994 am Théâtre Gérard Philipe de St. Denis

Gang Musikstück, Inszenierung durch Jean Vincent Brisa, Espace 600, Grenoble, Musik Jean-Marie Sénia (1995) – Ausstrahlung in der Reihe »Nouveau Répertoire Dramatique« auf Radio France Culture

Murder Inszenierung durch Robert Cantarella, Festival d'Avignon

1994 ***Salle des Fêtes*** – Inszenierung durch den Autor und Sophie Duprez, La Ménagerie de Verre, Paris

Volcan [2] 4 – Inszenierung durch Pierre Laneyrie, Region PACA, Wiederaufnahme am Théâtre de la Main d'Or, Paris (1994/95)

1995 ***Drames Brefs (I)*** [4] – Inszenierung durch Robert Cantarella, Théâtre Ouvert, Paris (1995/96) – Inszenierung durch den Autor, Ménagerie de Verre, Paris (1996)

1995/96 ***La Maison des Morts*** [4] – Inszenierung durch die Compagnie 'Les Lucioles', Scène Nationale de Quimper (1999) – Übersetzung ins Deutsche (Jarg Pataki, *Das Totenhaus**)

1996 ***Commentaires*** – Musikstück, Inszenierung und Komposition durch Georges Aperghis, Festival d'Avignon, Wiederaufnahme am Theâtre des Amandiers, Nanterre

1997 ***Drames Brefs (II)*** [4] – szenische Lesung durch Gérard

David in Zusammenarbeit mit dem Autor, CAPC Bordeaux

1998 *Avenue de la République* (Trilogie) – Inszenierung durch Edith Scob, Théâtre Gérard Philipe de St. Denis (1999)

Papa est monté au Ciel – Verfilmung durch Jacques Renard, Drehbuch und Dialoge in Zusammenarbeit mit dem Autor, ARTE (1998)

1 Erschienen in der Zeitschrift 'L'Avant-Scène Théâtre'
2 Erschienen im Verlag Théâtrales in der Reihe 'Edilig'
3 Erschienen bei Théâtre Ouvert in der Reihe 'tapuscrit'
4 Erschienen im Verlag Théâtrales
5 Erschienen im Verlag Actes Sud – Papiers

* Anfragen in bezug auf die Verwertung der Stücke von Philippe Minyana in deutscher Sprache sind an Entr'actes bei der SACD, Paris, zu richten. Abdruck der deutschen Übersetzung von Chambres mit freundlicher Genehmigung des Verlages Ute Nyssen & J. Bansemer, Köln.

Diverses

1991/92 ***El Principe constante*** von Calderon, Übersetzung und Bearbeitung von Philippe Minyana in Zusammenarbeit mit Jean-Jacques Préau

El Cerco de Numancia von Cervantes, Übersetzung und Bearbeitung von Philippe Minyana in Zusammenarbeit mit Jean-Jacques Préau – Inszenierung durch Robert Cantarella, Festival d'Avignon

1993 ***Leone*** – Oper, Inszenierung durch Philippe Mion, Saarbrücken/Thionville

1998 ***Anne Laure et les Fantômes*** – Oper, Inszenierung durch Robert Cantarella, Musik Les trois 8, Théâtre Gérard Philipe de St. Denis (1999)

Scène 1: Rechtenachweise

Xavier Durringer, Ganze Tage – Ganze Nächte
© 1996, éditions THÉÂTRALES, Paris
Rechte der deutschen Übersetzung sowie deutschsprachige Aufführungs- und Senderechte: Felix Bloch Erben, Verlag für Bühne, Film und Funk KG, Berlin

Joël Jouanneau, Allegria opus 147
© Actes Sud-Papiers, Arles, 1994
Rechte der deutschen Übersetzung sowie deutschsprachige Aufführungs- und Senderechte: Thomas Sessler Verlag, Bühnen und Musikverlage Wien

Catherine Anne, Agnès
© Actes Sud-Papiers, Arles, 1994
Rechte der deutschen Übersetzung sowie deutschsprachige Aufführungs- und Senderechte: Theaterverlag Desch GmbH, München

Philippe Minyana, Sechs Zellen
© 1993, éditions THÉÂTRALES, Paris
Anfragen für deutschsprachige Aufführungen bzw. Sendungen sind an Entr'actes bei der SACD, Paris, zu richten.
Rechte der deutschen Übersetzung beim Theaterverlag Ute Nyssen & J. Bansemer GmbH, Köln

Jean-Luc Lagarce, Ich war in meinen Haus und wartete, daß der Regen kommt
© 1997, Les Solitaires Intempestifs, Besancon
Rechte der deutschen Übersetzung sowie deutschsprachige Aufführungs- und Senderechte: Felix Bloch Erben, Verlag für Bühne, Film und Funk KG, Berlin

Bildnachweise:
Catherine Anne: Hervé Bellamy
Xavier Durringer: Sophie Steinberger/Enguerrand
Joël Jouanneau: Jean-Marc Lobbé
Jean-Luc Lagarce: Lin Delpierre
Philippe Minyana: Josseline Minet
Dank für die freundliche Abdruckgenehmigung.

Bernard-Marie Koltès
Sein Werk im Verlag der Autoren

Flucht zu Pferd bis ans Ende der Stadt
Roman. Deutsch von Simon Werle
216 Seiten. Gebunden

Prolog und andere Texte
Deutsch von Simon Werle
168 Seiten. Engl. Broschur

Kampf des Negers und der Hunde
Die Nacht kurz vor den Wäldern
Zwei Stücke. Deutsch von Simon Werle
und Hans-Joachim Ruckhäberle
152 Seiten. Engl. Broschur

Roberto Zucco / Tabataba
Zwei Stücke. Deutsch von Simon Werle
92 Seiten. Engl. Broschur

Rückkehr in die Wüste
Deutsch von Simon Werle
144 Seiten. Broschur

Sallinger
Deutsch von Corinna Frey und Simon Werle
120 Seiten. Engl. Broschur

Verlag der Autoren